八步区大鸭村出土的汉代席镇（内文图1-2）

铜鼎（内文图2-3）

春秋陶釜（内文图2-12）

神兽尊（内文图2-23）

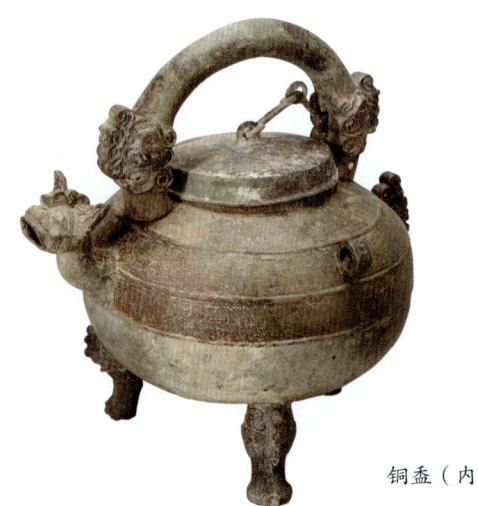

铜盉（内文图2-25）

铜剑（内文图2-40）

多面体几何形红色玛瑙珠
（内文图2-62）

浅蓝色六面双锥形钾玻璃珠饰
（内文图2-65）

铅钡琉璃珠饰（内文图2-63） 　　　　　深蓝色钾玻璃珠饰（内文图2-64）

铺门白屋岭西汉墓M9（内文图2-98）

方格纹折沿陶罐
（内文图2-101）

滑石璧（内文图2-110）

昭明铜镜（内文图2-116）

环首铜刀（内文图2-122）

杏形金幎目
（内文图3-14）

青铜时代的贺州

QINGTONG SHIDAI
DE HEZHOU

胡庆生　余秀忠　孔庆芳　曾志
——著

广西师范大学出版社
GUANGXI NORMAL UNIVERSITY PRESS

·桂林·

青铜时代的贺州
QINGTONG SHIDAI DE HEZHOU

图书在版编目（CIP）数据

青铜时代的贺州 / 胡庆生等著. —桂林：广西师范大学出版社，2023.8
ISBN 978-7-5598-6154-2

Ⅰ. ①青… Ⅱ. ①胡… Ⅲ. ①青铜时代文化－研究－贺州 Ⅳ. ①K871.34

中国国家版本馆 CIP 数据核字（2023）第 115950 号

广西师范大学出版社出版发行
（广西桂林市五里店路 9 号　邮政编码：541004）
　网址：http://www.bbtpress.com
出版人：黄轩庄
全国新华书店经销
广西民族印刷包装集团有限公司印刷
（南宁市高新区高新三路 1 号　邮政编码：530007）
开本：880 mm×1 240 mm　1/32
印张：11.5　　　插页：2　　　字数：260 千
2023 年 8 月第 1 版　2023 年 8 月第 1 次印刷
定价：70.00 元

如发现印装质量问题，影响阅读，请与出版社发行部门联系调换。

前　言

　　南岭地区古代被称为岭海，群峰峙连，鳞次栉比，在群峰之间散落的大小盆地不可胜数。从史载看，在远古时期，一个或多个盆地内会分布有不同的部族，虽然从总体上看他们都是越人，但文化面貌、社会历史进程各不相同，自古即是百越之地。先秦至西汉初期，是中华民族大变革、大融合时期，曾经的原始部族演化出无数的方国，许许多多的方国和部族后来又被统一成为秦帝国和汉帝国的一部分，在不断分合的历史演进中，各个地域文化的活力因为交流与融合而一次次提升，地域的社会形态也在快速变革。这种分合嬗变的历史和百越地区复杂的族源关系、社会形态，以及快慢不一的发展水平为史学研究提供了广阔的空间，因而学术界对这一历史时期百越地区的研究非常活跃。

　　岭南地区的青铜器使用高峰期与中原有别，中原地区的青铜时代集中于先秦时期，岭南地区则集中于春秋至西汉时期。从已有的研究情况看，关于岭南地区从先秦至汉代的研究所涉及的地域范围很大，要么是整个岭南，要么是整个广西或整个广东，有的更是扩及岭南加东瓯地区，又或者是整个越族地区。研究对象的范围区间广阔虽然能明确域内的文化共性，却无法理清局部范围中的区块特色。特别是桂东粤西地区，由于这里地处桂粤湘三省区之间，如果不作专项研究，则它的历史文化面貌就会非常模糊，仅是这一时期的族源就可以介于瓯、骆、楚、南越、扬越（古又作"杨越"）等各种概念上的族群之间，似是而非，莫衷一是。

另外，桂东粤西地区在西汉武帝平定南越之前就已经是非常重要的交通走廊，民间传说早在史前时期，舜帝就已经南巡到桂东与湘西南交界处的五岭北麓；从西周开始，中原和楚地的青铜文化已经沿着桂东和粤西地区的萌渚岭通道、越城岭通道不断向南播迁；后来，在秦平岭南、南越断新道自保和汉平南越等历史大事件中，桂东和粤西地区又都是攻防各方的交锋前线，各方都需要投入重要力量加强经营。不对桂东粤西地区这一特定区域在先秦至西汉早期这一特定历史阶段展开研究，则这一时期对华南地区文化交融具有非常意义的区域历史脉络就会变得十分简弱。

鉴于目前对百越地区的史学研究因区块研究不够细致，导致研究成果与百越地区复杂历史面貌和历史演进的广阔空间不相匹配。本书拟对百越地区的贺州这一特定空间的青铜文化尝试系统研究，弥补学术空白。

贺州市位于广西壮族自治区东部，地当五岭南麓。东为广东省肇庆市、东北为广东省清远市，南及西南为广西梧州市，西北为广西桂林市，北为湖南永州市。贺州土地肥沃、气候温暖湿润、物产丰饶，是理想的人居之所，经过几千年历史文明进程的洗礼，积淀了丰厚的历史文化遗产。

贺州历史源远流长，至迟在晚更新世，贺州就有了人类活动。2009年，钟山龙潭角岩遗址发现的17颗人类牙齿，经测定为5万至 10 万年前的遗物。2014 年,富川狗公山遗址发现了 1.1 万年前的陶片,为贺州迎来了第一道文明之光。在八步区寺平山遗址中发现的贝丘遗址和在信都平原上发现的大石铲,表明早在青铜文化之前,岭南特有的文化基因就已经在贺州成形。

迄今贺州已经发现有一定数量的西周晚期至西汉晚期的青铜文化遗存,立头崖厦葬、龙中山岩洞葬、田厂墓群、陶屋墓群、野簕寨遗址、里松遗址等一系列青铜文化遗存勾勒出贺州青铜文化谱系和年代序列。但是由于缺乏文献史料的记载和系统性研究,从西周晚期至西汉晚期贺州的青铜文化经过了一个怎样的发生和发展的变化过程,历来都模糊不清。不解决好这一文化断层,就无法推动贺州的文明探源工程向纵深发展;就无法完整地解读、宣传贺州市的历史文化,讲好贺州历史故事。

文化遗存一直就是文明薪火相传、文化源远流长的基因密码,是一个地方文脉不断流的重要保证。我们撰写《青铜时代的贺州》这部著作,就是要借助考古发现的文化遗存,通过集合新的研究成果,深入挖掘贺州青铜文化内涵,把贺州市在青铜文化这个时代的历史文脉续接起来。

本书的研究对象共有两类:一类是贺州至今仍保存的青铜文化墓葬和遗址;另一类是贺州市博物馆所收藏的青铜器物及与青铜文化相关的陶器、玉器、琉璃器等各种材质的藏品。贺州市博物馆收藏的与青铜文化相关的藏品有的来自考古出土,有的来自社会征集。为了确保研究结论的准确性,本书把无明确出土来源的社会征集品和出土信息混乱的藏品一律排除在研究对象之外,只对出土地点明确的藏品展开研究。

此次研究的藏品有很大一部分已经发表考古发掘报告,对于这一部分藏品,本书只在简单介绍的基础上尽量补充新的研究成果。其与考古相关的原始信息在本书中不赘述。读者若需详细了解,可以借助注解中关于原始发掘报告的发表信息,找到报告原文。对于未发表考古发掘报告的藏品,本书则对与其相关的考古发掘信息作了较为详细的阐述。

本书在撰写过程中得到了贺州市博物馆、广西壮族自治区文学艺术联合会张燕玲老师等单位和个人的热切帮助,作者在此深表感谢。由于水平有限,著作中出现这样或那样的问题在所难免,恳请各位方家予以指正。

目　录

一、贺州青铜时代概念说明　1

二、贺州青铜遗存的发现历史　9

 （一）西周遗存　10
 （二）春秋遗存　19
 （三）战国遗存　25
 （四）西汉遗存　48

三、贺州常见青铜器物和杂形器物　106

 （一）青铜食器　106
 （二）青铜兵器　130
 （三）青铜生活用具　146

(四)青铜乐器　157

(五)杂形器物　174

四、贺州青铜器上的常见纹饰　179

(一)龙纹　180

(二)凤、鸟纹　182

(三)饕餮纹　183

(四)圆涡纹　185

(五)窃曲纹　185

(六)波曲纹　186

(七)虺纹、螭纹、夔纹　186

五、贺州青铜器的生产加工　190

(一)采矿　191

(二)冶炼与合金　195

(三)制范与铸造　200

(四)表面加工　217

六、贺州青铜文化的时代序列　224

(一)青铜器纹饰发展序列　225

(二)青铜器形制发展序列　233

(三)青铜时代陶器的发展序列　235

（四）贺州青铜文化来源序列　238

（五）交流与融合对贺州青铜文化发展序列的影响　241

七、贺州青铜文化的精神追求　249

（一）青铜时代贺州陶器的精神追求　254

（二）青铜器纹饰图案的寓意解读　257

（三）青铜艺术的求美手法　266

八、贺州青铜时代的越文化属性　270

（一）贺州先秦考古文化中的越文化属性　272

（二）贺州青铜时代先民生活习俗上的越文化特征　276

（三）贺州与西瓯越的关系　280

（四）贺州与苍梧越的关系　283

（五）贺州与越地陆梁国的关系　303

九、贺州与楚的关系　308

（一）西周时期楚文化推动贺州青铜时代的到来　308

（二）春秋时期贺州深受扬越文化影响　310

（三）战国楚悼王南征 贺州并入楚国　312

十、秦平岭南与汉平岭南两次战争中的贺州　316

（一）秦平岭南与贺州的关联　316

（二）汉平岭南与贺州的关联　323

（三）对封中的考释　327

十一、青铜时代贺州社会形态的演变　332

（一）生产模式　332

（二）政治流变　336

附录一：贺州市博物馆111件青铜器藏品成分检测表　345

附录二：贺州市博物馆琉璃和玛瑙饰珠半定量化学成分分析结果表　353

附录三：贺州市博物馆琉璃和玉器类藏品物相分析结果表　355

一、贺州青铜时代概念说明

青铜时代是人类历史发展的一个重要阶段,这时期,青铜器普遍进入社会、经济、军事、科技和政治等生产生活各个领域。从它的萌生原因看,我国青铜器的出现首先是因为它是一种礼器。无论是青铜器萌生之初的夏朝,还是青铜文化高速发展的商周时代,都是礼制盛行的时代。《尚书·无逸》:

> 昔在殷王中宗,严恭寅畏,天命自度,治民祇惧,不敢荒宁。肆中宗之享国七十有五年。其在高宗,时旧劳于外,爰暨小人。作其即位,乃或亮阴,三年不言。其惟不言,言乃雍。不敢荒宁,嘉靖殷邦。至于小大,无时或怨,肆高宗之享国五十有九年。其在祖甲,不义惟王,旧为小人。作其即位,爰知小人之依,能保惠于庶民,不敢侮鳏寡。肆祖甲之享国三十有三年……自殷王中宗及高宗及祖甲及我周文王,兹四人迪哲。

周人在论政的时候,对曾经的敌对势力——商代先祖称颂有加,甚至将商人的祖先中宗、高宗、祖甲与周代的文王并列为"四哲",说明"礼"制贯穿于商至西周。为了表达人们对于"礼"的遵循,自然地就会对国邦、家邦之重器"宝尊彝",也即青铜礼器,赋予诸多反映礼制的文化内核。也就是说,商至西周时期的青铜器就是施行礼制的物化载体,是处理王室与诸侯、贵族与士大夫、方国与方国之间相互关系的物化品,它把那个时代的各种政治制度、行政规章、社会约定等软性意志从不可触摸的状态具体到了可以直接感知的实物形态。作为礼器,为了更加直观地体现礼乐制度、统治理念、生活方式、祭祀崇拜等精神意志,青铜器采用了造型、图案纹饰、铭文等诸多形式来阐述礼制要求。从商到西周,青铜礼器上的纹饰图案均以狰狞、神秘的面目出现。这些纹饰其实是在宣介统治者的"爱民仁德"。因为它是在用图案的方式告诉人们天下有哪些是可怕的东西,需要及时回避。而这种告诫又最终使青铜器达成了礼器的功用。

商周时代,国之大事,在祀与戎,青铜这种材料除被用作礼器外还被大量用于制造兵器。青铜兵器无论是硬度、韧度还是锋利程度都是此前的竹木、皮革、石料等材质的兵器所不能比拟的,青铜兵器的使用改变了战争的形态和战争各方的力量对比,对于存续家国血脉,扩大家国地域范围有着不可替代的作用。

总之,从青铜器的直接功效看,青铜器对于国家治理有着十分重要的作用。用作礼器,它改变了社会的主流思想形态,彰显统治者的政治权力、军事实力和社会地位;用作车马器,它改变了人们的交通出行方式;用作乐器,它推动了音乐艺术的发展;用作生产工具，它带来了生产力的革命。从青铜器的衍生价值看，它还推动了矿物采冶、化学合金、熔炼铸造、模范制作等方面的技术革新，繁荣了采矿、冶金、铸造、鎏镀、镶嵌等一系列生产活动，丰富了生产形式，推进了社会分工。而社会分工细化后，又促使人们改变结绳记事的信息传递方式，于是文字在这个时代也开始出现。青铜器的这些直接功效和衍生价值还促进社会在各个层面的变革，并最终导致了社会制度和社会形态的总变革，随之而来的是国家取代了部落和部落联盟，城市取代了聚落。今天，尽管我们距离青铜时代已有3000多年，但只要细加详察，透过青铜器，我们不仅能够获得诸如形制、纹饰、铭文等青铜器物本体的艺术审美，还能透过器物所透露出来的信息看到青铜时期的社会、经济、文化和政治形态及其变革。青铜器是青铜时代的先人们留给我们的当之无愧的国之瑰宝。

所谓青铜时代是指介于石器时代之后铁器时代以前，以青铜器为社会重要生产和生活用具的人类历史发展阶段。我国青铜时代的总进程是指夏代到战国这一历史时期。但是我国幅员广大，中原与边疆各地的发展并不平衡。当中原地区在汉代已经普及铁制农具时，在岭南的广州、贵县、博罗、郁林、徐闻等地所发掘的汉代墓葬与遗址中，却还可见到磨制石器的使用与留存的痕迹。这说明即使到了汉代，岭南仍有不少地区还处于金属器物极度匮乏的阶段，刘恂《岭表录异》甚至记载，"海夷卢亭"的居民蜓人（蜑人）在唐代仍以斧楔（石斧）剖蚝取肉。李时珍《本草纲目》也载，疍人在明代还以青石为刀剑垦种农田。①

　　一个地方是否进入青铜器时代不能仅以这个地方是否已经使用青铜器为标准，更要综合权衡这个地方是否能够自行铸造生产青铜器、青铜器在这个地方的使用是否得到了普及、青铜器的使用是否引起了这个地方社会生产与社会生活的变革等多方因素。岭南零星发现的中原青铜器尽管比较早，既有商代的，也有西周的，后续春秋战国时的青铜礼乐器、用具和兵器等尽管也有较多的发现，但许多青铜器都明显具有中原、两湖与东南苏浙地区的铸造特征，说明岭南直到战国时期仍有一些青铜器并非铸造于岭南。

图1-1　1991年在贺县（今贺州市平桂区）黄田镇东水村水岩坝矿广播站基址处采集到的商代铜钺

　　从考古发现看，在地理范围上从属于岭南的贺州虽然也曾在平桂区东水村采集到一件商代铜钺，但这只是唯独的一次发现，并

---

① 杨豪：《岭南青铜冶铸业与相关问题探索》（上），《东南文化》1993年第4期。

不能说明贺州在商代就已经普及了青铜器。西周后期开始,随着苍梧越、扬越、楚人等能够生产青铜器的人群逐渐越过五岭进入贺州,青铜文化在贺州已经开始有了一定程度的应用,1976年在今八步区桂岭镇发现了西周镈钟[①],1996年9月在贺县沙田镇马东村(今属平桂区)又发现两座西周青铜器墓葬。春秋之后的青铜器遗存,在今贺州分布更加广泛。到战国,今贺州域内已出现了八步区的里松镇、桂岭镇,平桂区的沙田镇、望高镇,富川瑶族自治县的城北镇等五个青铜文化集中分布区,其中又以沙田镇沙田河两岸的马东、道东、道石和田厂等村所保有的先秦古墓数量最多,仅田厂高屋背一处古墓群,就已探明120多座先秦古墓葬。秦平岭南至南越时期,贺州的青铜文化开始南移。这时期陪葬青铜器的古墓集中分布在八步区的步头镇和铺门镇,其中又以今铺门镇秦至西汉早期古墓中所出土的青铜器最为丰富。同时,到西周晚期,在贺州社会中已经得到广泛应用的生活用具——陶器,也发生了重大改变,出现了以印夔纹为代表的印纹硬陶。从西周后期开始,贺州已经能够自铸青铜器。尽管迄今为止,贺州仍然没有发现任何春秋之前与青铜器冶铸相关的作坊遗址,但能通过青铜器自身特征的分析得知彼时贺州已能自产。2000年在今平桂区沙田镇马东村发现的西周后期甬钟,钲长12.9厘米,鼓长7.5厘米,鼓部长度为钲部长度的50%以上,是典型的越式甬钟,非常具有贺州特色。1996年发现的马东村西周后期墓中所出土的青铜鼎尽管鼎足类似柱形足,但鼎足横剖面的两端并不接合,也显现了自我特色。这些

[①] 覃光荣:《广西贺县发现青铜镈钟》,《考古与文物》1982年第4期。

个性特征是贺州自铸青铜器的必然反映,说明贺州在西周晚期已经拥有了独立的青铜铸造业。另外,先秦时期贺州所发现的所有古墓中均见青铜器,而且级别不同的墓葬中所陪葬的青铜器组合各不相同,沙田马东小学附近的墓葬多见青铜礼器,有鼎、甬钟、罍等器型;沙田高屋背、沙田道东、步头陶屋、铺门野簕寨等地多出土青铜兵器,有剑、短剑、镞、斧、锛、矛、戈等;里松新华村、文汉村常于山岭上发现散落的甬钟、剑等器物。这说明在先秦时期贺州的青铜器生产已经有了一定的规模,且当时甚至可能存在多个生产作坊,服务于不同需求的对象。今八步区贺街镇大鸭村出土有战国席镇、铜铃等器物,席镇内腔、铃耳仍保留有铸造泥沁,说明这些器物未经使用即成了陪葬品。这应是为给墓主人陪葬而临时赶工铸造出来的物件。既然在死者入葬之前就能赶制出来,说明墓主人下葬地大鸭村附近有铸造作坊。但是,从沙田龙钟山神兽尊身上的纹饰存在错位这一情况来看,直到战国时期,贺州在铸造大型青铜礼器上技术仍不成熟。因为大型礼器外表纹饰细密复杂,外观繁复华丽,铸造难度大,没有长期铸造经验的积累,铸造过程中难免顾此失彼。而兵器、越式鼎等简单器物多为素面,且多为小型器物,铸造较易。先秦时,贺州在铸造简单器物上的技术相对成熟,错误较少。出于以上原因,本书把贺州青铜时代的上限定在西周晚期,而不是像中原一样前推到夏代。

图 1-2　八步区大鸭村出土的汉代席镇

贺州西汉早期青铜器器体变薄,基本失去了先秦时期厚重、古拙的风格,所有青铜器的器型都变得轻巧、流畅,青铜镜上的铭文也开始逐渐增多,而且还出现青铜器鎏金、镀锡和镶嵌宝石金银等装饰工艺。钱币、铜镜、铜钟、铜鼎、铜镞、铜灯、铜剑、铜戈、铜矛等生活用具和兵器等青铜器在西汉早期的绝大多数墓葬中或多或少均有出土。与贺州邻近的广州在西汉初年赵昧墓中出土的铜句鑃上有"文帝九年乐府工造"的镌刻铭文,说明在西汉初年,岭南的南越国仍然保有官办青铜冶铸作坊。今贺州当时属于南越国,贺州域内存在官办青铜冶铸作坊也不是没有可能的。

西汉平定南越国是岭南青铜文化发展历史的一个转折点,根据 2007 年以前公开发表的考古发掘报告统计,岭南地区出土西汉早期的青铜器多达 4022 件[①],而西汉晚期却仅有 880 件。显然,直

---

① 曲用心:《岭南地区出土的西汉中晚期青铜器初探》,《广西社会科学》2009 年第 11 期。

到西汉平定南越后,岭南的青铜文化才转入衰落期。同样,贺州的青铜文化在西汉晚期也呈现出衰落迹象,大量西汉晚期墓中已经少见青铜器,一些西汉晚期墓中尽管仍然出现青铜器,却保持着西汉早期的风格,说明西汉晚期的许多青铜器实际上是继续沿用西汉早期青铜器的结果。平桂区鹅塘镇发现有青铜冶铸材料铅锭和已经铸好但尚未使用的铁锸,说明这里存在同时冶铸青铜器和铁器的铸造作坊。此前的冶铸作坊只是专注于铸造青铜器,而西汉晚期的作坊中却开始冶铸铁器,正说明这个时期贺州的青铜器已经开始被铁器逐渐取代。因此,从以上分析情况来综合判断,贺州的青铜时代应终结于西汉晚期,贺州的青铜时代下限应定在西汉晚期,而不是战国。

因此,本书把公元前112年汉武帝平定岭南这一年作为划界依据,把贺州在此前的南越时期定为西汉早期,把公元前111年及其以后的西汉称为西汉晚期。

从整个青铜文化所表现出来的特征看,贺州的青铜时代还分为前后两个阶段。其中前段为西周至西汉早期的南越国时期,此时期为贺州青铜器的兴盛期,已发现的青铜文化遗存集中分布于八步区和平桂区境内,富川县仅有零星分布。后段为汉武帝平南越至西汉末年,这时期为贺州青铜文化的余韵期,已发现的青铜文化遗存已扩展到了八步区、平桂区、钟山县、富川县和昭平县等县区。

二、贺州青铜遗存的发现历史

贺州有文物出土的历史比较悠久,《舆地纪胜》引《太平寰宇记》:"贺州芜城(在桂岭镇),池隍中颇出珠玉宝器,即尉佗拒防之所。"①《太平寰宇记》作者是北宋初期史学家乐史,这说明,至迟在北宋初期,贺州人就已经开始关注文物的出土情况。并且,当时的人们还把这些出土器物的时代断定为西汉南越赵佗时期,说明当时的贺州人已经开始了文物的断代研究。但贺州最早关于青铜器出土的记载是在明朝。明代隆庆年间,富川县令周笃棐在今钟山县城厢镇碧云岩中发现西汉早期南越国铜酒钟一件,此后到民国时期的1933年秋,在贺县里松又发现了周代铜甬钟:"周朝钟,民国二十二年秋发现于里松,钟铜质,重二十一斤,上小而下大,若扁圆,成两楞而尖长,口径纵九寸半,横七寸,顶柄已缺,仅有钮,全身'卍'字纹,中间隆起如钉者共三十六枚,曰钟乳,现在民众教育馆

---

① 〔南宋〕王象之:《舆地纪胜》卷一百二十三,北京:中华书局,2003,第3539页。

陈列处。"①从县志所附的图纸看,所谓钟身的"卍"字纹实际上是云雷纹,且这件甬钟的鼓部甚狭,实际应为西周中期器。此后,从新中国成立到 2013 年贺州市博物馆与贺州市文物管理所分家,贺州市博物馆共收藏和记录贺州青铜时代的发现 20 批次,其中西周 3 次,春秋 2 次,战国 8 次,西汉 7 次。另外,还在大鸭村一次性征集到汉代的青铜器、陶器、滑石器等类别文物 200 余件,但这个批次的文物来源庞杂,不仅不是同一时间出土,而且还不是同一个墓葬出土,器物之间的关系不明确,因而本书不对这个批次的文物进行收录。

贺州市共辖钟山县、富川县、昭平县、八步区、平桂区等三县二区,但西汉之前的文化遗存主要集中于八步区和平桂区,其他三县仅在钟山县红花古墓群和富川县的城北镇有零星发现。由于在 2013 年前八步和平桂两个区的抢救性考古发掘均由贺州市博物馆执行,所得的文物也全部收藏于贺州市博物馆,所以,对贺州市博物馆所藏青铜文化史料进行分析所得出的研究成果可以应用于整个贺州市。

(一)西周遗存

新中国成立后,已发现的贺州在西周时期的遗存仅见于平桂区沙田镇和八步区的桂岭镇。

---

① 民国《贺县志》卷六,台北:成文出版社 1965 年据民国二十三年(1934)铅印本影印,第 307 页。

1.1976年桂岭英民大队发现西周镈钟[①]

1976年冬,贺县桂岭公社英民大队(今属八步区)村民黎修水在生产中发现一件青铜镈钟,钟身为合瓦形,桥形钮。舞为素面。钟身靠近舞部的地方饰一排乳钉共2枚,鼓的顶部饰一排乳钉5枚。在上下两排乳钉之间是钲部,钲部的正中间设有一长条形垫片。以垫片为中线,左右对称设置纹饰,以简单目纹为主纹,波曲纹(亦称锯齿纹)为地纹。钟身侧面饰扉棱。器形与湖南省博物馆所藏西周铜镈一样[②],时代为西周晚期。钟通高38.5厘米,其中钲长32.6厘米,腔长18.3厘米,舞宽12厘米,铣间距5.1厘米。

图2-1 青铜镈钟

[①] 覃光荣:《广西贺县发现青铜镈钟》,《考古与文物》1982年第4期。
[②] 高至喜:《论商周铜镈》,载湖南省博物馆编《湖南出土殷商西周青铜器》,长沙:岳麓书社,2007,第577页。

2.1996年9月沙田镇马东村发现两座西周青铜器墓葬①

平桂区沙田镇马东村有一处古墓群,20世纪60年代文物普查时,在此发现许多封土堆。1996年,当地农民在基建中发现两座墓葬(编号 Ml、M2)。事后一年,贺县博物馆获报发现信息,即派员现场处置。由于遭到的破坏较为严重,墓葬形制和随葬品都不能完整反映原貌,仅从村民手中追回部分出土器物。根据村民回忆,其中 Ml 为长方形竖穴土坑墓,M2 为"刀"字形竖穴土坑墓。现场工作人员当时从村民处共追回出土青铜器8件,分别是铜罍1件(M1:1)、铜鼎1件(M2:7)、铜甬钟1件(M2:3)、铜矛1件(M2:2)、人面纹铜短剑1件(M2:1)、铜镞1件(M2:4)、铜钺1件(M2:5)、铜锛1件(M2:6)。

图 2-2 铜罍(M1:1)

---

① 张春云:《广西贺州市马东村周代墓葬》,《考古》2001年第11期。

图 2-3　铜鼎（M2:7）

图 2-4　铜甬钟（M2:3）

图 2-5 铜矛(M2:2)

图 2-6 人面纹铜短剑(M2:1)

二、贺州青铜遗存的发现历史

图 2-7 铜镞（M2:4）

图 2-8 铜钺（M2:5）

图 2-9 铜锛（M2:6）

关于墓葬年代,原考古发掘报告作者张春云先生认为是西周晚期至春秋初期。株洲白关西周晚期越人墓出土的青铜器①相关研究也支持这一观点:1997年3月7日,株洲县白关镇团山村大冲组出土的97株白M1:1铜鼎与马东村铜鼎(M2:7)形制相同,足内均有凹槽。

贺州市位于广西最东端,东连广东,北接湖南,是广西、广东、湖南三省区的联系枢纽,与中原地区进行的文化交流时间较早。而平桂区沙田镇是沙田河与贺江上游支流临江的交汇处,水运便捷。沙田河沿岸地势平坦,土地肥沃,四周山涧溪流对河岸耕地具有自灌功能,是理想的农耕之所。自古以来,这里一直是贺州域内重要的人口聚居区域。沙田镇马东村的牛岩寨有一处石器时代遗址,遗址依山势辟有五层平台,各层长度自上而下,由20米增至41米,宽4至10米不等,遗物分布在顶层台地至底层台地上下约40米、宽约20米的山坡上,其中又以山腰部分较为丰富。地表可采集到的遗物有石器、陶片和少量青瓷片。石器有石锛、石凿、石斧、石刀和刮削器,还有制作石器用的燧石料。陶片有夹砂红陶,泥质红陶,夹粗砂方格纹、蓝纹、曲折纹陶,细泥灰色方格纹、回纹、网格纹、席纹、蟠虺纹陶等,能辨明器型的有小平底钵和平底罐。这个遗址代表着贺州青铜时代之前的文化形态。到西周晚期,在牛岩遗址所代表的文化基础上,这里已经发育出较为繁荣的青铜文化,沙田河两岸分布有大量西周晚期至战国时期的遗存,我们称之为沙田河青铜文化区。从已有的考古发现看,几乎可以认定沙田河

---

① 雷芬:《株洲白关西周晚期越人墓出土的青铜器》,《湖南考古辑刊》1999年第0期。

青铜文化区为西周晚期至东周时期的一个区域性青铜文化中心，其所辐射的范围包括今贺州市全境、湖南永州市西部、广东肇庆市西北部、广西梧州市北部、广西桂林市南部等地。马东村和相邻的龙中村又是沙田河文化区的核心，这两村不仅出土的器物等级高，而且文化遗存数量多、墓葬规模大。过去，学界曾有很长一段时间认为沙田河青铜文化区仅为战国遗存，但1996年马东村两座西周墓的出土把沙田河青铜文化区的年代向前提早了一个时代。

3.2000年沙田马东村出土西周青铜甬钟一件

2000年，平桂区沙田镇马东村有人倒卖甬钟。被发现后，由公安部门追缴并移交贺州市博物馆。这件甬钟空甬，甬上有旋但无衡，旋上有干。钟腔为合瓦式，钲部素面。篆部沿对角线斜分成上下两个部分，每一部分设一道三角形雷纹。两面钟体分三行设枚，每行分两段，每段设3枚，全钟共36枚。鼓上饰云雷纹，于向鼓部方向内凹。钟通长30.6厘米，甬长9.8厘米，钲长12.9厘米，鼓长7.5厘米，舞广12.7厘米，铣间距20.8厘米，于宽16.4厘米。

据甬钟倒卖人透露，这件青铜器实际上是1996年沙田镇马东村西周墓中的流失品，当时发现者将这件器物转交给了其女婿，仅把留在自己手中的那一部分器物交给了博物馆。由于1996年马东村发现的两座古墓是西周墓，这件青铜甬钟自然为西周器。但是因为马东村西周墓非科学发掘，而是村民自行挖掘，此次由公安移交的青铜甬钟到底是从M1还是从M2中出土，情况不明。而且村民是否已把发现的文物全部上交也还是个谜。如果此件甬钟与1996年甬钟同出于M2，则有可能墓中存在编钟，而且村民手中有可能尚有没上交的甬钟。

图 2-10　西周铜甬钟

4.2014年沙田马东小学发现一件西周青铜鼎

2014年5月30日平桂区沙田镇马东小学在新建教学楼时,于奠基坑中发现一件铜鼎。立耳微外侈,侈口,束颈,鼓腹下垂,平底。三瓦形足。器身可见三道合范线,每道合范线直通足底,并在纵向上将足部中分。鼎底可见三道合范线呈三角形分布,三角形内饰菱形纹。口径12.3厘米,残高10.2厘米,耳高2.9厘米,足高3.8厘米。这件铜鼎器形与1996年9月平桂区沙田镇马东村发现的西周墓①所出土的青铜鼎完全一致,应为西周器。

---

① 张春云:《广西贺州市马东村周代墓葬》,《考古》2001年第11期。

图 2-11 铜鼎

（二）春秋遗存

迄今，贺州春秋时期的遗存共有三次发现，其中两次发现在今八步区北部，即桂岭镇、里松镇，一次发现在八步区中部地区的步头镇。桂岭镇在潇贺古道东部支线的主干道上，历来是五岭交通线路在萌渚岭峤道上的重要节点，亦是岭北青铜文化传向岭南的重要通道。里松经斧头岩亦有一条古道联通萌渚岭南北，这条通道是潇贺古道东部支线上的一条次道，亦具有推动青铜文化南传的功能。步头镇位于贺江中游，是潇贺古道水路在大桂山南侧的重要经停节点。

1.1963 年燕子岩发现两件春秋陶器

1961 年春，贺县桂岭公社进民大队燕子岩村（今属八步区桂岭镇进民村）村民巫资振到屋后乌家岭猪肝山脚开荒种地，无意中挖

19

出了大大小小好几只陶罐。最大的一只陶罐已被挖烂,小陶罐用不上,都被巫资振敲碎重新埋回地里。另外两只大陶罐结实可用,巫资振与父亲巫远回一起把它们带回了家。这两只陶罐中,一只开口较小,被他用作尿罐。另一只开口较大,被他用来盛放猪潲。

1963年秋,广西壮族自治区博物馆巫惠民、黄增庆两名专家到贺县进行文物普查,发现这两件陶器一是印纹陶釜、一是印纹陶瓿。

陶釜敞口,溜肩,曲腹,腹部由上至下渐大,最大径在下腹部,圜底。肩至上腹部饰印夔纹,下腹部饰印方格纹。釜的陶胎烧造火候较高,胎质较硬,褐红色,为越式陶。釜高26.5厘米,腹径27厘米,口径20厘米,底径3厘米。

图 2-12 春秋陶釜

陶瓿直口高领,平肩,曲腹,最大径在腹中部,圜底。领至肩部素面,腹上部设四只桥形耳,肩下至腹中部饰印夔纹,夔纹形如上下相扣的两个"F",又称"双F纹"。腹下部饰拍印方格纹。口径19.2厘米,腹径28厘米,底径5厘米。

图2-13 春秋陶瓿

印夔纹在湖南衡阳市周子头遗址上层、广东石峡遗址上层多见,是广东、广西东北部、江西西南部西周到春秋早中期遗址中的特征纹饰。因此,这两件器物的年代被认定为春秋时期。

2.1979年、1990年陶屋自然村两次出土春秋几何印纹陶釜

1979年3月,贺县步头镇(今属八步区)梅花村陶屋自然村,出土一件印夔纹陶釜。敞口,溜肩,腹微鼓,圜底,肩部饰方格纹一周,颈部饰两周锥刺纹及一周弦纹,腹部饰夔纹,底部饰方格纹。口径20厘米,高26.6厘米,腹径27厘米。

图 2-14　方格纹夔纹陶釜

1990年陶屋自然村再次出土一件陶釜,侈口,短束颈,溜肩,鼓腹,圆底。颈下饰勾连云雷纹和弦纹,上腹部素面,下腹部饰勾连云雷纹和弦纹,底下部饰方格纹。口径18.8厘米,腹径28.5厘米,高22.6厘米。

图 2-15　方格纹勾连云雷纹陶釜

二、贺州青铜遗存的发现历史

贺州新石器时代陶器是以绳纹为代表的夹砂陶。进入西周之后,贺州的陶器变化为几何印纹陶。而且几何印纹陶又分为前后两个时期,其中早期为压印夔纹、压印勾连云雷纹、压印方格纹等纹饰,这些纹饰可以单独出现,亦可以互相组合装饰于器表,时间相当于西周至春秋时期。后期为拍印"米"字纹、压印波浪纹、拍印方格纹、划线纹等纹饰,一般"米"字纹会单独出现,而其他纹饰既可以单独出现,也可以组合出现,时间为战国至西汉早期。从地表采集情况看,早期几何印纹陶陶片在贺州分布较广,1963 年 12 月至 1964 年 8 月,第一次全国文物普查时登记的几何印夔纹和印勾连云雷纹陶片遗址共计 12 处,分别是富川县古城公社大坝大队大坝村的大山、猫仔山,茶家大队鲤鱼村鲤鱼山的大山;钟山县钟山镇城厢大队宝塔山,英家公社一洞天岩洞;贺县沙田公社(今属平桂区)田厂大队牛岩村,公会公社(今属平桂区)田富大队西牛村,铺门公社(今属八步区)中华大队五指山,桂岭公社(今属八步区)进民大队巫家村、武营村,桂岭公社桂岭大队三圳碑村;昭平县黄姚公社崩江大队巩桥村。所以,印夔纹和印勾连云雷纹陶器遗址遍布今贺州境内的三县两区。在富川县鲤鱼山岔口岩洞穴遗址中还发现含印夔纹陶器地层叠压在含绳纹陶的地层之上。① 陶屋自然村出土的这两件陶釜上的印夔纹、勾连云雷纹、方格纹等纹饰与贺州早期印纹陶纹饰,属于同一个纹饰系统,亦与广东一些春秋墓

---

① 广西壮族自治区文物工作队:《广西几何印纹陶的分布概况》,《文物集刊》1981 年第 3 期。

23

所出陶器纹饰相同①，故而这两件陶釜应为春秋时期的器物。

3.2004年八步区里松镇文汉村发现一件春秋羽人纹甬钟

2004年3月8日，施工队在修筑贺州市市区至八步区里松镇公路时，在里松镇文汉村刘屋寨路段发现一件青铜甬钟。工人们报告了里松镇派出所。当日，派出所将甬钟移交贺州市博物馆。博物馆对出土现场作了考古清理，没有新的发现。

这件青铜甬钟无衡，圆柱形甬，甬上有旋，旋上有系，钟体为合瓦形。舞部宽广，满饰菱形云纹。正反面钲部左右各有三排长枚，一排3枚，共计36枚。篆间饰云雷纹。鼓部饰祥云纹，一个刻饰于钲面的羽人立于祥云之上，他张开双臂，身着薄衣，手臂上有纤细羽毛仿若正在生长。甬钟通高41.7厘米，甬长11.6厘米，腔体长30.1厘米，衡径4.5厘米，舞长19.7厘米，铣间距23.5厘米。

这件甬钟上的羽人形象与东汉王充《论衡·无形篇》所载羽人十分吻合："图仙人之形，体生毛，臂变为翼，行于云则年增矣，千岁不死。"从描述可知，羽人是长寿的象征。人们在青铜甬钟上装饰羽人图就是为了祈求长寿。关于羽人象征长寿的观念，实际上早在先秦之际就已流传，《楚辞·远游》就有"仍羽人于丹丘兮，留不死之旧乡"的诗句，说羽人不死。

这件铜钟于间弧线平直，枚的长度较长，枚高约为枚与于间距的三分之一，鼓部较宽，器形与台北"故宫博物院"所藏春秋中期器子犯和钟相同②。篆间的云雷纹式样与上海博物馆所藏西周中期

---

① 广东省博物馆、曲江县文化局石峡发掘小组：《广东曲江石峡墓葬发掘简报》，《文物》1978年第7期。
② 马承源主编《中国青铜器》(修订本)，上海：上海古籍出版社，2003，第280页，图6。

器雷纹钟相同。① 综合器形与纹饰,这件羽人纹甬钟应为春秋早期器物。

图 2-16　羽人纹甬钟

(三)战国遗存

战国时期,贺州发现有青铜器的文化遗存已经从平桂区沙田镇拓展到了富川县城北镇,平桂区望高镇、沙田镇、八步区里松镇、步头镇和铺门镇等地。其中尤以望高、沙田、铺门等地的战国遗存较为丰富。富川城北仅见零星出土。

---

① 马承源主编《中国青铜器》(修订本),上海:上海古籍出版社,2003,第279页,图6。

1.1980 年铺门六合①大队发现一批战国青铜兵器②

1980 年冬,贺县铺门公社六合大队(今八步区铺门镇六合村)的社员在贺江边发现 20 件青铜兵器,有斧、钺、镞三种器型。其中铜斧 13 件,铜钺 5 件,铜镞 2 件。

图 2-17　靴形钺(原报告 V 式钺,图中 I 式钺是入馆收藏时的编号,非考古报告编号)

图 2-18　原报告 I 式钺

---

① 原报告为"陆合"村,实为"六合"村之误。
② 覃光荣:《广西壮族自治区贺县出土一批战国青铜器》,《考古》1984 年第 9 期。

二、贺州青铜遗存的发现历史

图 2-19　原报告 I 式斧

图 2-20　原报告 II 式斧

图 2-21　"凤"字形钺

这批青铜兵器的种类、形制与广东广宁铜鼓岗战国墓①、广西平乐银山岭战国墓②中的器物类型相似。其中Ⅲ式钺又称"凤"字形钺,它有长方形銎,钺体两侧外撇,钺刃如扇形。近銎处一面饰变体云雷纹和锯齿纹,另一面为素面。器形及纹饰均与广宁铜鼓岗战国墓中出土的Ⅱ钺一致,同样形制的铜钺在广东韶关③亦有出土。平乐、贺县、广宁、韶关等地均位于五岭南侧,是中原文化和楚文化通过五岭古道向南传播的重要节点,这些地区考古出土的同一时代器物在文化内涵上具有相似性,正说明这些地区的历史文化进程具有一致性。同时,经过这些地区的五岭通道所担负的交通使命在同一时期亦具有一致性。

2. 1990年沙田镇龙中村发现一座战国岩洞葬④

1990年6月,贺县沙田镇龙中村村民陈海贵在村东头的红朱山上放牛,瞥见一只狐狸钻进石洞。他感到好奇,遂邀村民陈德兴等人撬洞追狐,于是发现一座以天然岩洞为墓穴的古墓葬。

1991年6月,贺县博物馆闻讯后即展开征集工作。据村民回忆,该岩洞共分前后两室,其中前室仅存器物1件,后室35件。在地方政府和文物部门的反复动员下,村民们共向博物馆上交出土器物36件,分别是陶器3件,贝币12件,青铜器21件。其中3件陶器分别是1件印席纹硬陶罍,2件原始青瓷擂钵;12件贝币均为海贝中的无洞贝,分大孔式、特大孔式、全孔式三种类型;21件青铜

---

① 广东省博物馆:《广东广宁县铜鼓岗战国墓》,《考古学集刊》1981年第1期。
② 蒋廷瑜、韦仁义:《平乐银山岭战国墓》,《考古学报》1978年第2期。
③ 实物现藏广东省韶关市博物馆。
④ 张春云:《广西贺县龙中岩洞墓清理简报》,《考古》1993年第4期。

器分别是鼎3件、神兽尊1件、石寨山型铜鼓1件、瓴1件、盉1件、龙头形饰件2件、兽头形饰件2件、箕形器1件、钺1件、环形器1件、钩形器4件、叉形器3件。

近年来,通过对青铜器的修补整理和研究,专家又发现原报告中所述的1对龙头形铜饰件实为铜盉的提梁残件,可与青铜盉合并为1件器物;1对兽头形饰件实为铜罍的器耳残件,可与铜罍合并为1件器物。故而此次出土的器物实际总数应是32件,其中青铜器为17件。青铜器、陶器、贝币在器物总数中的占比分别是53%、9%、38%。

在17件青铜器中,3件铜鼎分别是侈口立耳斜足鼎,侈口附耳蹄足鼎,盘口立耳斜足鼎;1件牺尊,又名神兽尊、麒麟尊;1件铜鼓,是迄今为止我国分布最东的战国石寨山型铜鼓;4件钩形器,器形如人足,应为某种器物或人俑所脱落的足部;1件环形器,应为车马器零件;1件虺纹铜瓴,又称铜罍。

这批岩洞葬的青铜器组合是鼎、尊、瓴、盉、鼓、钺、车马器等,与1971年广西恭城县嘉会公社清理的春秋晚期五号墓①"鼎、尊、罍、编钟、钺……车器"组合十分接近。侈口附耳蹄足鼎与江苏丹阳司徒砖瓦厂遗址出土的春秋中期浅腹圆底鼎②器形相同。但陶罍为平底,且最大径接近底部,有明显的战国特征,故而这座岩洞葬的时代应为战国。

---

① 广西壮族自治区文物管理委员会编《广西出土文物》,北京:文物出版社,1978。
② 刘兴、季长隽:《江苏丹阳出土的西周青铜器》,《文物》1980年第8期。

图 2-22 铜钺

图 2-23 神兽尊

图 2-24 铜鼓

图 2-25 铜盉

青铜时代的贺州

图 2-26　虺纹铜瓿

图 2-27　箕形器

图 2-28　侈口附耳蹄足鼎

二、贺州青铜遗存的发现历史

图 2-29　侈口立耳斜足鼎

图 2-30　盘口立耳斜足鼎

图 2-31　叉形器

图 2-32　席纹硬陶罂

图 2-33　原始青瓷擂钵

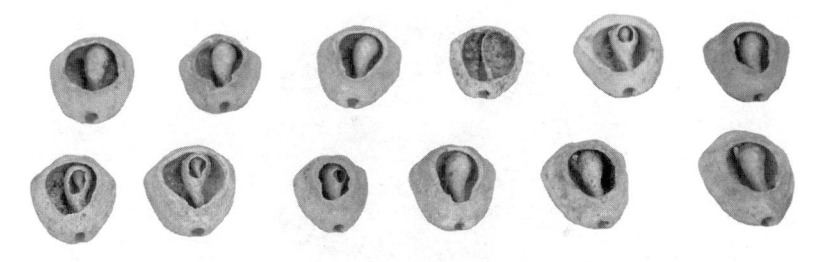

图 2-34　贝币

3.1992 年沙田镇田厂村发现一座战国墓

八步—黄姚公路从平桂区沙田镇田厂村瓦窑头自然村到狮中村路段,即公路路标为 4—17 公里处,在南北长 13 公里、两侧宽 1—2 公里范围内断断续续分布着一个大型古墓群,2001 年考古队对这个古墓群中的田厂村高屋背西侧一座山岭做考古钻探,发现战国古墓 129 座。这个古墓群中大多墓葬已无封土堆,或很低平,地面可见网格纹陶片。1991 年,西电东送工程在田厂村开挖高压

35

电线杆基坑时,发现一座较大的土坑墓。1992年5月30日,参与基坑挖掘的一位农民工将其在施工时发现的陶器、青铜器等一批文物及其碎片共30件上交给了贺县博物馆。由于此时基坑中已经种上了电线杆,故此墓葬没有得到清理,具体形制不明。

此次收集到的文物仅4件器物形制相对完整,分别是3件青铜器和1件陶器,即1件铜叉形器、1件有段铜锛、1件铜蒺藜、1件"米"字纹四系陶瓮。

(1)"米"字纹陶瓮:大口,翻唇,短颈,广肩,弧腹下收至小平底。肩腹满饰"米"字纹,肩上有四系。口径31厘米,底径23.8厘米。

图2-35 "米"字纹陶瓮

(2)铜叉形器:叉体扁平,叉身一面平直,另一面有凹槽。叉口呈半圆形,叉口较叉尾宽,叉尾平直。叉通长35厘米,叉间距4.3厘米。

图 2-36　铜叉形器

（3）有段铜镞：镞体较扁，一面平坦，另一面弧隆。镞锋与镞铤之间分成两段，分段处近铤一侧较细，近锋一侧较大，这种形状应是为了保证射箭时镞锋不会没入箭杆之中。镞锋短而尖，镞铤整体呈梯形，前锋平直。前锋厚0.2厘米，镞通长3.4厘米，最大宽度1厘米。

图 2-37　有段铜镞

（4）铜蒺藜：由蒺刺和蒺基两部分组成，蒺基扁平，总体呈"7"字形，基部两端是断口，由此判断此蒺藜为残件。蒺刺共三支，向同一个方向倾斜铸接在蒺基上，刺锋尖锐。基长10.2厘米，基宽0.9厘米，通高2厘米。

图 2-38　铜蒺藜

"米"字纹陶瓮在贺州周边地区多有出土，为典型的战国器物，

37

质地、纹饰均与平乐银山岭战国墓出土的陶瓷相似①。叉形器形体与沙田龙中村战国岩洞葬中出土的三件叉形器一致。由此，专家将这座墓葬断定为战国时代。铜蒺藜在贺州首次出现，有段铜镞仅见于平桂区沙田河流域的战国墓中，具有较强的地方特色。

4.1992年沙田芳林小学内出土战国卷云纹铜斧

1992年2月3日贺县沙田镇芳林村小学在修建围墙时发现铜斧，后由学校教师上交贺县博物馆。斧有长方形銎，直体。斧身在靠近刃部时两侧开始向外撇，刃部略弧。斧体侧面各有一道凸棱，应为合范线。斧体两侧及銎的唇沿均有轮廓线，銎下部有一长方形纹饰区，区内设四道卷云纹。通长12.7厘米，高1.8厘米，宽4厘米。

这件铜斧与1992年岑溪花果山战国墓②中的M1:2号铜斧相似，但花果山铜斧素面无纹，而芳林小学铜斧饰卷云纹，器形更显精致。

图2-39 卷云纹铜斧

---

① 蒋廷瑜、韦仁义：《平乐银山岭战国墓》，《考古学报》1978年第2期。
② 广西壮族自治区文物工作队、岑溪县文物管理所：《岑溪花果山战国墓清理简报》，载广西壮族自治区博物馆编《广西考古文集》，北京：文物出版社，2004。

5.1997年里松镇新华村发现战国铜剑

1997年1月贺县里松镇新华村出土一件铜剑,圆形剑首,首面内凹。圆柱形剑茎,茎上有两緱箍。剑格为倒"凹"字形,格的厚度大于剑身。剑脊呈直线,剑从斜而宽,前锷收狭且尖锐。通长50.5厘米,最大宽度5厘米。

此剑形制与马承源在《中国青铜器》一书中所附春秋吴王夫差剑①、湖北松滋大岩嘴出土战国青铜剑相类,但新华村出土的这件青铜剑剑从不如大岩嘴剑宽大,只与夫差剑更加接近。剑身也没有大岩嘴剑长,只与夫差剑接近。综合考虑,此剑年代应为战国初期。

图2-40 铜剑

6.2001年沙田镇田厂高屋背发掘两座战国墓②

2001年11月至12月,广西文物队会同县级贺州市博物馆组成联合考古队对八步区沙田镇田厂村的高屋背古墓群做了钻探,共发现高屋背古墓群中保留有古墓129座。同时,还试掘了其中两座土坑竖穴墓:M122、M123。两墓共出土器物50件,其中M122仅出土"米"字纹陶瓮1件,M123出土青铜器48件,"米"字纹陶瓮1件。

---

① 马承源主编《中国青铜器》(修订本),上海:上海古籍出版社,2003,第55页。
② 广西壮族自治区文物工作队、贺州市博物馆:《贺州市高屋背岭古墓群勘探与试掘》,载广西壮族自治区博物馆编《广西考古文集》,北京:文物出版社,2004。

2件陶瓮均为泥质灰印纹硬陶,泥条盘筑法制坯,瓮身上拍印"米"字纹。

青铜器仅见兵器和工具,无容器。其中叉形器4件、铜矛1件、铜剑1件、扁茎短剑1件、铜镞2件、铜斧2件、铜钺2件、刀锯两用器1件、码角器1件、铜镦2件、铜镞31件。

这批文物现存广西壮族自治区考古所。高屋背古墓群是沙田河青铜文化区战国遗存的重要组成部分,从试掘的两座古墓看,出土的器物主要是青铜兵器、生产工具、生活用具及陶瓮。其中陪葬"米"字纹陶瓮是战国时代贺州地区流行的葬俗,在沙田河青铜文化区的土坑墓中,基本上是每墓1件。M122仅出1件陶瓮,M123却出土49件器物,在事死如事生的时代,人们都尽可能用生前所拥有的财富陪葬,这说明两墓墓主的身份和财富差别较大,其时的贺州社会阶层已经有较大的等级分化。

7.2002年沙田镇道石村石人岭发现两座战国墓

在贺州市沙田镇道石村小凉河旁的石人岭分布着一个战国古墓群。据村民何芳回忆,1977年曾在岭上发现一座古墓。1980年代,又发现一座。但当时村民没有将相关情况报告文物部门,所出土的文物均已流失。据村民回忆,这些流失的文物中有"米"字纹陶瓮和青铜短剑。

2002年10月,村民陈建强新建住房时再次发现三座古墓,其中南边一座是东汉晚期墓葬(M1),仅存铜短剑1件,青瓷豆残器1件。东北边一座是战国墓(M2),出土有"米"字纹陶瓮1件(M2:2)。另有青铜短剑残件2件,分别是M2:1、M2:4;叉形器1件,编号M2:3。M3位于M2西侧,也是一座战国墓,出土"米"字纹陶瓮

二、贺州青铜遗存的发现历史

1件,编号 M3:1。

2件"米"字纹陶瓮器形一致,均广口外侈,翻唇,短颈,溜肩,鼓腹,腹最大径在腹的上部,腹下部曲收直至小平底。颈至腹下满饰"米"字纹。但M2:2肩上不仅有四系,还刻有箭镞形符号↑,口径24.5厘米,高39.5厘米,腹径30厘米。M3:1肩部无系,刻有水波形符号〰。口径25.4厘米,底径15厘米,高39.8厘米,腹径33厘米。

图 2-41 "米"字纹陶瓮(M2:2)

图 2-42 "米"字纹陶瓮(M3:1)

8.2008 年望高镇下跌山发现一座战国岩厦墓

2008 年 5 月 28 日,在平桂管理区望高镇立头村岩下寨下跌山发现一座岩厦墓。该墓上方是一块石灰岩巨石,巨石向南悬空外突,形成岩厦。岩厦下为一块平坦的石灰岩基岩,葬具及随葬品均摆放在这块基岩上。基岩之下是一个陡峭的斜坡,斜坡下约一米处是一个斜井式的岩洞。2008 年,因修建洛湛铁路,当地村民在下跌山为筑路工程开采角石,在用炮炸塌部分岩厦石后,发现这座古墓。由于岩厦已遭毁坏,墓葬的具体形制不明,贺州市博物馆接到消息赶到现场调查时,在岩厦下的基岩上仍能见到人骨,在斜坡和岩洞中还能看见塌落的人骨和铜锈。村民把捡拾到的 11 件随葬品全部上交贺州市博物馆,有铜器、玉器和陶器。

(1)铜器

共 9 件,其中戈、矛、钺、刮刀、短剑各 1 件,铜镞 4 件。

铜戈：圭形援，上、下刃均较平直，援的两面中间有脊棱，援前端收尖成为锐锋。短胡，胡上有三方穿，胡近内一侧设阑，阑下端有尖锋。内呈长方形，内上无穿。戈通长 19.2 厘米，宽 11.5 厘米，厚 0.4 厘米。

图 2-43　铜戈

铜钺：为"凤"字形钺，钺体较长，上窄下宽，长方銎，凸弧刃，刃两侧外翘上卷，钺身侧边有合范线。钺长 7.5 厘米，宽 4.5 厘米，厚 0.7 厘米。

图 2-44　铜钺

铜矛：为柳叶形长狭叶矛。矛刃微曲，呈束腰状。叶锋尖锐扁平。长圆骹，中空，骹末端有一穿孔。叶本末端有上下二穿孔。长叶上有中脊从前锋贯穿至本部穿孔处。长 19.2 厘米，宽 4 厘米，厚 2.2 厘米。

图 2-45 铜矛

铜刮刀：整体呈叶形，刀体较薄。刀身茎部方直，刃部圆曲，两刃前聚成尖锋。左右两从向上曲翘，两从面相交成钝角，背部中间有脊，且凸脊从茎部延伸至锋尖，断面呈"人"字形。长 12 厘米，宽 3.5 厘米，厚 0.2 厘米。

图 2-46 铜刮刀

铜镞：均为双翼形镞，翼中有脊突起，翼身与铤一次铸成，前锋平直，后锋向后出锋较长。除 1 件本部断损外，其余 3 件较为完整。共分成两式。Ⅰ式镞 3 件，本与铤的交接处设有关部，可称为"有关镞"，镞厚 0.2 厘米。Ⅱ式镞 1 件，铤与本之间无关，可称为"无关镞"，厚 0.2 厘米。

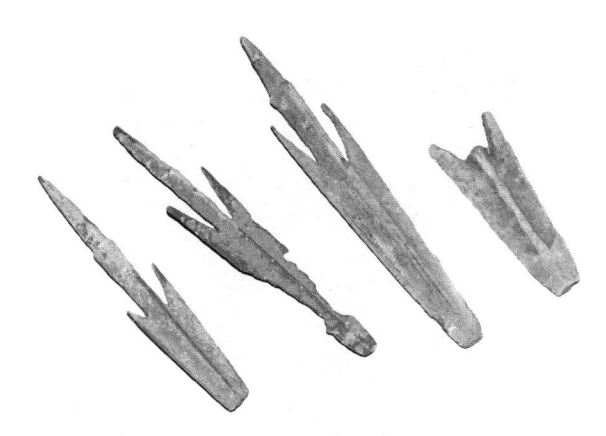

图 2-47　铜镞（左 2 为 Ⅱ 式镞，余为 Ⅰ 式镞）

铜短剑：无格，无首，平肩，长腊，腊中部凸脊向前延伸至锋尖，向后延伸至茎部圆孔处。剑从上饰云雷纹，扁茎上有圆孔。从肩部开始，茎向后端逐步收窄。长 19.6 厘米，宽 3.7 厘米，厚 1.8 厘米。

图 2-48　短剑

（2）陶器

仅有陶豆 1 件。豆盘为盘口，盘腹内束。高圈足，足身形如腰鼓，足上部呈喇叭状与盘底相接，足中部平直，足底部平坦。豆口径 11.1 厘米，底径 7.7 厘米，通高 8.3 厘米。

图 2-49　陶豆

(3) 玉器

仅有有领玉璧 1 件。质地坚硬,在白色中夹杂有黑色石斑。通体光滑,璧肉宽扁,近好处的璧肉外凸形成璧领,外径 10 厘米,内径 5.6 厘米,厚 1.7 厘米。

图 2-50　有领玉璧

下跌山铜戈援部平直,与江苏江浦蒋城子铜戈(T207③:2)①相近,同器形的戈在华东的江苏南部宁镇地区有较多出土。在华中,湖北随州春秋时期的曾公子去疾墓②、湖南资兴出土的 D 型Ⅱ式戈③、株洲县白关镇团山村大冲西周晚期墓④亦有同类型铜戈出土。在华南,广东广宁县龙嘴岗战国墓出土的Ⅰ型戈(M8:2)⑤、博罗横岭山战国铜戈(M080:1)⑥与下跌山铜戈器形接近。但广东的铜戈援部略向上翘,更具战国特征。"男儿何不带吴钩",自古以来,吴国所产的钩兵戈声名在外,这为青铜兵器从吴国所在的江苏一带向外传播创造了条件。从戈的形制与出土年代看,下跌山这类器形的铜戈应该是西周时期首先在江苏南部的宁镇地区发端,约在西周晚期至春秋时期传到湖北、湖南等地,到战国时期传至岭南的广东和广西,且到战国时期戈的援部开始上昂。但从江苏到广东,同类型的铜戈内上都有穿,独贺州下跌山铜戈仅在胡上有穿,而内上无穿,这种现象使得贺州铜戈形制更加接近西周器。因此,下跌山铜戈应是西周铜戈在战国时期仍然使用的结果。

---

① 南京市博物馆等:《江苏江浦蒋城子遗址》,《东南文化》1990 年第 1 期。
② 黄凤春、郭长江:《出土大量青铜器的湖北随州曾公子去疾墓》,《文物天地》2013 年第 6 期。
③ 周世荣:《湖南商周秦汉兵器研究(之一)》,《湖南考古辑刊》1987 年第 0 期。
④ 雷芬:《株洲白关西周晚期越人墓出土的青铜器》,《湖南考古辑刊》1999 年第 0 期。
⑤ 刘成基、吴海贵:《广东广宁县龙嘴岗战国墓》,《考古》1998 年第 7 期。
⑥ 广东省文物考古研究所:《博罗横岭山 商周时期墓地 2000 年发掘报告》,北京:科学出版社,2005。

类似下跌山的刮刀在平乐银山岭战国墓①、湖北江陵②、湖南韶山③和广东四会④的战国墓中也有出现。

下跌山铜钺两侧刃上翘明显,其时代可以晚至春秋早期。短剑与平乐银山岭战国墓中的Ⅳ式短剑⑤、广东广宁县龙嘴岗战国墓Ⅰ型短剑(M8:15)⑥相同。镞的形制除前锋平直外,余与平乐银山岭战国墓Ⅰ式⑦、Ⅱ式⑧镞近似。有领玉璧器形与武鸣独山战国岩洞葬玉钏⑨相同。而且,下跌山的戈、矛、短剑、刮刀、钺、有领玉璧等器物组合也与武鸣独山战国岩洞葬⑩相同。因此,尽管下跌山岩厦墓中出土有西周、春秋和战国三个不同时期的器物,但综合考虑,其年代应为战国。

(四)西汉遗存

公元前214年,秦平岭南,贺州为秦之属地。5年后,即公元前209年,陈胜、吴广等人领导农民起义。秦龙川县令赵佗趁机在岭

---

① 蒋廷瑜、韦仁义:《平乐银山岭战国墓》,《考古学报》1978年第2期。
② 湖北省文化局文物工作队:《湖北江陵三座楚墓出土大批重要文物》,《文物》1966年第5期。
③ 周世荣:《湖南韶山灌区湘乡东周墓清理简报》,《文物》1977年第3期。
④ 何纪生、杨少祥、彭如策:《广东四会鸟旦山战国墓》,《考古》1975年第2期。
⑤ 蒋廷瑜、韦仁义:《平乐银山岭战国墓》,《考古学报》1978年第2期。
⑥ 刘成基、吴海贵:《广东广宁县龙嘴岗战国墓》,《考古》1998年第7期。
⑦ 蒋廷瑜、韦仁义:《平乐银山岭战国墓》,《考古学报》1978年第2期。
⑧ 蒋廷瑜、韦仁义:《平乐银山岭战国墓》,《考古学报》1978年第2期。
⑨ 黄民贤:《武鸣独山岩洞葬调查简报》,《文物》1988年第12期。
⑩ 黄民贤:《武鸣独山岩洞葬调查简报》,《文物》1988年第12期。

南割据称雄,所以秦对贺州的辖制时间较短,考古发现的各种遗存除非有明确的文字载明,否则其时代不会判为秦代。一般地,这时期的遗存大多仍然具浓郁的战国特色,因此,大多会把它们的年代判为战国。如果有少部分遗存西汉早期特色突出,则又会把它的年代判为西汉早期。也正因为上述情况,贺州迄今仍未能发现有确切证据的秦代遗存。

公元前203年赵佗称帝,建立南越国。第二年,即公元前202年,刘邦称帝,建立汉朝。自南越国建立之始到公元前112年西汉最终平定南越国为止,整个西汉早期,贺州一直是南越国与西汉的对峙前线。南越国和西汉的长沙国沿萌渚岭、都庞岭南北两侧的贺江和潇水上游支流沿岸分驻重兵。而贺州的驻兵态势是以铺门为中心,有王侯一级的人物在此屯驻。然后沿贺江上溯,在每一个"垌面",即较大盆地或山间坝子的交道要通上分设驻兵点。因此,贺州西汉早期墓葬、城址、防御工事等遗存的分布态势是以南部信都平原的铺门为中心,然后沿贺江上溯,分布在各大垌面的河流交叉口附近、水路转陆路的津渡附近、山路转平地的圩镇驿站附近、山道峡谷的险关附近。从目前考古出土情况看,从南往北,一是八步区的铺门镇高寨城址和城外的河东村、河南村古墓群,这里是整个贺江流域的驻兵中心,既可通过水路控制贺江流域的交通,又可直接管理信都平原的军事防御。二是步头镇陶屋古墓群,这里是大桂山群峰中的山间坝子,从水陆两路向南连接信都平原,向北连接贺街盆地。第三是贺街镇大鸭城址及其周边古墓群,这里是贺江上游桂岭河和临江两大水系的交汇处,也是贺江中游的最大盆地。在这里设立城址,可同时控制桂岭河和临江两大流域的水上交通。第四是桂岭镇英明村芜城城址及其周边古墓群,这里是贺江上游水系桂岭河流域的中心地带,也是萌渚岭南侧在桂岭河流域的最大盆地。第五是八步区开山镇壕界,这里是长沙国在萌渚岭方向修建的边界防御工事,是南越国与长沙国在萌渚岭的边界所在地。第六是钟山县牛庙城址及附近燕塘古墓群,这里是萌渚岭、都庞岭与大桂山三个山系中的一个大型盆地,控制着临江水系上游地段的水上交通,并在陆路上连通临江、思勤江、富群江,地理位置十分重要。第七是富川县小水村长沙国城墙和护城壕,这是南越国与长沙国在都庞岭的分界线。

汉元鼎五年(公元前112年)汉武帝平定岭南,次年西汉在今贺江流域设封阳县、临贺县、富川县、谢沐县、冯乘县五县,属苍梧郡。但由于西汉统一所带来的文化变化要在古墓中得到反映还必须是在人们的生活习俗、生产工具、生活用具有了一定的改变之后,所以目前贺州能够明确为西汉晚期的遗存数量不多,分布范围较之西汉早期也没有多大的扩展,只能在西汉早期遗存集中分布点的附近可以发现有范围扩大的现象,例如铺门古墓群,西汉早期的古墓群只集中在河东村和河南村,到西汉晚期已扩展到兴华村、龙桂村、鹤州村。再如临贺故城古墓群也只是从大鸭村扩展到了西南村。

1.1975年至1976年铺门镇河东村高寨发掘八座西汉墓[①]

1975年12月和1976年6月至11月,贺县铺门镇河东村高寨发掘8座西汉墓。此批墓葬中,共有西汉前期墓5座,分别是M4、

[①] 广西壮族自治区文物工作队、贺县文化局:《广西贺县河东高寨西汉墓》,载文物编辑委员会编《文物资料丛刊》(4),北京:文物出版社,1981年。

M5、M7、M8、M9。西汉后期墓3座,分别是M1、M3、M6。

(1)西汉前期墓

5座前期墓均为竖穴土坑木椁墓,木椁底部有垫木。墓的形制有长方形土坑墓、"刀"字形墓、"凸"字形墓三种。5座墓中共出土器物218件。

陶器

共163件,以印纹硬陶数量居多,软陶较少。硬陶器型单一,仅见瓮、罐、盒、瓿四种,除瓮外,其余器型较小。但硬陶装饰纹饰复杂,有拍印的方格纹、"米"字纹、圆形戳印纹,刻画的篦点纹、水波纹、绚纹等。少部分为软陶,软陶器型丰富,有鼎、盒、壶、钫、格盅、熏炉、釜、盆、瓿、瓿、豆、灯、提筒和纺轮等14种,并且壶又包括蒜头壶、匏壶、长颈侈口壶、短颈鼓腹壶等多种形制。软陶装饰纹饰较简单,多数是轮制坯胎时留下的弦纹、瓦纹,也有镂空纹和彩绘。

图2-51 双耳罐

青铜时代的贺州

图 2-52 鼎

图 2-53 陶瓿

图 2-54　陶罐

图 2-55　格盅

青铜器

共 35 件，有鼎、勺、壶、钫、罍、盆、筒、奁、碗、杯、剑、镜、熏炉和车轴 14 种器型，但仅有 25 件器物的器型保存完整，分别是铜鼎 6 件，铜勺 3 件，铜筒 2 件，铜剑 6 件，铜熏炉 1 件，铜镜 4 件，铜扣 1 件，铜牌饰 2 件。

青铜时代的贺州

图 2-56　铜筒

图 2-57　铜鼎

二、贺州青铜遗存的发现历史

图 2-58　铜鼎

图 2-59　铜盆

图 2-60　铜鐎壶

玛瑙珠

共7颗。原考古发掘报告认为是9颗，但2017年11月24日经中国科学院上海光学精密机械研究所科技考古中心测定，其中2颗管状玛瑙珠实质上为圆柱形条纹装饰玻璃（琉璃）珠。玛瑙珠的材质均为红色玉髓，5件为铃铛形，2件为多面几何形。

铃铛形红色玛瑙珠是一类较为特殊的珠饰类型，在我国的新疆吐鲁番地区、湖南等地有发现，但数量相对较少。吐鲁番地区位于天山东部的山间盆地，即吐鲁番盆地。其中部是西亚、中亚地区经天山通道与我国内陆地区联系的必经之地。而湖南地区则是岭南地区与我国内陆地区联系的交通要道。从铃铛形红色玛瑙珠的出土地点来看，推测此种器形可能是从西亚、中亚地区经新疆，进入我国内陆，然后经湖南地区传入贺州和岭南其他地区。

图 2-61　展示中的 4 件铃铛形玛瑙珠

多面体几何形红色玛瑙珠饰又分为六面双锥形珠饰和扁平菱形珠饰两类,均属典型海上丝绸之路风格珠饰。这两种形制的红玉髓质珠饰起源于南亚地区,随着南亚与西亚、中亚、东南亚、东亚等地区之间的交流,此种珠饰和相关的制作工艺也流传至上述各地。在我国,此种器形珠饰的出土地主要集中在岭南地区,表明岭南与海上丝绸之路存在密切联系。

图 2-62　多面体几何形红色玛瑙珠

琉璃珠

共 32 颗[①]。琉璃即玻璃,经过光学检验,贺州西汉早期琉璃类

---

① 原考古报记录为 30 颗,有 2 颗被误认为玛瑙珠,故予纠正。

样品拉曼特征峰主要为包络峰,峰位主要位于 446cm^{-1}、1372^{-1}—1386cm^{-1}、3266cm^{-1}—3277cm^{-1}等位置附近。根据光检测成分分析结果,西汉早期的贺州琉璃类器物其质地成分一共有三类,分别是铅钡玻璃、钾玻璃和钠钙玻璃。

铅钡玻璃珠饰:铅钡玻璃的助熔剂主要为氧化铅(PbO)和氧化钡(BaO),其含量范围分别为 33.31wt%—51.72wt%、10.14wt%—24.28wt%。贺州这批西汉早期墓中发现的铅钡玻璃器为浅绿色算盘子形珠饰,这种玻璃产自中国。值得注意的是,在西汉早期,我国还用铅钡玻璃仿制六面双锥形珠饰。

图 2-63 铅钡琉璃珠饰(图中有 11 颗浅绿色珠饰)

钾玻璃珠饰:钾玻璃主要助熔剂为氧化钾(K_2O),通常来说,钾玻璃中 K_2O 的含量范围一般在 14wt%—18wt%。但由于风化作用的影响,K_2O 会大量流失,导致化学成分分析结果中的 K_2O 含量较低。在这批西汉早期墓葬出土的钾玻璃琉璃珠中,K_2O 的含量范围为 5.59wt%—13.52wt%。贺州出土的西汉早期墓钾玻璃珠饰颜色丰富,有透明蓝色、深蓝色、白色、浅蓝色等四种。器形有六面双锥形玻璃珠和算盘子形琉璃珠。

图 2-64　深蓝色钾玻璃珠饰

钾玻璃珠在贸易分类中属"印度—太平洋贸易珠"范畴,全称为"印度—太平洋单色拉制玻璃珠"(Indo-Pacfiic Monochrome Drawn Glass Beads)[①],是典型海上丝绸之路舶来器物。钾玻璃珠从东非海岸北部延伸到西部地区以及印度南部、斯里兰卡、东南亚、中国南部、韩国、日本等地,弗朗西斯[②]认为这类珠饰大约在公元前4世纪至公元前3世纪起源于印度南部泰米尔纳德邦(Tamil Nadu)的阿里卡梅度(Arikamedu)地区。而A.K.卡特[③]则认为,阿里卡梅度只是印度古代一个重要的珠饰(包括玻璃和石质珠饰)制作中心。东南亚地区在公元前后的1000年中存在多种成分类型的

---

① Robert H. Brill. *Chemical analysis of early glass* (Volume), New York: The Coring Museum of Glass, 1999.
② P. Francis Jr. *Beads in Indonesia*. Asian Perspective, 1991, 30(2): 217-241.
③ A. K. Carter. *The production and exchange of glass and stone beads in Southeast Asia from 500 BCE to the early second millennium CE: An assessment of the work of Peter Francis in light of recent research*. Archaeological Research in Asia, 2016, 6: 16-29.

玻璃,因此,在技术上同时受到来自印度北部和南部的影响。泰国南部的金山镇发现了大量印度—太平洋珠与岩石熔融的冷却块体,表明当地确实在生产制作印度—太平洋珠。① 因此,印度—太平洋珠在南亚和东南亚,甚至是我国西南地区,均可能存在生产制作中心。

此次出土的透明浅蓝色六面双锥形钾玻璃珠是具有典型海上丝绸之路风格的器物。这种类型的多面体几何形玻璃珠饰在两广地区的广州、贺州、合浦等地多有发现,同时在东南亚地区也有发现。

图 2-65 浅蓝色六面双锥形钾玻璃珠饰

钠钙玻璃珠饰:钠钙玻璃助熔剂主要为氧化钠(Na_2O)和氧化钙(CaO),二者含量之和可达 16wt%—18wt%。这批琉璃珠中的钠钙玻璃珠,其 CaO 的含量范围是 0.55wt%—13.50wt%,氧化锶(SrO)的含量范围为 0.10wt%—0.12wt%,同时检测到三氧化二锑

---

① 〔泰〕班查·彭帕宁:《一定要收藏的古珠·天珠珍贵图鉴》,林璟玟译,[出版地不详]:维他命文化有限公司,2013。

（Sb_2O_3），其含量范围是 0.44wt%—2.11wt%，推测其为泡碱型钠钙玻璃，器形为圆柱形条纹珠。

这批西汉早期的琉璃珠中共有 2 件钠钙玻璃珠[①]，珠形为圆管形，纹饰为条纹。经检测[②]，其 CaO 含量分别为 10.47%、11.06%，SrO 含量分别为 0.10%、0.12%，Sb_2O_3 含量分别为 0.77%、0.44%。

钠钙玻璃珠是仿制的玛瑙珠，产地具有典型的地域特征，作为珠饰它主要流行于帕提亚帝国时期的伊朗地区和罗马帝国时期的地中海沿岸。其成分中之所以含有 Sb_2O_3，可能是制作玻璃过程中采用了锑基乳浊剂，这是典型的西方乳浊剂，这种乳浊剂传入我国的时间在公元前 8 世纪至公元 1 世纪之间。

图 2-66 钠钙玻璃珠饰

玉器

共 12 件，分别是玉璲 1 件，玉玦 3 件，玉龙 1 件，玉管 2 件，绞索状玉环 1 件，玉璧 3 件，"须甲"玉印 1 件。但因为这批文物进入贺县博物馆后曾遭盗窃，许多玉器现已流失。

[①] 原考古发掘报告称为管状玛瑙珠。
[②] 2017 年 11 月 24 日中国科学院上海光学精密机械研究所科技考古中心测定。

金器

共 1 件,为"如心"金印,方座虎钮。这件文物在贺县博物馆失窃案中已经流失。

图 2-67 "须甲"玉印(左)、"如心"金印(右)

图 2-68 玉瑗

图 2-69 玉璧

封泥

共 1 件,封泥上戳盖印文"王行印"。

图 2-70 "王行印"封泥

铁器

共 4 件,其中削刀 3 件,匕首 1 件。目前,这几件铁器锈蚀严重。

(2)西汉后期墓

均为"凸"字形土坑竖穴木椁墓。共出土器物 112 件,其中陶器 54 件,青铜器 17 件,滑石器 27 件。

陶器

在陶器中,软陶质地的共 26 件,硬陶 28 件,完整器物 49 件,分别是:瓮 5 件,其中硬陶瓮 4 件,软陶瓮 1 件;硬陶罐 24 件;软陶壶 7 件;软陶鼎 3 件;软陶甗 2 件;软陶盂 6 件;软陶豆形灯 1 件;软陶纺轮 1 件。5 件不完整的残件分别是软陶钫 2 件,软陶盒 2 件,软陶釜 1 件。

图 2-71 陶壶

图 2-72 陶壶

二、贺州青铜遗存的发现历史

图 2-73　陶甑

图 2-74　陶鼎

65

青铜器

三座墓所出土的青铜器中,有矛2件,壶1件,碗1件,镜3件,镜扫1件,带钩1件,车轴1件,永宣五铢钱7枚。

图 2-75 鎏金铜镜扫

图 2-76 铜壶

图 2-77　铜带钩

滑石器

滑石器中有鼎 1 件,釜 1 件,耳杯 8 件,小盘 8 件,奁 1 件,璧 4 件,镇 4 件。

图 2-78　滑石耳杯

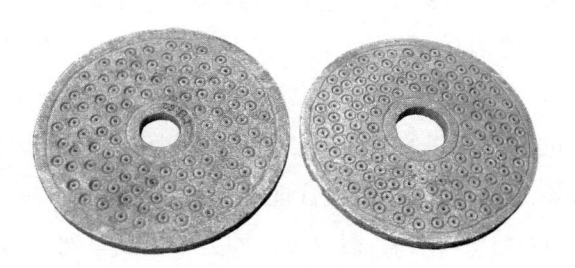

图 2-79　滑石璧

图 2-80　滑石鼎

M4 是西汉前期墓，出土有"如心"虎钮方形金印和"须甲"玉印等印章。

"如心"印是墓主人的赏玩印。"须甲"印是官印还是私印值得探讨。原报告认为是私印，但结合对新发现材料的研究，这枚印章应是与军输机构有关的官印。在马王堆驻军图中标有长沙国在湖南永州方向所设的"甲鉤""甲英（缨）""甲攸"等供应甲兵的军输机构。这里"甲"即"兵甲"，代指兵器。其中"甲鉤"即"甲钩"，原指戈、戟之类的钩兵，代指管理这类兵器的机构。"甲英"即"甲缨"，原指刀、矛等兵器上所配的缨须，代指管理这类兵器的机构。"甲攸"中的"攸"原指攸远，因此"甲攸"亦被引申为可以远射的兵器，如弓、弩、发石机等，也代指管理这类兵器的机构。虽然长沙国与南越国隔着萌渚岭对峙，但双方都同处于西汉早期，双方的军队建制具有互相借鉴的情况，各自的部队建制具有同一性。"须甲"的"须"即"需要"，如《汉书·冯奉世传》："不须复烦大将。""甲"继续解读为兵器，则"须甲"印文亦可解读为"满足对兵器需要"，如果这一解读不误,则"须甲"印可解读为南越军输机构的职官印,也即这枚印章应是甲兵供输机构将官所使用的公章,而 M4 的主人应是一位职级较高的军输官。

M5 中出土有"王行印"封泥。封泥的作用是封缄信物。"王行印"封泥就是指"王"在信物上加盖"行印"以为封缄。《汉旧仪》载,皇帝用玺有"皇帝行玺""皇帝之玺""皇帝信玺""天子行玺""天子信玺""天子之玺"等六玺。这六玺各有不同的用途:"皇帝行玺"封国,"皇帝之玺"赐封诸侯王,"皇帝信玺"发兵,"天子行玺"召集大臣,"天子信玺"事天地鬼神,"天子之玺"册封外国。与"皇帝行玺"和"天子行玺"的功能相对应,臣属的"行印"要么用来封赠属下,要么用来召集属下。如果像"天子行玺"一样用于召集属下,那要么 M5 的墓主人本身就应该是王,他召集属下时曾经使用了一些信物,并在信物上用封泥作了封缄;要么 M5 主人曾经得到某位"王"的召集,这份召集令对墓主人具有十分重要的意义,死后,他仍要把这份信物带到地下陪葬。按照历代贺县志所载,公元前 111 年前的西汉早期贺州隶属于南越国,那么须甲所服务的政治势力就必定是南越王,被封泥所封缄的物品也应是南越王召集他时所使用的信物。在铺门王城周围像 M5 这样规制的汉墓大量存在,应该不会有大量南越王国的朝臣集中葬于铺门。墓主人自己召集属下的信物也不必带入地下,而应交给他所召集的人。因而,此印不起"天子行玺"的作用,而是仿照"皇帝行玺"用于分封属下。也就是说,M5 的墓主曾被上级王分封为次级头领,死后他将此分封信物一同带入了墓中。由于当时铺门属南越王统治,因而这个分封 M5 主人为诸侯的王也即"王行印"封泥中的"王",应是南越王。"王行印"中的王只称王而不称天子或皇帝,原因在于公元前214年到公元前197年这段时间赵佗的南越王不是中央赐封的,它是在秦末汉初中央控制力不强的情况下,由南越国僭越自封而成。后来,即使是在公元前196年西汉正式封赵佗为南越王后,作为一方诸侯的南越国事实上也有许多僭越之举。为笼络周边的势力抗汉,他们仿效皇家,私刻行印,却又不敢在印章上出现皇帝或天子的字眼,而以"王"的身份出现,打擦边球。其属下印章也普遍不以职官称,仅刻名字,不以爵印或官印出现而以私印或赏玩印出现。

　　南越国的僭越之举还表现在印章的形制和用材上。《汉旧仪》载:"秦以来,天子独以印称玺,又独以玉,群臣莫敢用也。"汉朝的制度是皇帝、皇后的印称"玺",材质为玉,用螭虎钮。太子及诸侯王的印称印,材质为金,用龟钮。玺和印的印面均为方形,其他臣民不能用。M4中覆斗状的"须甲"印为方座虎钮玉印,形制与南越王"赵眜"印形制相同,"如心"印为金印。同时,墓中出土的海马形玉龙与南越王墓中所出土的玉龙也是形制相当。这就充分说明M4的主人"须甲"虽然不敢称印为玺,但礼仪规制上却仿效南越王,同样僭越为一方土皇帝。

　　在前期墓的陪葬陶器中,同时存在越式硬陶的瓮、罐、瓿、盒组合和汉式软陶的鼎、盒、壶、钫组合,说明这时期的越文化中已经融入较多汉文化。后期陶器组合不明显,但汉式软陶数量已经超过越式硬陶,说明汉文化在西汉后期的贺州地区得到了更为广泛的普及。前后两期的青铜器尽管数量占比相同,但前期青铜器以大型日用容器居多,小型兵器和车马器居次。后期青铜器中,大型日用容器罕见,主要是小型的铜钱、兵器、铜镜、带钩,说明青铜文化在西汉后期已经全面走向衰微。前期墓中较多出现金、玉、玛瑙、琉璃等名贵材质制作的奢侈用品,后期仅见滑石器,罕见名贵奢侈品,这与西汉前后两个时期贺州的行政地位适配。在前期,贺州为南越国的王侯一级行政区,政区署衙是高寨城址,在今八步区铺门镇河东村,尽管这个政区的原有称谓至今仍难明确,但在署衙中任职的官员行政级别高,政治待遇和物质待遇亦比较高。在他们的墓中出土从海外舶来的琉璃和玛瑙、北方传来的玉器、级别极高的印章,都反映出墓主人的王侯身份。西汉后期,铺门的高寨城址由原来的王城改为封阳县城治所,这时候,葬在县城附近的人多是一些县衙属官,这些人的身份地位与前期的王侯及其属官是不能比拟的,因此,西汉后期墓中出土的器物奢华程度自然不如前期。

2.1980 年贺县铺门河东大队发现金钟一号墓[①]

金钟一号汉墓为南越国晚期墓葬,是一座带斜坡墓道的"凸"字形土坑竖穴木椁墓。墓坑分前室和后室两部分;墓坑的东西两壁和北壁留有生土台。该墓在西汉时期已经被盗。后室有三条纵向垫木沟,把后室分为东西两室。

(1)出土器物

经修复,此墓出土的遗物能看出器型的原考古报告共登记 124 件。后来,贺州市博物馆于 2003 年从原破碎陶片中又修复 2 件戳印硬质陶瓮,这就把出土器物的总数提升到了 126 件,计有陶器、铜器、铁器、玉器、漆器等五类。

---

① 蓝日勇、覃义生、覃光荣:《广西贺县金钟一号汉墓》,《考古》1986 年第 3 期。

陶器

共计 79 件,它们分别是戳印纹硬质陶罐 14 件;戳印硬质双耳陶罐 3 件;素面硬质陶小罐 6 件;硬质陶篦纹五联罐 2 件;陶鼎 7 件,其中 5 件软陶,2 件硬陶;硬质陶盒 1 件;硬质陶壶 4 件;软质彩绘陶钫 4 件;硬质陶三足盒 13 件;硬陶小盒 1 件;硬质陶小碗 9 件;软质陶纺轮 3 件;戳印纹硬质陶瓮 12 件,其中 6 件为灰色方格纹陶瓮,另有 6 件红褐色戳印文陶瓮。在灰色陶瓮中,有 2 件器身上加盖有"左"字印文,被称为"左字瓮"。在 2003 年新修补出来的两件红褐色陶瓮中发现器身上加盖有"右"字印文,被称为"右字瓮"。

图 2-81　左字瓮　　　　图 2-82　右字瓮

图 2-83　五联罐

图 2-84　陶钫

铜器

共计 7 件,其中铜镜 2 件,一面为"见日之光 天下大明"铭文镜,有四叶四乳;另一面残。铜印 2 件,方座龟钮,印文锈蚀不清。虫形带钩 2 件。车器 1 件。

73

图 2-85　西后室出土的铜印

铁器

仅有铁剑 1 件，长 82.8 厘米。

玉器

共计 39 件，其中白玉印 2 件，一件白玉方座台钮，无字，另一件方座龟钮，印文为"左夫人印"；玉璧 12 件，有青玉、白玉两种；青玉瑗 1 件；白玉镯 1 件；玉环 6 件，其中青玉质 2 件，白玉质 4 件；玉龙 1 件，白玉质；玉珌 3 件，白玉质；剑格 2 件，白玉质；玉佩 3 件；玉饰 5 件；玉饰残片 3 件。

图 2-86　东后室出土的"左夫人印"玉印

图 2-87　玉佩

漆器

器物均已残不成形,大部分是木胎,偶见夹纻胎。器物的涂漆表面色泽鲜艳,纹饰流畅。

(2) 墓主身份探讨

墓的东后室内出土有铜镜、玉饰、纺轮等物件,另有两件玉印。西后室出有铁剑、玉璧、玉剑饰等物件,另有两件龟钮铜印。原发掘报告据此推测,此墓为合葬墓,其中墓后室两穴中共葬两人,即东后室死者是女性,为妻子左夫人。西后室是男性,为丈夫。墓前室不葬人。

2003年,贺州市博物馆在对金钟一号墓出土的破碎陶片进行修补时,发现墓中还有两件被原报告遗漏的"右"字文陶瓮,由此推断这座大墓共葬三人。其中,东后室出土的两件玉印中有一件是左夫人玉印,"左"字在这里用于表示夫人的地位,与之相对应,墓中共存有二件"左"字文陶瓮,因此,原报告认为东后室的墓主人是为左夫人说法不误。

从东后室看,"左夫人印"与"左字瓮"是一对组合,即东后室墓主人左夫人的陪葬品标准是两件表示夫人地位的陶瓮加两件玉印。既然"左字瓮"上的"左"是表示左夫人,同理,"右字瓮"上的"右"字也应该表示是"右夫人",而且墓室中还应该有"右夫人印"与"右字瓮"相组合,恰好西后室也出土了两件锈蚀严重、印文不清的铜印。因此,这两件铜印中至少一件应是"右夫人印"。这说明西后室的墓主人不是男性丈夫,而应该是右夫人。

原报告认为前室没有葬人。但从墓后室底部三根木梁均为棺具承重件来看,墓前室底部的两根木梁也应该用于承重棺具。从墓室平面图可以看出,墓后室三根墓底木梁将墓后室分为东后室和西后室两个空间,墓前室墓底由二根木梁合围为一个空间,每一个空间中安置一套棺椁,全墓共有三套棺椁。恰好男性墓主人和他的左右两位夫人共计三人,他们每人安葬于一套棺椁之中。另墓前室高于墓后室九厘米,且前室中出土有车马器,显然前室墓主人地位高于后室墓主人。在古代的夫妻制度中,男性的地位要高于女性,如此,葬于前室的死者就应该是男性墓主人。

西后室还出土有铁剑,一般女性墓主人墓中是不会陪葬铁剑的。但南越国习俗,诸侯王的夫人们往往兼有较高的行政权力,而且汉代以右为尊,右夫人的权力和地位要高于左夫人。汉代,"国之大事,在祀与戎",在铺门这个王国中,右夫人拥有一人之下万人之上的极高权力,她使用镶有玉格和玉珌的铁剑来象征权力也在情理之中。之所以左夫人配玉印而右夫人仅配铜印,则可能是左夫人有僭越之举,而右夫人更愿遵守汉代的配印规则。

原报告认为"墓的男主人为南越国王侯一级的人物"这个观点无疑是可取的。正常情况下,墓前室应该会出土印章。但由于该墓曾经遭受盗掘,用于表示男主人身份的印章应该已经失窃。

3.2002年步头镇梅花村陶屋自然村发现两座西汉早期墓

2002年9月21日县级贺州市(今八步区)步头镇梅花村陶屋自然村村民陶世明建房时发现两座古墓。2003年贺州市博物馆得到消息后,前往现场调查,发现古墓遗迹已经被破坏殆尽。仅据村民回忆知为两座长方形土坑墓,墓中填埋有白胶泥。墓中出土器物部分被村民敲碎,混在泥土中运走,已无法找回。能找到的器物共计10件,其中陶器5件,青铜器4件,砥石1件。

（1）陶器

5件陶器均为容器，灰白胎质。除陶小钵为素面外，其余均有纹饰。纹饰表现手法复杂，有锥刺、压印、刮划、弦划、拍印、堆贴等6种形式。

双耳陶瓿

平沿，口微侈，短直颈，溜肩，鼓腹，肩下腹部斜收直至足部，平底。肩部饰一对堆贴如意耳。肩至腹部共设六组弦纹带，每组弦纹带中的弦纹数量由上至下逐渐增多，上部少者仅两道弦纹，底部多者有二十多道。六组弦纹带将瓿的外壁分隔成五个纹饰区。由上至下每个纹饰区中分设锥刺篦点纹、压印水波纹、锥刺篦点纹、压印水波纹、刮划梳齿纹。纹饰的凹槽间可见青灰色的陶衣残存。口径14.5厘米，底径14.2厘米，高18厘米。

图2-88 双耳陶瓿

四耳陶瓿

平沿,口微侈,短领,溜肩,鼓腹,肩下腹部斜收至足部,平底。肩部饰四只堆贴如意耳。自肩部往下共设五组弦纹带,每组弦纹带中的弦纹数量不等,由上至下逐渐增多。上部弦纹带弦纹数量最少,仅设两道弦纹。下腹部弦纹带中的弦纹数量最多,有二十多道弦纹。五组弦纹带将瓿的外壁分成四个纹饰区,由上至下每个纹饰区中分设压印水波纹、压印指甲掐纹、压印水波纹、刮划梳齿纹。口径15.1厘米,底径14厘米,高20厘米。

图 2-89 四耳陶瓿

带盖陶盒

盖面呈弧隆形,子母口,盖顶有凹面饼状钮。盒身口微敛,曲腹,底部斜平,有三只尖扁足。盖及盒身外表饰弦纹。通高7.5厘米,直径12.8厘米,足高1.3厘米。

图 2-90　带盖陶盒

陶小钵

小钵直口,斜尖唇,上腹较直,下腹斜收,平底,素面无纹。通高 5 厘米,口径 9 厘米,底径 5.5 厘米。

图 2-91　陶小钵

"米"字纹陶瓮

侈口,翻唇,短颈,溜肩,上腹外鼓,下腹斜收,平底。肩至足部满饰拍印"米"字纹,肩部两侧有刻画符号">"。瓮的口径 29.3 厘米,底径 18.9 厘米,高 43.3 厘米。

图 2-92 "米"字纹陶瓮

(2) 铜器

4件铜器中的矛和剑为兵器,锛可兼作兵器和砍伐工具,削为刮削工具。

青铜锛

锛身呈长条形,一面较平,另一面呈斜坡状。銎为长方形,上宽下窄,銎的四周边框向外突出。通长7.5厘米,最大宽2.8厘米,銎边框宽1.6厘米。

图 2-93 青铜锛

凹骹矛

骹体较细,骹口弱微下凹且呈椭圆形,矛身纤细如柳叶,矛身正中间有凸脊,前锋平直,刃的中间段向凸脊侧凹弧。矛长16.8厘米,矛身最大宽2.1厘米,骹口最大径1.8厘米。

图 2-94　凹骹矛

环首削

削首呈椭圆形环状,削茎呈长方形扁平状,削身已残,亦为扁平状,削身背部厚度大于削刃。削残长11.4厘米,削身宽1.4厘米,削背厚0.3厘米,削环首长径4厘米,短径2.9厘米。

图 2-95　环首削

铜剑

圆形首,首面内凹。圆柱形茎,茎上有两圆箍。剑茎与剑身之间设有剑格。剑身细长,正中部位有隆凸的剑脊。剑刃向剑从方向下凹。剑刃锋利。剑的前锋尖锐。剑的通长71.8厘米,最大宽5厘米,剑格至剑首长9.8厘米。

图 2-96　铜剑

(3)砥石

砥石 1 件,红色砂岩石质,共四个面,两端大小不一,每个面都光滑平坦,应是经历过磨砺使用。长 9.5 厘米,宽 2.5 厘米,高 2 厘米。

图 2-97　砥石

这批文物中的陶瓿、陶小钵、陶盒在纹饰和造型上与 1974 年广州秦汉造船工场遗址试掘[①]中发现的南越国早期即西汉早期的器物具有一致性。"米"字纹陶瓮与贺州及其周边地区发现的战国墓中所出土器物具有一致性。长方形土坑墓的墓形制也与贺州市

---

① 广州市文物管理处、中山大学考古专业 75 届工农兵学员:《广州秦汉造船工场遗址试掘》,《文物》1977 年第 4 期。

平桂区沙田镇田厂村高屋背所发现的战国墓相同①。综合判断,这两座墓葬的时代应介于秦代晚期至西汉早期。

4.2014年八步区铺门镇河东村白屋岭发现两座西汉墓

2014年11月,在八步区铺门镇河东村白屋岭发现两座西汉墓,分别是M9、M4。

(1)墓葬形制

M4为"凸"字形墓,由墓室和墓道两部分组成。墓向北偏东21度。因历史原因M4大部已毁,但从残存部分可知,墓室长7.3米,宽2.5米,平底,底部填一层河沙,河沙之上为本土回填。墓道底部成斜坡状,内填黑泥,长3.3米,宽1.18米。墓室从墓口至墓底深2.2米。

M9为"凸"字形棺椁墓,墓向北偏东16度。墓室长4.8米,宽2.9米。墓道残长1.3米,宽1.4米。墓室西南侧被一座清代墓打破,扰乱层中出土有灰色方格纹直身罐陶片。墓椁与墓壁之间的空隙中用一层河沙、一层松土、一层夯土自墓底至墓口互相间隔着反复堆填。椁室与棺室之间的填土底层均为松土,在距墓底1.6米处开始填沙,直至墓口。墓的封土全部用泥夯实。棺室中的泥土土质疏松,室底是鹅卵石。墓的东壁和南壁近墓底处有不规整的二层台。

---

① 广西壮族自治区文物工作队、贺州市博物馆:《贺州市高屋背岭古墓群勘探与试掘》,载广西壮族自治区博物馆编《广西考古文集》,北京:文物出版社,2004。

图 2-98　铺门白屋岭西汉墓 M9

（2）M4 出土器物

因前室北侧破坏严重，M4 仅出土器物 7 件，其中墓室前端南侧陪葬陶罐 3 件，编号 M4:1、M4:2、M4:3；另有一堆陶器碎片，器型不明，编号 M4:4。在墓室的后端有陶罐 1 件，编号 M4:5；陶纺轮一件，编号 M4:6；陶器碎片一堆，器型不明，编号 M4:7。

陶罐

M4 出土的陶罐形制相同，均为翻唇弦纹陶罐，泥质陶胎，胎色黄灰，敞口，唇外翻，口沿外卷，短束颈，溜肩，曲腹，平底。火候较低，大部分尚未烧透陶化，仍保持泥土本色，肩下部有凹弦纹一道，其中 M4:1 口径 15.2 厘米，高 13 厘米，腹最大径 16.9 厘米，底径 9.5 厘米。

图 2-99　翻唇弦纹陶罐

陶纺轮

灰褐色,泥质陶胎,中部穿一孔,由上下两个近似锥形的圆台组成。两个圆台的大底面相接,小底面相离。高 3 厘米,小台面径 1 厘米—0.6 厘米,穿孔径 0.5 厘米,大底面径 4.3 厘米。

图 2-100　陶纺轮

(3) M9 出土器物

M9 出土器物 36 件。M9:33 是方格纹纸片,破损严重,不成器形。其余 35 件中有陶器 15 件,滑石器 2 件,青铜器 13 件,玉器 4 件,仿玛瑙琉璃珠 1 件。

陶器

有罐、壶、熏炉、五连罐等4种器型。

陶罐

共9件,分别是 M9:1、M9:2、M9:6、M9:7、M9:9、M9:10、M9:13、M9:14、M9:15。9件陶罐器形相同,均为折沿罐。泥质胎,胎色有灰红色、黄灰色两种,有些罐颜色均匀,整个器物呈现一种颜色。有些罐颜色不均,灰、黄、红、褐等颜色常常成块状出现。器形折沿,侈口,短直颈,溜肩,曲腹。自颈至足上部饰方格纹,有些罐在方格纹地纹上加盖菱形、太阳形、四瓣花形等形状的戳印纹。有的肩上部刻画锐角形符号"∧"。肩腹部多有凹弦纹,但各罐弦纹数量多少不一,大多在腹中部施一道弦纹。口、颈、足等部素面无纹。内口径12.4厘米—13.5厘米,外口径14厘米—15.8厘米,通高14.3厘米—17.8厘米,底径12.3厘米—15.8厘米,最大径17厘米—21.1厘米。

图2-101 方格纹折沿陶罐(M9:1)

图 2-102　方格纹折沿陶罐(M9:15)

图 2-103　方格纹折沿陶罐(M9:10)

图 2-104　方格纹折沿陶罐（M9:14）

陶壶

共 4 件,均为盘口长束颈高足壶,分别为 M9:4、M9:11、M9:12、M9:17。这些陶壶的形制是:盘口,长束颈,溜肩,鼓腹,下接喇叭形高圈足,肩部有两耳,颈、肩、腹、足等部位饰凹弦纹,足顶部设两穿孔。胎质以灰色泥质胎为主,但有的有釉,有的裸胎,且各壶胎色不均,红、褐、灰等颜色交错分布。其中 M9:4 足以上部位饰青釉,足部涩胎,口部变形严重。M9:11、M9:12 裸胎无釉,颈部刻画有锐角形符号"∧"。M9:17 口沿严重残次,仅见颈部,全器胎色不匀,红褐色和灰色交错分布。4 件陶壶的高度 18.8 厘米—31.1 厘米,最大径 13.5 厘米—21.5 厘米,内口径 5.8 厘米—10.6 厘米。外口径 6.6 厘米—11.4 厘米,足通径 8.3 厘米—12.4 厘米。

二、贺州青铜遗存的发现历史

图 2-105 陶壶(M9:4)

图 2-106 陶壶(M9:11)

陶熏炉

1件,编号M9:20,由炉盖和炉身两部分组成,其中盖如隆起的山包,最高点为钮,钮状如凤,尾开屏,嘴尖下啄,钮座至盖缘共分三区,上区由四组两两相对的弦纹和镂空纹组成,其中两组有三道弧形镂空,两组为两道弧形镂空;中区为两圈竖条形镂空,下区为撇形镂空和竖条形镂空纹组合,盖沿素面。炉身子母口,子口高凸,母口平沿外凸为棱,胸部饰波浪纹,波浪纹下为弦纹。腰部有凸棱纹一道,如竹节,高足外撇,陶胎硬,火候较高,胎色为灰褐色。

图2-107 陶熏炉(M9:20)

五连罐

1件,编号M9:8。灰褐色夹粗砂硬陶质,四件大罐通过短桥互相连结成方形,在中间部位置一小罐,五罐的形制均侈口,唇微翻,短束颈,溜肩,圆鼓腹,平底内凹,素面,四大罐中每一罐有两桥与相邻的大罐相连;中间的小罐共有四桥与四大罐相连,小罐口径3.4厘米,罐外边长分别为20.4厘米和20.2厘米;四大罐的口径分别为 6 厘米、5.6 厘米、5.6 厘米、5.2 厘米,最大高度为 7.5 厘米,四大罐的底径分别是 4.5 厘米、5.7 厘米、4.5 厘米、5 厘米,每罐上均有一盖,盖面有弦纹,但已模糊不清,盖钮似睡鸭,曲颈,头伏于颈上,尾开屏上翘,全身蜷缩。

图 2-108　五连罐(M9:8)

滑石器

共 2 件,有罐和璧两种器型。

滑石罐

1 件,编号 M9:3。敞口,内腹较深,宽沿,束颈,曲腹,平底,素面,表面可见大量琢磨和刮擦痕,色灰中偏白。外口径 5.3 厘米,内口径 2.8 厘米,通高 3.9 厘米。

图2-109 滑石罐(M9:3)

滑石璧

1件,编号M9:16。璧白色,滑石质,圆形。璧面共分三区,外区饰两凹弦纹,内区饰两凹弦纹,中区饰谷纹,各纹饰的低洼区内保留有红彩。璧底素面。通径15.2厘米,好径3厘米,厚0.6厘米。

图2-110 滑石璧(M9.16)

玉器

共4件,其中3件为玉管,编号M9:27、M9:34、M9:35。1件玉环,编号M9:29。

玉管

3件玉管均为长条圆形白玉中空管,表面有茶色斑。其中M9:27表面茶色斑较大,偶见白色、暗红色斑纹,有鸡眼大小的椭圆形青斑一处。管为近似六面体的圆形,中空,一端孔大,一端孔小,通长6.9厘米,管径0.5厘米—0.2厘米。M9:34管长4.8厘米,管径0.4厘米,孔径0.2厘米—0.1厘米,小孔径一端崩一缺口。M9:35大体呈六面圆形,断为多节,残长15厘米,直径0.5厘米。

图2-111　玉管(M9:27)

图2-112　玉管(M9:34)

图2-113　玉管(M9:35)

玉环

黄色玉,色干,肉的上下两面靠近内外缘处均高于肉中部,近好处和近外缘处上下两个面各有一道隐约不清且不连贯的凹弦纹,通径9厘米,好径6厘米,肉宽1.5厘米,肉厚0.4厘米。

图 2-114　玉环(M9:29)

仿玛瑙琉璃珠

仅 1 件,编号 M9:28,外形似鼓,两端小,中间大。两端的端面平,纵面中心有一穿孔,通体以黑色为基色,其间夹杂有十道白色条纹,各条纹宽窄不一,但十分规整。珠的外表面光洁平滑,端径 1 厘米,高 2.4 厘米,腹径 1.5 厘米。

图 2-115　仿玛瑙琉璃珠(M9:28)

铜器

有镜、矛、短剑、剑、环首刀、戋、鼎、印、灯、带钩等十类器型。

昭明铜镜

1件，编号M9:19。镜的中心是圆鼻钮，钮座圆形。窄缘。钮座至镜缘间共有二道弦纹将镜背分为内中外三个纹饰区。其中，近钮座的是内区，区内饰连弧纹和涡纹。内区至外弦纹之间为中区，中区内有铭文："内清出以昭明夫，光象夫日月，止夫不也。"外弦纹至镜缘内边间为外区，外区内饰栉齿纹。镜的面径7.1厘米，缘厚0.2厘米。

图2-116　昭明铜镜(M9:19)

矛

共2件，编号分别是M9:21、M9:22，两矛的骹均分前后两段，为有段骹铜矛。M9:21的骹后段为喇叭形，中空，内残留有木柄纤维。骹前段断面为四方形的实心铜条，前后段相连处及前段与矛叶相连处均有竹节形节突。矛叶已残。骹后段后端径2.1厘米，前端径1.4厘米。骹前段横断面边长0.6厘米。矛仍保留的全部长度19.6厘米。M9:22的骹后段中空，喇叭形，后端壁上穿有一孔，用于加梢固定矛柄。骹后段与木柄相连的一端径大，近前段的一

95

端径小。骹前段实心,横截面为方形。骹的前后分段处有竹节形节突,矛叶全残,形状不明,残长11.2厘米,銎径2.2厘米。

图2-117 有段骹铜矛(M9:22)

扁茎短剑

共3件。M9:23为柳叶形腊,两锷削平,前腊尖,脊隆厚但较平,脊两侧各有凸棱一道,从部肩斜削。腊残长8厘米;全剑最大宽度在锷肩处,2.3厘米。M9:24为柳叶形腊,前腊不尖,弱呈圆弧形,脊宽而平。锷窄。茎上有一孔。通长22.2厘米;最大宽在腊肩部,3厘米;茎长4.6厘米。M9:18为柳叶形腊,腊脊平,脊两侧各有一道凸棱;剑从溜肩,长方形茎,茎中空,前锋平弧,残长8.6厘米,从宽2.2厘米。

图2-118 扁茎铜短剑(M9:23)

图2-119 扁茎铜短剑(M9:24)

96

图 2-120　扁茎铜短剑(M9:18)

铜鼎

1件，编号 M9:5。口微敛,颈部有凸弦纹一道,弦纹之上附两桥形耳。由肩往下腹逐渐外鼓,然后内收,底弱圆,三扁足,口径 15.5 厘米,底径 14.5 厘米,足底到口上缘高 17.8 厘米,足至耳高 20.5 厘米。

图 2-121　铜鼎(M9:5)

环首铜刀

1件，编号 M9:26。已残断,器形不完整。刀首为椭圆形环。刀柄为长方条形扁铜片,直入环首。刀身为宽扁形铜片,刀背较刀刃厚。全刀残长 18.4 厘米,环首长径 3.3 厘米,短径 2.2 厘米,刀身宽 1.3 厘米。

图 2-122 环首铜刀 (M9:26)

铜印章

1 件,编号 M9:30。背有桥形钮,印面为方形,印文为篆书"赵胜信印",印边长 1.4 厘米,通高 1.5 厘米。

图 2-123 "赵胜信印" (M9:30)

铜剑

1 件,编号 M9:25。剑茎圆柱形,茎端有一圆形首,首面内凹,茎上有两箍,茎上缠有绳緱。剑茎与剑身相交处设有菱形剑格,剑身中脊凸起延伸至剑锋,剑从下凹,两侧刃较锋利。长 76 厘米,宽 4.8 厘米,厚 1.5 厘米。

图 2-124 铜剑 (M9:25)

鎏金铜奁

1件，编号M9:31。奁由盖、身、足三部分组成，遍体鎏金，但金粉剥落严重。盖为弧隆形，盖面纹饰分三区，内区有四如意云头环绕一钮，钮形状如龙首；中区素面；外区有三凤形耳。奁身直口直身，在胸部和下腹部有凸弦纹五道，平底。奁足为三羊形兽足。足到盖面高12厘米，足至耳顶高15厘米，底径、口径均11厘米。

图2-125　鎏金铜奁（M9:31）

铜灯

1件，编号M9:32。由灯盘、灯柱、灯足三部分组成。灯盘为直口直身圆盘，盘中间设有锥形烛钎，盘内底有一些白色物质粘连于壁上，估计是灯油的油垢。灯柱为竹竿形，共分三节，其中上节和中节上大下小，底节上小下大。灯足为覆盘形，表面分两区，内区饰浮雕交体龙纹，外区折沿，沿上素面。灯盘口径11.4厘米，高

15.8厘米,足径8.7厘米。

图2-126　铜灯(M9:32)

方格纸片

1件,编号M9:33,纸上用红、黑两色画有方格,因纸紧贴于墓室填土,且腐蚀严重,已不成形。

M4的翻唇罐为贺州地区西汉早期特征器物,与金钟一号汉墓[①]出的Ⅰ式罐、小罐在唇部结构上具有相同的特征;这座墓的形状为"凸"字形,这种墓形,在贺州的西汉早期墓中亦有存在,如金钟一号汉墓、1975年至1976年发掘的河东高寨汉墓M9[②]等,因此,M4应为西汉早期墓。而且M4中仅见纺轮,未见兵器,按照古代男耕女织分工,此墓主人应为女性。

---

① 蓝日勇、覃义生、覃光荣:《广西贺县金钟一号汉墓》,《考古》1986年第3期。
② 广西壮族自治区文物工作队、贺县文化局:《广西贺县河东高寨西汉墓》,载文物编辑委员会编《文物资料丛刊》(4),北京:文物出版社,1981。

M9 为"凸"字形墓,墓底填河沙,随葬有玉器、仿玛瑙琉璃珠、鎏金铜夵、扁茎短剑。虽然这些都是西汉早期特征,但墓中同时伴出折沿罐、高圈足壶、五连罐、连弧纹昭明镜、滑石器等具有西汉晚期特征的器物。这种特征常见于贺州其他西汉晚期墓中。例如1975 年至 1976 年发掘的河东高寨汉墓 M6[①] 中出土的连弧纹窄缘"见日之光"镜就与白屋岭 M9 的昭明铜镜器形相同。高寨汉墓 M6中出土的铜带钩、Ⅲ式陶壶器物形制也与白屋岭 M9 的同类器物相同。因此 M9 的时间下限应为西汉晚期。在同一座墓中既有西汉早期的器物,又有西汉晚期的器物,说明墓主人有生之年跨越了西汉早晚两个时期。

　　此次 M9 中出土的玉器、鎏金铜夵、仿玛瑙琉璃珠等具有西汉早期特征的器物用材都极为名贵,特别是仿玛瑙琉璃珠来自海上丝路,据检测,其材质应为钠钙玻璃,属西亚地区常见玻璃体系。这说明使用人即墓主在西汉早期有着极高的地位。西汉早期,贺州属南越国,南越国曾在铺门设有王城,由此推测墓主人可能曾在铺门王城统治集团中担任较高职务。而且,M9 中的陪葬品有矛、剑、短剑等兵器,还有环首刀这样的生产工具,说明墓主人在西汉前期为掌有兵权的男性。

　　进入西汉晚期以后,铺门王城被降为封阳县城,生活在县城里的人其地位自然只能与县一级行政级别相配,所以具有西汉晚期风格的器物材质只有滑石、陶、铜等,其珍稀度相应降低,特别是M9:4 陶壶口部变形严重,M9:17 口沿严重残次,但依然成为陪葬

[①] 广西壮族自治区文物工作队、贺县文化局:《广西贺县河东高寨西汉墓》,载文物编辑委员会编《文物资料丛刊》(4),北京:文物出版社,1981。

品,说明墓主人在西汉晚期之后地位有了较大的降低。

《汉旧仪》载,皇帝共有6种玺印,每种玺印代表不同的职权。其中信玺又有"皇帝信玺"和"天子信玺"两种。"皇帝信玺"用于发兵,"天子信玺"用于事天地鬼神。皇帝用玺,臣民用印,作为统治集团中的吏臣,其所使用的印章如果也用于发兵和祭神就被称为"信印",故而"赵胜信印"的主人赵胜应该曾经拥有调兵或祭神的权力。

5.西汉城址

西汉早期,南越国在与汉长沙国对峙过程中,双方在贺州域内共设立了高寨城、大鸭城、芜城、牛庙城等四座城址和小水峡城墙防御工事。迄今这五处遗址均有保留。

(1)高寨城址

城址设于今八步区铺门镇河东村贺江东岸的高寨,由主城和附城两部分组成。主城址包括护城河、城墙和土台。其中城墙用泥石混合夯筑,分东墙、南墙和北墙三段。南北墙之间相距200米,各有一端与土台连接,北墙长100米,南墙残长150米。东墙残长150米,两端分别与南北墙相连,使得南北东三墙整体弱呈弧形。土台共有上下两层,位于城址西南侧。土台南北两面分别与南北墙相连,东侧位于城内,西侧无墙,仅以贺江为天然屏障。底层土台围绕着高层土台,高3米左右,东面宽30米,南面宽50米,北面宽约10米。高层土台比底层土台高5米,其北面平坦,东西宽50米,南北长70米。护城河环绕在东南北三道城墙之外。

现城址内地表仍可采集到汉代绳纹瓦片,涡纹瓦当和六朝、宋、元等时期的瓷片。高层土台基脚处不时有青砖出土,是后期加固高台基础的砌砖。底层土台东北角还有一方覆斗形的台地,为土筑坛类遗存,保存较为完整。

附城在主城南约300米处,又称子城,亦为夯筑城墙,仅东面城墙完好,北面和南面城墙的西端及西城墙因靠近贺江已全部被水冲毁。子城南北残存长70米,东西残存长50米。城墙夯土内偶见汉代陶片。

高寨城址外围古墓群时常出土西汉早期的金器、玉器、青铜器和南亚、西亚、中亚、地中海沿岸等地的玻璃器,并有王侯使用的印章,显示这座城址级别较高,在西汉早期应是一座王城。汉武帝平定南越后,这座城址被就地改造为汉封阳县的县城。宋代废封阳县后,这座城址亦遭废弃。

(2)大鸭城址

大鸭城址位于八步区贺街镇大鸭村,从1964年第一次全国文物普查开始,学界长期认为这是一座始建于西汉晚期的城址。但2001年维修城墙时发现有的地层中包含有西汉早期的几何印陶片。2016年又在城址外围发现了西汉早期古墓群。在这个古墓群中,有的封土堆很是高大。据群众所传,这里出土的器物很多,2017年,贺州市博物馆从当地村民手中一次性征集到他们在生产中发现的西汉陶器、青铜器、滑石器共计200余件。据此,学界把这座城址的始建时间前推到西汉早期的南越国时期。

大鸭城址呈长方形,四周有版筑城墙,城内面积2.7万平方米,城墙外是护城河。汉武帝元鼎六年(公元前111年)将大鸭城址改设为临贺县的县城。后因贺江水路改道,冲毁了北城墙,故而大鸭城址现无北城墙。东汉初年,临贺县城被迁移到贺街镇长利村的

103

洲尾。大鸭城是临贺县的第一个县城,迁走之后,人们就把这个城址称为"旧县肚",意思是旧县城所在的地方,这个名称一直沿用至今。

(3)桂岭芜城

芜城位于今八步区桂岭镇英明村。桂岭盆地是贺州境内扼守萌渚岭峤道的第一道屏障。南越王赵佗为断新道拒汉,于秦末汉初首先在今英明村筑城。汉武帝平南越后,城址被毁弃。到三国时,吴王孙权于黄武五年(226年)增设建兴县,将南越设在今英明村的弃城改建为建兴县城。但是南越的这座弃城荒芜得很是厉害,人们甚至连它原有的名字都已忘记,只能称它为"芜城"。西晋太康元年(280年)改建兴县为兴安县,隋开皇十八年(598年)又改名为桂岭县,县城均未搬迁。元末废桂岭县后,桂岭县城再次荒毁。现存桂岭城址呈正方形,由夯土墙和护城河组成,总面积6400平方米。

(4)牛庙城址

牛庙城址位于今钟山县公安镇牛庙村内,1964年第一次全国文物普查时,仍可见城墙。因这里是矿区,受生产活动影响,现地表已无法观测到城墙和护城河。但城址内仍可见大量汉代至宋代陶片,偶见西汉早期水波纹硬陶片和戳印纹硬陶片,在城外燕塘古墓群中也偶见西汉早期古墓,由此可知这座城址始建于西汉早期。但汉武帝元鼎六年此城址被改造为富川县城。

(5)小水峡防御工事

工事由夯土城墙和护城河两部分组成,位于富川瑶族自治县朝东镇小水村,东南距朝东镇3公里,与湖南省江永县交界。工事东西横穿于小水峡山脉之上,西南起自富川朝东镇小水村的大鹏山,东北终于湖南省江永县桃川镇的石井村,全长约12公里,城墙全部为夯土筑建。城墙剖面为梯形,底宽10.5米,上宽2.7米,高4米。小水峡古称谢沐关,西汉元鼎六年设谢沐县,县城城址在谢沐关北的今湖南省江永县夏层铺镇上甘棠村。由于护城河位于城墙南侧,故而防御的方向在城墙之南。由此可知工事为北方势力所建。小水峡城墙北侧的湖南江永县桃川镇石枧村四姑娘山保存有较多西汉早期古墓,这些墓中陪葬有青铜兵器,应是守卫小水峡工事的兵将之墓。西汉早期江永属湖南长沙国,而长沙国又长期在萌渚岭和都庞岭群山之中划疆为界,与南越国对峙。因此可推断这处工事为西汉早期长沙国所设。

汉元鼎五年(公元前112年),汉武帝平定了岭南割据政权赵氏南越国。次年,也就是汉元鼎六年,汉武帝在岭南广泛推行郡县制,在今贺州域内共设立了临贺、封阳、富川三县,此处防御工事被划入富川县。

三、贺州常见青铜器物和杂形器物

贺州出土的青铜器种类很多,就功能用途上而言,有炊器、容器、乐器、兵器、工具和杂器等,其中以食器和兵器最为重要。就器型而言,有鼎、瓿、尊、盉、壶、罍、鼓、钮钟、甬钟、铃、剑、短剑、矛、刀、镞、戈、蒺藜、钺、斧、凿、叉形器、角码器、镜、刮刀、车马器、钵、钫、筒、奁、锅,等等。有些青铜器造型独特,富于地方特色,如叉形器、双段镞等,仅见于贺州。

(一)青铜食器

王莽在诏书中说"民以食为命,以货为资,是以'八政'以食为首"[①];《礼记》"饮食男女,人之大欲存焉";孟子也说"食色性也":饮食在社会活中的重要性是发展青铜食具生产的不竭动力。青铜食器在当作饮食器具的同时,还普遍用作象征统治阶层身份地位

---

① 〔东汉〕班固:《汉书·王莽传》,北京:中华书局,2012。

的礼器。一般百姓不会被允许使用青铜食器,即使是在统治者内部,对青铜食器的使用,也会因使用者的官阶、爵位等身份地位不同而有着严格的等级区分,不同地位的人使用不同类型和不同数量的青铜食器。据《仪礼》和《礼记》所载:只有天子、诸侯、大夫、士、平民这五个等级的人可以使用青铜鼎,其中天子用九鼎、诸侯七鼎、大夫五鼎、士三鼎、平民一鼎。奴隶严禁使用铜鼎。

青铜食器的器型会因为饮食方式的改变而发生变化。西汉以前我国流行席地而食,人们的进食方式是在身前放置矮足食案,有的甚至没有食案,食物要么被摆放在矮案上,要么直接被摆放在地上。然后,人跪坐于食物前进餐。在这样的姿势下,人手与食案或地面间的距离较大,不便于取食。因此,当时的食具形体都比较高大,另有一些青铜器食具还特别配备了较高的底足,如鼎足、簋足等。

从东汉开始,古人发明了矮足榻胡床。从此,人们把进餐时的食具从"地上"和"案上"移到了"床上"。尽管胡床的高度仍然很低,人们也仍以跪姿进餐,饮食方式跟之前基本保持一致,但在矮足榻上增加的"胡床",缩短了进餐时手与食具之间的距离。因此东汉之后,青铜器、漆器、陶器等不同质地的餐具在形态、尺寸上都较之前大为缩小。

自古以来,我国流行分餐制,借助餐匙或箸分餐,一人一份馔品。因此,在青铜食具中,公用食具所占的比例极小,只有一些盛放饭食或酒水的锅、壶、瓶等器具,大多数的餐具则是碗、钵、鼎等用于支持分餐行为的食具。

1.箕形器

沙田龙中山出土的箕形器四面有镂空棱形格双夔纹,这种纹饰图案以棱形格为单元,上下左右对称排列,且格内有上下对称排列的两条夔龙纹,夔龙头上有角,身体蜷曲。在棱形格的内框边处还有一只简化了的夔首。其图案形制与甘肃张家川马家塬出土的车厢侧板镂空花装饰相似①。箕形器在国内罕有出土,关于其功用和名字一直没有定说,尽管总的来说它应是用来承载物品的托盘,但盘在史籍中有酒器和水器两种功用。

关于酒器盘,蔡侯申盘的铭文中将盘称为"舟"。文献中的"舟"最早见于《周礼·春官·司尊彝》:

> 司尊彝:掌六尊、六彝之位,诏其酌,辨其用与其实。春祠、夏礿,祼②用鸡彝、鸟彝,皆有舟。其朝践用两献尊,其再献用两象尊,皆有罍,诸臣之所昨也;秋尝、冬烝,祼用斝彝、黄彝,皆有舟;其朝献用两著尊,其馈献用两壶尊,皆有罍,诸臣之所昨也。凡四时之间祀、追享、朝享,祼用虎彝、蜼彝,皆有舟。

《周礼·春官·司尊彝》职文注引郑司农说:"舟,尊下台,若今之承槃。"李学勤先生也说"舟"是用来托彝的器具③,因其载物,故

---

① 韩飞、王辉、马燕如:《甘肃张家川马家塬出土车厢侧板的实验室考古清理》,《文物》2014年第6期。
② 祼:古代用酒浇地的一种祭祀活动。
③ 李学勤:《论擂鼓墩尊盘的性质》,《江汉考古》1989年第4期。

名为"舟",是盛放尊的一种盘形器。这种说法与蔡侯申盘铭文、《周礼·春官·司尊彝》所记载的"舟"在功用上是一致的,它们都是尊盘组合使用。龙中山出土青铜器中仅有一件铜尊,即神兽尊,这是一件动物造型的尊。遵循尊盘组合使用的说法,与盘组合使用的动物形酒尊只有鸡彝、鸟彝、斝彝、黄彝、虎彝、蜼彝这六种彝尊,如果箕形器是用来承托神兽尊的盘,则神兽尊用来盛酒,箕形器四周的铜柱用来悬挂舀酒用的汤匙。而且神兽尊还有可能是黄彝,因为在与盘组合为酒器的六彝之中,鸡彝是外形像鸡的酒器,鸟彝是外形像鸟的酒器,斝彝是外形像斝的酒器,虎彝是外形像虎的酒器,蜼彝是外形像长尾猴的酒器,这五种彝尊外形都与神兽尊相差甚远。而黄彝是装饰有目纹的黄铜酒器,神兽尊不仅用黄铜材质铸成,而且足部装饰有较为夸张的目纹。

关于水器盘,上海市博物馆收藏的晋国韦父盘其铭文记载了"舟"的水器功能。它说,不仅承放尊的器物称为"舟",承接水器的器物亦可称为"舟"。作为水器的"舟"多与盉或匜配套使用,早期与盉相配,晚期与匜相配。盉或匜用来盛水浇沃洗手,盘用来承接洗过手的水。《礼记·内则上》:"进盥,少者奉盘,长者奉水,请沃盥。"郑玄注:"盘,承盥水者。"《国语·吴语》:"一介嫡男,奉盘匜以随诸御。"韦昭注:"盘,承盥器。"如果是盘盉组合,则龙中山箕形器也可能用于沃盥礼上,承接从铜盉中所浇出来的沃盥之水。尽管龙中山岩洞墓中也出土有铜盉,但由于箕形器三面立壁镂空,不能储水,所以箕形器与铜盉组合作为盥洗器的可能性不大。

另外,从箕形器口沿上立有四个铜柱来观察,箕形器也有可能具有牺盘的作用。即箕形器主要用于盛放肉食类牺牲品,而口沿上的立柱则用来悬挂刀匕以切割肉食。

2.铜尊

青铜尊是商周青铜礼器中主要的盛酒器,在礼器中其地位仅次于鼎。《周礼·春官·小宗伯》:"辨六彝之名物,以待祼将;辨六尊之名物,以待祭祀、宾客。"①尊的地位可见一斑。但关于尊的具体定义历史上曾有变化。先秦史料中"尊"是礼器中酒器的共称,并不实指青铜礼器中具体的某一种酒器。从宋代开始,"尊"开始作为具体酒器的器名使用,但这种酒器尊与现代考古学上所称的"尊"差别较大。在宋代著作《考古图》中,收录有三件被称为"尊"的图形,其中两件为壶,一件为簋,并非现代所称的"尊"。现代所称的"尊"在《考古图》中反而被称为"彝"。另外,《博古图录》所载的"尊"既有现代所称的"尊",也有其他器物,其中卷六的商兄丁尊、周召公尊等实为觯,周高克尊实为壶。卷七的周三兽饕餮尊实为罍。由此可见《博古图录》中所谓的"尊",严格说还仍然是一类盛酒器的总称。让"尊"真正成为单一器类专称的是学者容庚,他在《商周彝器通考》中指出:"余初以尊之类觯觚壶罍者归之觯觚壶罍,而以牺象诸尊当专名之尊。然尊之名既已习称,改定唯觚觯,终嫌无别。故今以似觚觯而巨者,仍称为尊焉。"②后容庚又在《殷周青铜器通论》中进一步定义尊,提出"尊"是指一种大口而圈足的盛酒器。最终约定俗成,"尊"就成为形制似觚觯但体量高大,或者形似鸟兽这二类器物的专称。形制似觚觯的尊称"广口尊",形似

---

① 〔清〕孙诒让:《周礼正义》卷三十八,王文锦、陈玉霞点校,北京:中华书局,1987,第1441—1442页。
② 容庚:《商周彝器通考》,台北:大通书局,1973,第391页。

鸟兽的尊称"鸟兽尊"。

广口尊的器物特征是侈口,方体或圆体。方体者形如觚,如四羊方尊。圆体者腹部粗而鼓胀,高圈足,形体较宽,如瑂生尊。根据肩部形制也可将广口尊分为两类:有肩尊,折肩肩较宽,束颈;无肩尊,筒形体,敞口。

鸟兽尊中,器形像鸟的称"鸟尊",像牺牛的称"牺尊",像大象的称"象尊"。由各种动物组合而成,外形像四足动物,但实际生活中没有具体动物与之相对应的尊称为"神兽尊"。贺州龙中山出土的麒麟尊因而亦称为"神兽尊"。

鸟兽尊不是日用器,而是祭祀专用的重要礼器,有着固定的用途。《周礼·春官·司尊彝》记载了各种鸟兽尊在祭礼上与其他礼器的组合情况:"春祠夏礿,祼用鸡彝、鸟彝,皆有舟。其朝践用两献(牺)尊,其再献用两象尊,皆有罍,诸臣之所昨(酢)也。"[①]说明在春秋两祭中,鸟兽尊中的象尊与罍组合使用,并且只能是在第二次献礼中使用,尊中盛放着臣子们奉献的一种酸酒。而且在天子和诸侯府中还有专职掌管尊和其他彝器的官员"司尊彝",他的职责是"掌六尊六彝之位,诏其酌,辨其用与其实"。具体地讲,司尊彝就是要在周天子和诸侯举行四时宗庙祭祀时,负责六种称为彝和六种称为尊的礼器的配置和使用。这里的"六彝"是指六种器形较小,可以用来浇地的动物形青铜酒器。这里的"六尊"是指形体较大,盛满酒后难于挪动的酒器,有牺尊、象尊、著尊、壶尊、大尊、山尊等六种形制,可见尊在商周时期的形制是多种多样的,而且最

---

① 〔清〕孙诒让:《周礼正义》卷三十八,王文锦、陈玉霞点校,北京:中华书局,1987,第1513页。

少有六大类,它们有类似于牺尊、象尊等动物形的尊,也有著尊、壶尊、大尊、山尊等非动物形的尊。这些形制各异的尊虽然总的用途是盛酒且器形较大,但所盛之酒各不相同,这些酒必须是经过过滤后专供祭祀用的酒,包括玄酒、清酒等。春秋晚期开始,中原地区已少见尊,但南方吴越地区仍然盛行,而且有所创新,特别是楚系青铜器中尊的数量较多。

贺州龙中山出土的战国神兽尊,又名铜牺尊、麒麟尊。通高53.7厘米,长50厘米,重15.69千克。双角形似长颈鹿角,角内侧有两对小刺。长竖耳,圆凸眼,长鼻,宽平吻,口微启,露六齿,背部为一椭圆形口,口上有盖,盖上饰一蟠龙。豕足,其中前关节反曲向后弓。臀部饰一凤。腹部两侧各饰云雷地窃曲纹三组。整个造型十分奇特。

从神兽尊外形特征看,其与江苏、陕西、安徽等地的文化有着颇为紧密的联系。江苏宁镇区丹徒烟墩山出土西周早期牺觥、安徽铜陵县发现的可能来自牺首尊的几件青铜器残片(现藏安徽省铜陵县博物馆)、陕西西安长安区张家坡M163出土的西周中期牺尊、1979年安徽省青阳县庙前镇汪村窖藏出土的西周晚期牺首铜尊[①]等动物形器物的兽首头部亦有角有耳,角为长颈鹿角,与龙中山神兽尊的头部造型完全一样。从相同造型的牺首看,它们的传播路线是江苏宁镇→陕西长安→安徽青阳→贺州,这也可以看作吴文化区→中原文化区→楚文化区→越文化区的传播过程。

从青铜器动物文饰上看,商至春秋时期各有阶段性特征。兽

[①] 张爱冰:《安徽青阳汪村出土青铜器的年代及其相关问题》,《东南文化》2011年第4期。

面纹(饕餮纹)从商代至春秋一直是平视,其他动物纹和人物纹在商至西周中期多是下视、下行或者正视。如商代四羊方尊的四个羊头都是垂头正视,商代人面鼎中的人面也是正视。西周中期以后,兽面纹之外的人物纹和动物都是以一种向上攀爬的姿态示人,有的向上仰视,有的以一种高高在上的气度向下俯视或者回眸。这种相互追赶且奋力向上的动感造型称为"竞高"。竞高风格的装饰最早出现在西周中期的长安地区。长安张家坡M163出土的西周铜牺尊装饰就采用了这种风格,它的尾部是附件龙,背部器盖上立着一只鸟,后脑处立着一只虎,三者由低及高向上攀爬,互相竞高。春秋开始,竞高风格传到了晋、齐、郑、楚等东方诸国,这些地区出土的尊和壶等器物的附件在制作时广泛使用竞高这一视觉效果。河南新郑李家楼郑公大墓中出土了四件春秋莲鹤方壶,器表上装饰的爬行双龙既奋力向上,又回头下视。春秋中晚期,同样意趣的装饰还见于河南淅川下寺出土文物和安徽寿县蔡候墓的莲鹤方壶上。在春秋晚期晋国正卿赵简子赵鞅的墓葬中所出土的匏壶,也可见壶的腹部有一条向上爬行的龙,这条龙通过一条环链连接鸮鸟尾部,鸮鸟高居壶顶,居高俯视。贺州龙中山出土的神兽尊有着十分明显的春秋竞高风格。尊尾的凤鸟向上攀爬,追着尊盖上的蛇,而蛇则抬头向上向前,也有一种向尊的头顶部游动升爬的样子。春秋以,楚国及其四周来这种向上攀升的动物还常常用来表现动物由凡向神蜕变的过程。在这种表达方式的影响下,神兽尊尾部附件凤鸟的鸟尾已开始变化成龙尾,尊盖上的蛇开始长出龙角,尊首的羊头上也开始长出长颈鹿的角。一般认为,这种具有竞高风格且演绎着神化蜕变的装饰艺术器物产生于楚地。

神兽尊的纹饰造型还表现了商周以来青铜器动物纹"拨尔而怒"的审美风格[①]。《考工记》撰修于春秋末年,是齐国的官书,保留了许多夏、商、周的原貌信息。它记载了三十个工种,对各类匠人在塑造动物形象时提出的要求十分清晰:"凡攫杀援噬之类,必深其爪,出其目,作其鳞之而。深其爪,出其目,作其鳞之而,则于视必拨尔而怒。"所谓"攫杀援噬之类",是指猛禽猛兽类的动物。这类纹饰题材,在造型上都要追求"深其爪,出其目,作其鳞之而"的形象夸张。"出其目",即突出双目,环眼圆睁。神兽尊不仅仅是尊头两眼圆凸,在尊脚上的饕餮纹,也是圆眼大睁。"深"即"藏",凡有"爪"的形象,基本上都收缩其爪,作拳曲状,展现一副蓄势待发的形象。在"藏爪"风格的要求下,神兽尊身上的窃曲纹中所有的窃曲岔足均内曲深藏。"鳞之而"指面颊和颈部的鳞毛翘起,一副搏斗前的亢奋之态。神兽尊不仅凸眼、曲足,而且背上的龙昂首盘身,鳞片虽然还未张开,但"之而"之势已成,这正体现了"拨尔而怒"的审美要求。

尽管神兽尊的造型、纹饰都源承于吴越、中原和楚文化,但神兽尊的四足为扁条形,与中原和楚地广泛使用的柱足、蹄足明显不同。考虑到越式鼎广泛使用扁条形足的现象,神兽尊应是越地工匠在学习中原造器和楚地纹饰的同时,加入了自己熟悉的工艺。而且,神兽尊腹部的窃曲纹在对位时并不精准,有走位的现象,应是工匠在学习北方制作纹饰工艺时手法仍不熟练所致。而这也正好说明神兽尊极有可能生产制作于越地。

[①] 杜道明:《论商代"拨尔而怒"的审美风尚》,《中国文化研究》2001年第4期。

综合造型与纹饰,神兽尊的主体造型传自安徽与江苏交界处,也就是楚国和吴国交界处的文化区。其外表的装饰风格传自楚国。其制作生产地来自越地,其"拨尔而怒"的艺术风格来自中原,因而神兽尊的总体造型是多种文化相互叠加的结果。

3.铜鼎

鼎是中国传统文化中的典型器物,鼎的出现最早可以追溯到仰韶时代①。鼎最初用陶土烧制,不过是日常生所用的炊器。后来,伴随社会的发展、贫富的分化、巫术活动的流行,除实用功能外,鼎逐步衍化为一种象征物,成为宗教与礼仪活动中的重要器物。当青铜时代到来时,人们又开始铸造青铜鼎,而且常用铜鼎盛放牲肉来敬神,故而鼎也就演变成了祭祀用的彝器和区分贵族等级身份的礼器。相传大禹治水时将其所管辖治理的土地分作九州,"收九牧之金,铸九鼎,象九州"②。《左传·宣公三年》也载:"远方图物,贡金九牧,铸鼎象物……用能协于上下,以承天休。"也就是说,先秦之时,拥有九鼎是统治国家权力的象征,九鼎已经变成了象征最高权力的传国之宝。倘若统治者昏庸奸乱,原有的国家就会崩溃,九鼎也会迁易于新的统治者。桀有昏德,鼎迁于商;商纣暴虐,鼎迁于周;周德衰时,东周列国中觊觎九鼎者不在少数。青铜鼎之所以被赋予国家最高权力这种神秘力量,不在于这些鼎本身有着怎样的威慑力,而在于这些鼎是一种象征符号,代表了某种超凡的权威神力和政治统治观念。究其缘由,是因为"国之大

---

① 俞伟超、高明:《周代用鼎制度研究》(上),《北京大学学报(哲学社会科学版)》1978年第1期。
② 〔东汉〕班固:《汉书·郊祀志》,北京:中华书局,1962,第1225页。

事,在祀与戎",谁掌握了主祭权和军队,谁就拥有了王权。

许慎《说文解字》称:"鼎,三足,两耳,和五味之宝器也。"但鼎的实际形状,除三足圆鼎外,还有四足方鼎、分裆或连裆的鬲足鼎等①。铜鼎的流传历史非常悠久,受铸造技术、使用方式、意识形态等因素的制约,鼎的形制衍变既有循序渐进式的发展,又有积蓄之后的突变。从商代到汉代,鼎的基本形制不变,只有鼎耳、足、腹的大小、高低等方面的变化。元代以后,鼎成了焚香的炉,它的形制变化就比较大了。

在先秦时期,青铜鼎的形制演变,可分作四期:

一是二里头文化第四期和商早期,这是青铜鼎的孕育期。圆鼎器壁单薄;双立耳,直立耳外有深凹槽;三袋足或棱锥形足,足中空与底相通。之所以使用锥足鼎,是因为商代早期铜鼎有的是通过陶鼎翻模来铸造的,而锥足陶鼎又均见于商代中期之前;采用耳足"四点配列式",即商代早中期的三足铜鼎必有一个鼎足在一个鼎耳的垂直线下,其他两足,分列在另一鼎耳的两旁,如果俯视器物,只能看到两耳、两足四个点;商代早期圆形铜鼎的整体形制近于同时期的陶鼎,因为陶质材料强度不够,双耳在提取时极易损折,陶鼎上配耳不实用,所以这时期的陶鼎无耳。而铜质材料本身比较坚固,用手向上提取铜鼎时,双耳足可承受鼎体重量,故而青铜鼎上开始出现立于口沿上的双立耳,较之陶鼎来说,这是一种新创造。铜方鼎体量巨大,为王室重器,腹部较深,双立耳,四足为下小上大的柱状,柱足中空且与鼎腹相通。

---

① 倪玉湛:《从"描述"到"阐释"——商周青铜"鼎形器"形制的设计学考察》,《南京艺术学院学报(美术与设计版)》2014年第1期。

二是商代中期至西周早期,这是铜鼎发展的第一个高峰期。这时期圆鼎器壁较厚,圆锥足,且足锥逐渐演变为柱足,最后变为蹄状足。贺州最早的铜鼎出土于1996年发现的马东西周晚期墓,这件鼎的柱形足应是贺州工匠对商代晚期以来鼎足铸造工艺的继承。

商代晚期之后的铜鼎在铸型时,往往由三块连同鼎足的鼎身分范加一块三角形的底范拼组成合范,这种方法铸成的青铜鼎底部常常可见呈三角形分布的三条合范线。马东村西周铜鼎与龙中山岩洞葬中出土的侈口附耳蹄足鼎、侈口立耳斜足鼎的底部都可见到这种现象,说明贺州的早期铜鼎铸型工艺传自中原商代中期以来的中原铸鼎技艺。

图3-1 马东小学2014年出土西周铜鼎底部的三角合范线

商代晚期开始,足耳四点配列式完全为五点配列式取代。所谓五点配列式是指在俯视情况下,三只鼎足与两只鼎耳共有五个点。这个时期,方鼎出现的数量较多,并且有等级差别。商代中晚期,鼎腹多为直腹,但腹部较早期为浅。至西周早期,鼎腹多为中

117

垂腹、腹底交接处转折明显。不论方鼎还是圆鼎，均为双立耳。商晚期之后，不论实足鼎还是空足鼎，鼎底与足部已不再相通，而且三足略向内收，这是因为当时已经普遍采用泥芯技术铸鼎。商代也有一些鼎采用铜质实心足，这些鼎体量较小，无须使用泥芯。鼎身上的纹饰常在范缝所分割出来的区间中分组。也有不按范缝分组布局的，即除了在范缝中有分组布局的纹饰，还会有纹饰掩盖住范缝的现象。如涡纹、蝉纹等就是这样的布局。蝎子形纹饰先向棱形纹过渡，并进一步向对称的几何纹转变，最后由这种棱形纹发展为规整棱形排列的雷纹。

西周早期开始出现青铜鼎盖[1]。而为了适应商代以来出现的立耳，制作盖子时需要为鼎耳预留缺口，这增加了铸造鼎盖的复杂性。为简化铸造工艺，同时也为了方便加盖和更好地密封，到西周中晚期已经开始出现附耳。春秋中期之后，附耳成为青铜鼎的一个重要时代特征。但附耳并未完全取代立耳，在鼎耳由立耳发展至附耳的过程中，鼎耳的外形也由"直挺"变为"曲张"[2]。

三是西周中期至春秋早期是青铜鼎的第二个发展高峰期。此时依然流行圆形和方形两种形状的铜鼎。但商代以来的锥足鼎近乎不见，均变身为柱足或蹄足，且无论柱足还是蹄足，同一鼎的三足均内侧平齐；圆鼎耳足仍为"五点配列式"。方鼎数量变少，体量也已经不如从前。此时立耳较多，但附耳鼎已较为常见。附耳与立耳在铸造技术难度上有很大区别，因为附耳突出于器表且其结

---

[1] 李西兴主编《陕西青铜器》，西安：陕西人民美术出版社，1994，第 43 页。
[2] 倪玉湛：《从"描述"到"阐释"——商周青铜"鼎形器"形制的设计学考察》，《南京艺术学院学报（美术与设计版）》2014 年第 1 期。

构较为复杂,浑铸附耳要求在耳芯处单独设范,西周晚期还常常在附耳的腰部和器口之间以铜梗连接,增加强度,于是便出现了子口承盖,这使得盖鼎迅速发展。因此,这时期鼎盖开始增多。尽管殷商以来就可见鼎盖,但在春秋中期以前,盖鼎出土数量较少,不排除当时使用木质、竹质等有机质的鼎盖。西周晚期之前,鼎盖一般配立耳,为了扣盖时与鼎耳契合,鼎盖的边缘会设有两个凹缺。蟠螭纹平盖鼎流行年代一般在春秋早期[①]。

四是春秋中期至战国,是青铜鼎的第三个发展高峰期。春秋中期之前,鼎的耳、足、钮均为浑铸,但春秋中期开始,鼎的足、耳等附件迅速趋向分铸,这极大地简化了铸造难度[②]。铜盖鼎盛行始于春秋中期,这时期的盖鼎形制为隆盖,深腹,并带有方形的附耳和不甚夸张的兽形蹄足。而且,在春秋中晚期较短的时间内曾流行扁钮平鼎盖,其后很快又被有捉手的隆鼎盖代替。春秋中期,鼎腹饰一周连续的蟠螭纹,这既明显有别于此前鼎上动物纹的对称布局,又承袭了西周中晚期较窄纹带的装饰风格。到春秋晚期则转为纹饰满幅的装饰风格。

汉代之后,伴随着青铜器的整体衰微,从西汉开始,青铜鼎开始简化。不仅器壁日益变薄,鼎身上的纹饰也日益消退,有的甚至变身为素面鼎。

西汉早期,贺州还有仿照铜鼎样式烧造陶鼎以为礼器的风俗,

[①] 倪玉湛:《从"描述"到"阐释"——商周青铜"鼎形器"形制的设计学考察》,《南京艺术学院学报(美术与设计版)》2014年第1期。
[②] 汪涛、张昌平:《转变与个性——苏富比(纽约)2012秋拍青铜器过眼录》,《南方文物》2013年第2期。

这种陶鼎均为带盖的柱足或蹄足圆鼎,并且蹄足均有弯曲幅度较大的膝关节。

图 3-2 西汉仿先秦礼器用铜鼎的陶鼎

贺州市博物馆共收藏有先秦至西汉早期的铜鼎 12 件。除 2014 年在沙田马东小学发现的 1 件西周铜鼎和 2005 年铺门白屋岭发现的 1 件西汉铜鼎器形较为残破之外,另有 10 件铜鼎器形较为完整。其中一件是 1996 年 8 月 28 日沙田镇居民傅德昌在贺州市沙田镇马东小学院内发现的西周立耳柱足鼎(M2:7)①,立耳微外侈,侈口,束颈,鼓腹下垂,圆底,三柱形足,素面。高 19.2 厘米,口径 16.2 厘米,腹径 14 厘米,耳高 4.1 厘米,足高 8 厘米,腹深 7.1 厘米。柱足内侧有凹槽。3 件是 1990 年在沙田龙中村红朱山战国岩墓中发现②,分三式,Ⅰ式是立耳斜足鼎,口微敛,折沿,浅腹,圜

---

① 张春云:《广西贺州市马东村周代墓葬》,《考古》2001 年第 11 期。
② 张春云:《广西贺县龙中岩洞墓清理简报》,《考古》1993 年第 4 期。

底稍平。三足呈半圆柱形,细长外撇,小立耳,通高17.8厘米,口径18.7厘米,足高9.2厘米。Ⅱ式是附耳扁蹄形足鼎,1件。敞口,折沿,浅腹,圜底,三足均为扁条形,足基部外折微呈蹄形,附耳一对,腹饰凸弦纹二周,内底中央饰涡纹。通高18.5厘米,口径20.5厘米,足高8.4厘米。为春秋到战国早期器形。同类型鼎在浙江长兴县和平公社四矿区有出土。Ⅲ式是盘口斜足式。盘口,束颈,鼓腹,圜底,三扁足细长外撇,盘口的口沿上有绹纹环形立耳一对。通高28.5厘米,口径28.9厘米,足长15.6厘米。这种盘口鼎目前所见最早的是1963年在湖南衡南胡家港发现的春秋墓葬中出土①。6件是1975年12月和1976年6月至11月先后在贺县铺门公社河东村高寨的西汉墓中发现②。共分三式。Ⅰ式3件。大口,束颈,深腹,平底下附三角形扁足。附耳作绞索状。原盖已碎。其中M4:44口径23厘米,腹径25厘米,通高28.3厘米。Ⅱ式1件(M8:9)。口敛,浅腹,平底。长方形附耳,扁足。口径12.5厘米,腹径15.4厘米,高13.5厘米。Ⅲ式2件。大口,直腹,平底。口立长方形耳。其中M7:29口径9.5厘米,高8厘米。

  从造型上看,贺州铜鼎以越式鼎为多。越式鼎的概念最早在1980年由俞伟超先生提出,认为其特征是"腹深、盖薄、附耳、三足瘦细外撇,盖上往往饰双线云雷纹"。③ 彭浩认为它"并不专指某一特定形态的铜鼎,而包括了两周时期越族聚居区内发现的各种

---

① 湖南省博物馆:《湖南衡南、湘潭发现春秋墓葬》,《考古》1978年第5期。
② 广西壮族自治区文物工作队、贺县文化局:《广西贺县河东高寨西汉墓》,载文物编辑委员会编《文物资料丛刊》(4),北京:文物出版社,1981。
③ 俞伟超:《关于楚文化发展的新探索》,载俞伟超《先秦两汉考古学论文集》,北京:文物出版社,1985,第225页。

异型鼎"①。但贺州出土的越式鼎主要特征是通器壁薄,细足,足多为扁条形,少见筒形足,绝大多数扁足外撇,个别竖直。

撇足越式鼎器形最早见于湖南地区春秋中期古墓中,湖南桃江腰子仑墓群中出土的附耳细撇足铜鼎②是目前所见最早的该类型铜鼎,而此类细撇足鼎是湖南越族分布地区更早时期陶鼎所独具的特色。另外,楚鼎中最普遍的形式为附耳鼎,在楚墓中有较多发现。因此,贺州所见的细撇足附耳越式鼎应是湖南地区越族细撇足陶鼎与楚鼎的附耳因素相结合的产物,其于春秋晚期至战国初期传入贺州。

4.铜瓵

瓵是缶的异称,《广雅·释器》:"瓵,缶也。"陶缶盛行于春秋战国时期的楚国地区,除用作盛器外,也用作乐器。陶缶作为乐器见诸史载的可以远溯到《诗经》,《诗经·陈风·宛丘》:"坎其击缶,宛丘之道。"其时中原民风舞乐时流行鼓瓦而歌,击瓦瑟时称鼓瑟,击瓦缶时称鼓缶。同时期的《周易·离》九三爻辞也记载:"日昃之离,不鼓缶而歌,则大耋之嗟,凶。"意思是说,在太阳西沉时,不以击缶为伴的歌唱就像垂暮老人的嗟叹,为不吉之兆。

缶、瓵用作盛器时,主要是盛贮水酒、酱菜。瓵的形状像小瓮。《汉书·扬雄传》:"吾恐后人用覆酱瓵也。"颜师古注:"瓵,小瓮也。"

陶缶演变为铜瓵的时代相对较晚,约起始于战国时期,到秦汉

---

① 彭浩:《我国两周时期的越式鼎》,《湖南考古辑刊》1984年第0期。
② 盛定国、邓建强:《湖南桃江腰子仑春秋墓》,《考古学报》2003年第4期。

时期铜瓴仍然比较流行。铜瓴与圆体铜罍在器形上大体相同,均为敛口或侈口,短颈,曲腹,平底或圈足,肩或腹部有环形或龙形耳。但铜瓴的最大径在腹中部,为鼓腹器。而铜罍的最大径在肩部,为广肩器。

贺州迄今仅在沙田龙中山战国岩洞墓中出土有一件铜瓴。其器形与湖北随州义地岗出土的春秋曾公子去疾之行缶相同①。1955年安徽寿县西门发现的春秋蔡侯墓也出土有一件瓴,自铭为"蔡侯申之盥缶"②,说明古人通常把瓴称为缶。这些自名为缶的铜瓴不仅在器形上与贺州出土的铜瓴相同,均为敛口,曲腹,假圈足,而且都在器表装饰有圆饼状涡纹。盥缶一般都被认定为楚器,说明贺州龙中山虺纹铜瓴同样深受楚文化影响,而且龙中山出土的虺纹铜瓴也可以称为虺纹盥缶。

5.铜罍

罍之名最早见于《诗经·小雅·蓼莪》:"瓶之罄矣,惟罍之耻。"《周南·卷耳》又云:"我姑酌彼金罍。"③罍为大型盛酒器。而且,在周代的朝践礼上,罍是必用的礼器。《周礼·春官·司尊彝》:"其朝践用两献(牺)彝,其再献用两象尊,皆有罍,诸臣之所昨(酢)也。"朝践是古代祭礼仪节之一。东汉经学家郑玄注解称:"朝践,谓荐血腥,酌醴,始行祭事,后于是荐朝事之豆、笾。"孙诒让谓朝践为荐腥后之献(孙诒让:《周礼正义》卷三八)。

---

① 黄凤春、郭长江:《出土大量青铜器的湖北随州曾公子去疾墓》,《文物天地》2013年第6期。
② 张昌平:《曾国青铜器简论》,《考古》2008年第1期。
③ 程俊英:《诗经译注》,上海:上海古籍出版社,1985,第6页。

《说文解字》释罍为:"櫑,龟目酒尊,刻木作云雷象,象施不穷也……罍或从缶;櫑或从皿;籀文櫑。"①从缶、从木表示其材质为木,从皿表示其为容器。青铜罍起源于陶罍,考古出土有大量新石器时代的陶质罍。至于木罍,容庚、张维持认为:"其初器不一定是木制的,因此种器体多为圆形,腹内全空,刳木作器,颇为困难。"②而李济认为:"木制的大概是方形罍的开始,土制的大概是圆形罍的开始。古木器保存者甚少。"③

宋代著作《考古图》将青铜罍划为一种类型的器物,但所收之器形制混乱,甚至在罍类中误收壶类、卣类。至近现代,容庚以自名罍的形制为标准器,并对罍的形制进行归纳总结,至此,青铜罍的形制逐渐明晰。现时,铜罍可分为两大类:一类为圆体罍,其敛口或敞口,直颈,广肩,圈足或平底,肩部两侧有耳,耳多作环形或兽首状,腹最大径处于肩部上方;一类为方体罍,器形多为小口,斜肩,近圈足处或有鼻钮,最大径亦在肩部。全国范围内铜罍出土不多。贺州迄今仅于1996年在平桂区沙田镇马东村龙婆岭发现一件圆体铜罍(M1:1)④,其造型特点是小口,圆鼓肩,深腹,圈足较高,凹底较深,体较瘦高,肩部饰圆涡纹,西周早期特色明显,为西周前期器物。西周前期铜罍皆为中原样式⑤,故而马东村出土的这件铜

---

① 〔汉〕许慎:《说文解字》,〔宋〕徐铉校,北京:中华书局,2009,第190页。
② 容庚、张维持著,中国社会科学院考古研究所编《殷周青铜器通论》,北京:文物出版社,1984,第56页。
③ 李济:《李济文集》卷四,上海:上海人民出版社,2006,第316页。
④ 张春云:《广西贺州市马东村周代墓葬》,《考古》2001年第11期。
⑤ 郑小炉:《吴越和百越地区周代青铜器研究》,博士学位论文,吉林大学文学院,2004。

罍应产自中原。

6.铜盉

在先秦文献中尚无"盉"之名,直到东汉许慎《说文解字》才明确记载有"盉"。但青铜盉这种器物出现于商代早期,至西周早期开始有器物自铭为"盉"。西周中期亦称盉为"鎣"。

1967年,太原市东南郊东太堡砖厂附近出土了一件西汉盉形铜器,自名为"鐎"①。该器圆腹,器体上下纵面稍扁,小口直颈,有盖,上腹部有流,肩上有提梁与盖相连,腹下有四蹄足。1980年江苏吴县枫桥公社何山出土了一件年代为春秋晚期或战国早期的自铭盉,该器直口,扁鼓形腹,兽膝蹄足,夔龙形提梁。盉身前带螭首形的流管,后设蟠虺形尾錾。圆盘形盖,上立一环钮,有链条两节与提梁相接②。此器形制与太原市东太堡附近出土的西汉自铭铜鐎相仿,由此可知"鐎"亦是"盉"的异称,这就解释了宋代王黼在《宣和博古图录》中为什么称"鐎"为"盉"。但是,容庚认为鐎这种类形的器物与其他盉器在形制上差别太大,据《玉篇》"鐎,温器有柄也",于是他将鐎另设为一类器物③。

最早把盉著录为一类器物的文献是宋代欧阳修所著的《集古录》,其中记有"伯玉彀子作宝盉"铭文。此后,宋人根据此器的形制,将与此类型相同的器物归于盉类。

盉的用途一直是学界争论的焦点,有说是水器,有说是酒器。

---

① 戴尊德:《太原东太堡发现西汉孙氏家铜鐎》,《考古》1982年第5期。
② 张志新:《江苏吴县何山东周墓》,《文物》1984年第5期。
③ 容庚、张维持著,中国社会科学院考古研究所编《殷周青铜器通论》,北京:文物出版社,1984,第47页。

而且在讨论盉的功用时,还对盉在使用过程中与其他器物的组合情况作了探讨。主要有以下几种说法:

(1)酒器说。东汉许慎《说文解字》云:"盉,调味也。"东汉的另一位大儒郑玄注《周礼·天官·郁人》则谓:"煮之鐎中,停于祭前。"贾公彦疏:"云'以煮之鐎中,停于祭前'者,此似直煮郁①停之,无鬯酒者,文略。其实和鬯酒也。"②南朝梁顾野王撰的《玉篇》言:"鐎,温器有柄也。"由此可知盉(鐎)作酒器有三种功用,即分别为鬯酒器、煮酒器、调酒器。王国维认为:"盉之为用,在受尊中之酒与玄酒而和之,而注之于爵。"③此说得到容庚、郭宝钧等众多学者的认同,并在此基础上对盉的用途进行了补充。容庚:"余以为盉有三足或四足,盖兼温酒之用也。"④郭宝钧:"盉是古时和酒温酒的器物。有腹用盛,有口用受,有喙用注,有錾用执,有足用立,且备受火,其形合其用。"⑤陈仲玉虽不能肯定盉到底是温酒器还是盛酒器,但肯定盉是酒器⑥。

(2)水器说。这一说认为铜盉是盥洗礼上的重要用器,多与盘配套,在祭祀或宴饮活动中用于浇水洗手。

从文献史料看,支持盉为水器这一说法的记载颇多:《左传·僖公二十三年》载:"(怀嬴)奉匜沃盥。"唐代诗人卢纶也称:"据梧

---

① 郁,即郁鬯,指用香茅过滤的酒。
② 〔东汉〕郑玄注,〔唐〕贾公彦疏,李学勤主编《十三经注疏·周礼注疏》,北京:北京大学出版社,1999,第591页。
③ 王国维:《观堂集林》卷三《说盉》,北京:中华书局,1961,第153页。
④ 容庚:《商周彝器通考》,台北:大通书局,1973,第385页。
⑤ 郭宝钧:《商周铜器群综合研究》,北京:文物出版社,1981,第151页。
⑥ 陈仲玉:《青铜盉形器研究》,载《先秦史研究论集:大陆杂志史学丛书》第4辑第1册,台北:大陆杂志社,1970,第239—268页。

花鬪接,沃盥石泉分。"(卢纶:《冬日宴郭监林亭》)这里,"沃"的意思是浇水,"盥"的意思是洗手洗脸。而且,"奉匜沃盥"是中国古代在祭祀典礼之前的重要礼仪。所以《周礼·春官·郁人》就载:"凡祼事沃盥。"孙诒让正义称:"沃盥者,谓行礼时必澡手,使人奉匜盛水以浇沃之,而下以盘承其弃水也。"《礼记·内则上》还对沃盥礼的活动程式作了翔实记载:"进盥,少者奉盘,长者奉水,请沃盥,盥卒授巾。"

从考古出土看,西周晚期以后,匜取代盉与盘搭配,应是盥礼上的常用之器。我国近现代著名史学家朱凤瀚从随葬组合、盉匜连称互名等方面分析,认为盉应与匜作用相同,均为水器①。考古专家陈昭容在研究淅川古墓时,根据盉盘陈列位置与水器在一起,而不是与尊、缶、壶等酒器在一起等情况,也推测盉是作为水器使用②。

(3)煮汤说。陈梦家提出盉为煮香草之器,煮出的郁鬯既可作为调酒用的香料,又可作沐浴用的香料。而且,盉的长喙口小造型就是为了方便将香草留在器内③。

(4)兼具酒器水器说。有的学者认为青铜盉的作用并不是"非水即酒"。张亚初认为盉既是水器又是酒器。④ 张懋镕则认为青铜

---

① 朱凤瀚:《中国青铜器综论》,上海:上海古籍出版社,2009,第296—297页。
② 陈昭容:《从古文字材料谈古代的盥洗用具及相关问题——自淅川下寺春秋楚墓的青铜水器自名说起》,载《"中央研究院"历史语言研究所集刊》71本第4分,台北:"中研院"历史语言研究所,2000,第857—932页。
③ 陈梦家:《西周铜器断代》,北京:中华书局,2004,第480—483页。
④ 张亚初:《对商周青铜盉的综合研究》,载《中国考古学研究》编委会编《中国考古学研究 夏鼐先生五十年纪念论文(第二集)》,北京:科学出版社,1986,第60页。

盉先为酒器,西周中期才开始转化为水器。① 马承源根据墓葬出土器物的组合情况提出:"盉主要是盛水的,它与酒器组合,用水调和酒,它与盘相结合,起盥沐作用。"②

(5)礼器说。认为无论铜盉是酒器还是水器,甚至是不盛液体的空器摆件,都一定会是祭礼上使用的器物。张临生通过盉与其他器物的搭配来确定盉的礼器功用,认为从西周中期开始,盘盉搭配使用。尽管后来青铜匜常常代替盉与盘组合,但盉与盘仍然继续搭配使用。③ 李学勤通过铭文解读盉的礼器功用:2009 年,山西省临汾市翼城县大河口 M2002 出土鸟形盉,李学勤对铭文的解读是:"乞立誓说:'我所作的谋议如果不合君命,而是我自己私行策划,就受鞭刑。'亲自乘有车蔽的传车前往各地,重复所立誓言说:'我已立誓要上合君命,假如我违反誓辞,便应该遭到流弃,使君命仍得执行。'乞因此铸造盘盉,传于子孙。"④ 李学勤由此认为,盉是作为与盘组合的礼器。

考古资料证实,盉的形制及与其他器物的搭配使用经历了一个流变的过程。

在二里头遗址出土的随葬器中,盉与青铜爵组合。早期青铜盉为袋足,足空心。盉的顶部密封,没有开口,但可以通过设于顶部的流管向外注水。这样的形制既不宜于饮酒,也不宜于储存,只

---

① 张懋镕:《夷曰匜研究——兼论商周青铜器功能的转化问题》,载《古文字与青铜器论集》第 3 辑,北京:科学出版社,2010。
② 马承源主编《中国青铜器》(修订本),上海:上海古籍出版社,2003,第 242 页。
③ 张临生:《说盉与匜——青铜彝器中的水器》,台北"故宫博物院":《故宫季刊》1982 年第 17 卷第 1 期。
④ 首都博物馆:《失落王国的宝藏》,《中国收藏》2014 年第 10 期。

能作为挹注器使用。袋足可增大受热面积,封口有利于保温,应是方便温酒。

到商代晚期至西周早期,盉多空心四足、折口。此时,盉作为水器的概率较以前要多,盉与盘组合的现象也逐渐增多,但组合还不太稳定。这一时期,盉既是酒器,也作水器与盘搭配使用。

西周中期,盉作为水器的概率有了较大的提高,盉的产出数量明显多了起来,墓葬中青铜盉已较多出现,且多与盘伴出。各地出土的铜盉纹饰大多相同或接近,有些铭文器还成套成组。水器的组合除了盘盉,还有盘匜,但主体仍是盘盉组合。在沃盥礼上,盘盉已经形成较稳固的组合。

作为水器,盉不如匜使用轻便。因为盉的流管又窄又细,盉腹深,流在腹的一侧,无论是往盉中添水还是从盉往外倒水,操作过程都较为复杂,速度也较慢。而匜的流槽宽阔,且匜流与匜腹几乎在同一个平面上,这种设计使得匜不仅注水方便,而且速度较快。因此,西周晚期开始,墓中已少见盘盉组合,而以盘匜组合代替。且盘匜组合在大、中、小型墓葬中均有发现。有盘盉出土的墓葬中不见匜,有盘匜出土的墓葬中则不见盉,并且青铜匜中有自名为"盉""旅盉"的,可知盉、匜用途相同。从春秋早期开始,盘盉组合已经罕见,但新出现了圆腹、有提梁的盉。

匜的早期器形类似盉,有流,有鋬,且整体呈兽形状。盛酒时,酒从匜背注入,然后从兽口中流出。匜的这种早期形制接近裸礼中的六彝。这种器物一般是拥有较高身份的人才能使用的一种礼器。由于这种早期的匜在去盖之后形制变得简单,便于注水,将其从酒器转化为水器,更加适合祭礼的需要。最终匜与盘形成固定组合,取代了盉。

贺州目前仅在龙中山崖墓葬中出土了一件青铜盉。① 它小直口,有盖,广肩,兽头流,扁圆腹,圆底,三兽足。流为短曲状的螭首形,螭首上无角,有椭圆形吻、鸡冠形鬃、三角形大耳和三角形眼。鼻侧有须,颈部饰鳞纹。鋬为蟠虺形,提梁为双头龙。盖面饰交体龙纹一周,环形钮,钮上套着铜链。肩、腹饰凸弦纹3周,其间饰2道勾连云雷纹。三兽蹄形足,膝部饰头带扉棱的内卷角形兽面纹。通高21厘米,盖径11.5厘米,口径10.2厘米,腹径21.3厘米,腹深13.2厘米,足高7厘米,重3.5千克。由于龙中山铜盉仅与尊、瓿等酒器伴出,所以这件铜盉的主要功用应为酒器。

(二)青铜兵器

《左传·成公十三年》载:"国之大事,在祀与戎。"战争是古代国家政治生活中的头等大事,关乎国家存亡兴衰。青铜兵器是青铜时期国家军队的必需装备。与礼乐器相比,兵器会更快地消耗残损,因此,它们的铸造时间要比礼乐器更接近被埋藏的时间,这使得青铜兵器比青铜礼乐器能够更加敏锐地反映出时代的变化,更加明确地表现出时代特征。而且,兵器主要用于作战,对实用性能的要求比礼器高,更须适应流传地的地理特性和文化传统,故而青铜兵器也比礼器更能体现出区域性特点。但迁徙、馈赠、战争等文化交流因素的存在,又使得同一地区会存在有来自不同区域的

---

① 张春云:《广西贺县龙中岩洞墓清理简报》,《考古》1993年第4期。

三、贺州常见青铜器物和杂形器物

不同兵器,因此,同样的兵器也会存在于相异的文化传统中。

贺州的青铜兵器来源非常广泛,既有来自秦地的三棱镞,也有来自楚地的箍茎剑,还有来自越地的靴形钺,更有贺州独有的有段镞。贺州的青铜兵器还有着器型庞杂的特征,从功用看,既有进攻性的兵器戈、剑、镞、矛、斧、短剑、钺、靴形钺,也有防御性的蒺藜。在进攻性兵器中,又有车战和步战两用的矛、剑、钺,专用于攻城和车战的钩兵戈,用于远射的镞和近战用的剑及短剑。

1.钺

文献称钺是斧之大者(郑玄笺、孔颖达疏:《大雅·公刘正义》)。中原的青铜钺是一种片状、扁平、双面刃的斧形青铜器,多平肩,有内或銎以安置柲杆。钺身有两种形制:一为刃角外侈的斧形钺,多弧刃、长方形直内、部分有阑;一为钺身中央有一个大圆孔的圆环形钺,多有内。

青铜钺最基本的用途是刑具,仅适用于"大辟之刑"①。河北平山县中山王厝墓中出土的中山侯钺有"以儆厥众"的铭文,正好说明钺的刑具功用。

作为刑具的钺还具有象征贵族刑罚权力等级的意义。青铜时代,最大的罪刑对内是谋反,对外是敌方首领的叛逆。当使用钺作为刑具时,多用于王或者诸侯对同一级别敌方人物的行刑和诛杀,即施刑者和受刑者等级一致。对王施刑,是因为改朝换代或攻下敌国时,新获权力的王会假托先帝或虚拟神祇赐钺,并用这件钺来诛杀被打败的王。周武王克商时,以黄(黄色)钺斩商纣王之首,以

---

① 大辟之刑:指死刑。

玄(黑色)钺斩纣王嫔妃之头。① 对商的诸侯施刑时,周武王赐钺给周的诸侯去执行。

各诸侯国的诸侯得到天子所赐之钺后,还可在其邻近的诸侯国发生臣属弑君或诸侯国君的子孙弑杀祖父以夺权时,代表天子诛杀罪臣和叛逆子孙。《礼记·王制》:"诸侯赐弓矢,然后征。赐铁钺,然后杀。"孔颖达疏:"赐铁钺者,谓上公九命,得赐铁钺,然后邻国臣弑君、子弑父者,得专讨之。"《左传·昭公四年》又载,楚共王欲杀齐国弑君之臣庆封,曾"负之斧钺,以徇于诸侯"。

钺也可在祭祀场合使用,这时它用来杀牲。这里的"牲"既指用作献礼的牲畜,也指用作献礼的俘虏、奴隶等人员。杀牲就是用钺来斩首、肢解"牲"。因此,一些钺上会铸有大张的虎口,以表现钺的威严。②

在军事活动中,钺的功用就变成了军事统率权力的象征,以儆三军,以扬军威。夏桀之时,周人先族及周边诸侯十八国同为夏人乱政所困扰,于是大家以公刘为贤君,追随他迁都幽地。但迁徙途中不断有敌兵阻难,为整肃全军,公刘便执干戈戚钺开道启行。③商汤秉钺伐夏桀,收服四邻方国。周武王伐纣,秉钺誓师。④

作为权力的象征,钺的使用有着严格的赐用制度。不管是出

---

① 《逸周书·克殷》:"(周武王)先入适王(纣王)所,乃克,射之三发,而后下车,而击之以轻吕(剑),斩之以黄钺,折悬诸大白(旗);乃适二女之所,既缢,王又射之三发,乃右击之以轻吕(剑),斩之以玄钺,悬诸小白(旗)。"
② 艾兰、和奇、陈斯雅:《虎纹与南方文化》,《南方文物》2014年第2期。
③ 《诗经·大雅·公刘》:"弓矢斯张,干戈戚扬,爰方启行。"《毛诗》释:"扬,钺也。张其弓矢,秉其干戈戚扬,以开开道路去之幽,盖诸侯之从者十有八国焉。"
④ 《尚书·牧誓》:"王左杖黄钺,右秉白旄以麾,曰:'逖矣,西土之人!'"

征时代表兵权,还是刑罚时代表刑权,任何人都不能擅自使用,必须获得赐命。虢季子白盘铭:"赐用弓,彤矢其央。赐用钺,用征蛮方。"就是说虢季子白之所以有权出征蛮方,是因为已经被"赐用钺",获得了钺所代表的征划权。

  商、周两代对铜钺的使用重点各有不同。商代主要用于军事,须弓矢与钺并赐方能征讨。其中弓矢用于作战,钺用于治军。而且,在商代各个等级的贵族墓中皆有铜钺随葬,因为商代贵族是否拥有铜钺是由军权与军功而非贵族等级来决定的。周代钺多用于行刑或诛杀。周代随葬青铜钺者皆为高级贵族,在王畿地区只有王朝重要官吏之墓才会出土钺。在王畿之外,主要是获得封国的诸侯之墓才会陪葬钺。由于诸侯只有经过严格的德行考核才能得到"铁钺"赏赐,掌握刑戮之权,因此,周代许多重要诸侯的墓葬中都未能发现青铜钺。

  但是,南方越文化圈中,钺的器形和功能概念与中原有很大的差异。南方的钺有銎有刃,且刃部极不对称,又称为不对称形铜钺[1],即靴形铜钺。这种不对称铜钺全部出土于越人活动区,应为越族之器。卫聚贤说:"越即钺,为斧钺之钺"[2];罗香林说"古代越人以擅长用钺为重要特征"[3]。如果他们的说法不误,南方越文化圈中,钺是越人部族的象征。

  靴形钺近年在浙江、湖北、湖南、广西、云南及东南亚地区均有

---

[1] 汪宁生:《试论不对称形铜钺》,《考古》1985年第5期。
[2] 卫聚贤:《吴越释名》,《江苏研究社》1937年第3卷第5—6期。
[3] 罗香林:《古代越族文化考》,载《少数民族史论文选集》(三),广西民族研究所资料组内部资料,1964。

出土,关于它的起源问题有多种说法:其一,认为其由"凤"字形钺发展而来,主要产生于两广地区和越南北部,为骆越人遗物。[1] 其二,认为其伴随早期铜鼓的产生而产生,应起源于我国云南滇西地区。[2] 其三,认为其与新石器时代的带把石器存在着密切关系,但限于考古资料存在缺环无法加以佐证。[3] 其四,认为由新石器时代晚期的石器演化而来,而非从同类青铜器派生出来。[4]

值得注意的是,在南方地区的许多考古报告中,关于钺的定义还发生了衍生现象,人们不再强调钺是斧之大者,而是把弧形刃且刃的两角上扬的斧称为钺,如两广地区时常出现的"凤"字形钺,其大小与斧相当。也有的把刃的弧度接近或者大于半圆的斧称为钺。

贺州没有"斧之大者"这一严格意义的铜钺出土,被称为钺的器物其实是斧,但遵循约定成俗,本文设定了一些关于斧钺的界限:一是刃,将器身主体收腰,且全器最宽处在刃部的斧形器称为"凤"字形钺。二是肩,无肩的为斧,有肩的为钺,而且除异形钺外,绝大部分为广肩器。三是身,器身在銎两侧作不对称分布的称靴形钺。

靴形钺迄今贺州市博物馆仅收藏有一件,即1980年铺门六合大队发现的Ⅴ式钺[5],其年代为战国,形制与广西平乐岭采07战国

---

[1] 蒋廷瑜:《先秦越人的青铜钺》,《广西民族研究》1985年第1期。
[2] 范勇:《再论不对称形铜钺》,《文物》1992年第6期。
[3] 林蔚文:《试论靴形铜钺的来源和用途》,《考古》1994年第3期。
[4] 文国勋:《试论中国南方不对称形铜钺的起源》,《湖南省博物馆刊》2010年第0期。
[5] 覃光荣:《广西壮族自治区贺县出土一批战国铜器》,《考古》1984年第9期。

三、贺州常见青铜器物和杂形器物

钺相同。[①] 其器形特征是总体形状像一只靴子,钺銎扁圆,钺身较长且圆弧上翘,钺锋较尖,刃为圆弧形,銎上有圆孔。

有肩钺迄今贺州共出土两件。其一是高屋背岭 M123:20[②],为方銎双重肩钺。小方形柄,柄上有上下双重肩。銎为正方形,刃为宽弧形。总体器形与平乐银山岭 M55:15 相同。其二是1980年铺门公社六合大队发现的Ⅰ式钺[③],钺身夹长。长方形把,把一直伸到钺身的中部并在正背两面夹住钺身。斜肩弱凸,双面圆刃。器形与灵川县水头村 LS:05I 相似。

"凤"字形钺今贺州博物馆共收藏有三件,均于1980年在铺门公社六合大队发现[④],其中第一件称Ⅱ式钺,长方銎,两侧微内凹,弧刃。第二件称Ⅲ式钺,长方形銎,钺体两侧下端外敞如扇形,弧刃,近銎口处一面饰变体云雷纹和梳齿纹,又称梳齿纹扇形钺。第三件称Ⅳ式钺,近六角形銎,钺身两侧弧形内凹,刃侧外斜,弧刃,刃部已部分残缺。

2.戈

铜戈是青铜时代最主要和最常见的长柄格斗兵器,可钩可击。作为钩兵,在对战之时,它可以用援与胡交界处的弯曲部分去钩取敌方。作为击兵,它可以用前端的锋刺部分啄击敌方。它既可用于车战,也可用于步战和攻城战,在先秦时期"堪称三代武库之主

[①] 蒋廷瑜、韦仁义:《近年来广西出土的先秦青铜器》,《考古》1984 年第 9 期。
[②] 广西壮族自治区文物工作队、贺州市博物馆:《贺州市高屋背岭古墓群勘探与试掘》,载广西壮族自治区博物馆编《广西考古文集》,北京:文物出版社,2004。
[③] 覃光荣:《广西壮族自治区贺县出土一批战国铜器》,《考古》1984 年第 9 期。
[④] 覃光荣:《广西壮族自治区贺县出土一批战国铜器》,《考古》1984 年第 9 期。

宰"。① 戈通常配合防御性兵器干(即盾)一起使用,因而古代文献中常见干戈二字连用,泛指各种兵器,如《诗经·周颂·时迈》:"载戢干戈,载橐弓。"《礼记·檀弓下》:"能执干戈,以卫社稷。"正因为戈在战争中具有非常重要的作用,"大动干戈"后来甚至成为一切军事行动和武装冲突的代名词。古文字中凡与兵器或军事有关的字,多把戈字当作偏旁,如戟、武、戍、戎、伐等。

《考工记》对戈的形制、尺寸、重量作了详细记载。《考工记·冶氏》:"戈,广二寸,内倍之,胡三之,援四之。已倨则不入,已句则不决。长内则折前,短内则不疾。是故倨句外博,重三锊。"但其所描述的仅仅是东周戈的形制。② 宋代的黄伯思在《铜戈辨》中对戈的援、胡、内等部位及其功能作了具体分析:

> 右舟之戈其铭曰舟,其质则铜。按《周官·考工记·冶氏》,戈之制有内、有胡、有援。郑氏(汉代郑玄)曰:"戈,今句孑戟也。或谓之鸡鸣,或谓之拥颈。内,谓胡以内接柲者也。援,直刃也。"今详此戈之制:两旁有刃,横置而末锐若剑者,所谓援也。援之下如磬折,稍刓而渐直,若牛颈之垂胡者,所谓胡也。胡之旁有可接柲之迹者,所谓内也。援形正横,而郑氏以为直刃,《礼》图从而绘之若矛槊然,误矣。盖戈,击兵也,可句可啄,而非用以剌也,是以横而弗从。故冶氏之职又云:"已倨则不入,已句则不决。"郑氏亦云:"倨谓胡微直而邪多,以啄

---

① 沈融:《论早期青铜戈的使用法》,《考古》1992 年第 1 期。
② 关于《考工记》的成书年代,目前有多种说法,其中春秋末年说比较可信。参看李秋芳:《20 世纪〈考工记〉研究综述》,《中国史研究动态》2004 年第 5 期。

人则不入。句谓胡曲多,以啄人则创不决。"既谓之啄,则若鸟所味然,不容其刃之端上向而直也。今观夏商彝器铭欵,有作人形执戈者。荷戈者,其戈皆横如斧钺而锐,若鸟味。又胡垂柲直,正与此戈之制同。①

黄伯思的研究成果,使得戈的援、胡两个部分得到了正确认识,但对内的解释仍然模糊不清。清代学者程瑶田对黄伯思之说作了引申,创新颇多。他指出:

> 盖有内者,刃横出如戈援,而无下垂之胡。内广:三分其援本而去一;上与援上刃齐平,而下刃出于内者三分之一。内援之间,为物间之,上下皆出援本,所以嵌柲凿以固内,如戈戟之安内法也。以冶氏不载是器,不知其名,故存而不论……([清]程瑶田:《句兵杂录》,《皇清经解》卷537)

文中程瑶田首次指明了内所在部位及其功用。所谓"内援之间,为物间之,上下皆出援本"的"物"是指戈头上的上下阑部。他又在《冶氏为戈戟考》中指出:"戈胡贴柲处,有阑以限之,阑之外复有物……"([清]程瑶田:《冶氏为戈戟考》,《皇清经解》卷537)程氏所说贴柲的"阑",即为侧阑,以别于"出援本"的上下阑。由此可见,程氏认为戈除援、胡、内外,戈尾还有阑部。

---

① [北宋]黄伯思:《东观余论上6》,《文渊阁四库全书》,台湾"商务印书馆",1986,转引自井中伟:《先秦时期于铜戈、戟研究》,博士学位论文,吉林大学文学院,2006。

20世纪20年代初,西方近代考古学传入中国,并迅速发展起来。特别是30年代通过对一系列商周墓地的考古发掘,获得了大量丰富的铜戈资料,对铜戈进行考古类型学研究也逐渐成为可能。1931年,李济在《俯身葬》一文中排列出了由商到西周的无胡无穿戈→单穿带胡戈→春秋战国多穿带胡戈的演变趋势,并指出《考工记》所言戈制,最早不过西周末。① 1933年,他将铜戈分为内装柲和銎装柲两类,并认为《考工记》所载的仅是内装柲戈。② 1949年,李济梳理铜戈各部位名称并绘制成图,还根据安阳殷墟出土铜戈资料,讨论了铜戈的形制演变与起源问题。③ 此外,他还从实战需要的角度探究促成戈形制变化的动因,尤其指出铜戈是百分之百的中国货,并非受外来文化影响所致。

贺州市博物馆所收藏的青铜戈中,只有下跌山战国岩厦墓中出土的一件铜戈,它直内、中胡,胡上有三穿,侧阑发达,下阑突出较长且呈尖突状,无上阑。援弱上扬,援身直不收腰,援中间有脊。内的上边缘与援的上边缘高低错落度不大,接近平直。援的下刃较钝,似未开锋。援首如圭,三角形前锋,是西周晚期器物在战国仍然留传的结果。

3.镞

镞又称"箭""矢""镝"等。《释名·释兵》载:"矢,指也,言其有指向迅疾也。"1963年在山西朔县峙峪旧石器时代遗址中出土

---

① 李济:《俯身葬》,原载于《安阳发掘报告》1931年第3期,后收入《李济考古学论文选集》,北京:文物出版社,1990,第254—259页。
② 李济:《殷墟铜器五种及其相关问题》,《李济考古学论文选集》,北京:文物出版社,1990,第529—534页。
③ 李济:《记小屯出土之青铜器·中篇·锋刃器》,《中国考古学报》1949年第4期。

三、贺州常见青铜器物和杂形器物

一枚距今28900多年的石镞,可见镞的出现时代非常久远。与此同时从旧石器时代到新石器时代,全国各地的石镞、骨镞形制一直都在发生演变,尽管演变的细节各地不尽相同,也很复杂,但总的趋势是从简单的三角形扁状镞向复杂的有翼有铤镞发展。其中镞铤的发展趋势是从原始社会的无铤石镞到殷周时代的短铤铜镞,再到战国时期铜镞铤不断加长。夏代以后,三角形扁体镞在中原地区已完全绝迹,仅在边疆地区有少量保留。贺州市发现的青铜镞包括双翼有铤镞和无翼有段镞两个类别。

双翼有铤镞是青铜镞中出现最早的一类,夏商时期最多,自夏至晚商,形制一直在变化,一是两翼尖利的后锋不断向后延伸加长。二是夏及商早期,镞中脊透出本部,中脊较长,关与本之间间距较大,这种型式的镞在安装时,关与本之间的中脊部分露在箭杆之外,本外的铤长不大。至商代中晚期,中脊变短,有的甚至无本,镞铤加长,在安装时镞铤全部没入箭杆之中,增加了镞与杆的接触面积,从而加强了安装的牢固性,并进一步加强了箭在飞行过程中的稳定性。

有铤无本的双翼有铤铜镞在商代晚期大量流行。整个夏商时期流行中脊突出,后锋尖利,两翼宽展的形式,总体上看,夏商时期对有铤双翼铜镞的改进重点在铤和本这两部分,改进的目的是不断强化镞在安装时的牢固性、飞行中的稳定性和自身的锋利程度。

西周早期出现了新式双翼有铤镞:双翼变得细长下垂,后锋平直而不尖利。西周早、中期,翼较平直。西周晚期开始,铜镞的双翼逐渐内敛,在翼与中脊之间只余很窄的空间,整体呈流线型。这种狭长的镞身及整体趋于紧凑的形体,可以减少飞行中的空气阻力,提高飞行速度,而且更容易深入目标体内。

东周的双翼有铤镞镞身较西周的显得更加修长,呈条状的双翼也更见细长,柱状中脊到达前锋的形式已不流行,翼面带血槽的镞数量开始增多,这种镞在强化穿透力的同时,也强化了杀伤性。

迄今贺州只在西周晚期之后的墓葬中出土有铜镞。贺州出土的双翼有铤镞又分为三式:

Ⅰ式,宽翼有本铜镞:代表性铜镞为马东村西周墓的 M2:4。① 它的前锋尖锐,宽翼,有本有铤。中脊较长,从前锋一直延续到关部。翼的后锋突出于关部之外且接近于本部,后锋较尖形成倒刺。翼的外侧刃线往后锋处先向外撇,再向内略收,使翼的刃线呈流线形。

Ⅱ式,窄翼短脊镞:代表性铜镞是1980年铺门公社六合大队发现的两件战国铜镞。② 弧形前锋,翼幅细窄。翼的后锋突出于关之外,成为倒刺。无本,铤较长。中脊较短,向前不一定到达前锋。

图 3-3　窄翼短脊镞

Ⅲ式,平头窄翼镞:代表性器物出土于2008年望高下跌山战国岩厦墓。前锋平头,翼的后锋尖刺形成倒刺,两翼狭窄,翼后锋有倒刺。翼刃平直,刃线为直线,翼上有血槽。中脊向后突出根部有

---

① 张春云:《广西贺州市马东村周代墓葬》,《考古》2001年第11期。
② 覃光荣:《广西壮族自治区贺县出土一批战国青铜器》,《考古》1984年第9期。

本,本后有铤。

贺州无翼有段铜镞代表性器物是1992年平桂区沙田镇田厂村出土的铜镞,镞的形制是镞背弧隆,平板状底面,镞身横截面呈弧圆形。镞的前锋平头,无翼,本与铤的接触处有一个分段,铤为三角形。

Ⅰ式铜镞在中原地区主要流行于商代早期,而在贺州它却出现于西周晚期的墓葬之中。无翼有段铜镞在形制上保持了较大的石镞特征,仅见于沙田河青铜文化区,而不见于全国其他地方。Ⅲ式平头窄翼镞镞体轻薄,前锋平直,其与尖锋厚实的镞体所具有的杀伤力有较大差别,应该不用于战争,而用于投壶或礼乐。贺州之所以会出现这些形状特别的铜镞,其原因在于:贺州偏居南岭群峰之中,铸造师在仿照邻地铸镞技术时,许多时候只能沿袭古朴的生产工艺,而不能与先进地区保持同步的发展水平,以至于西周晚期的铜镞还与中原的商代早期铜镞器形一致,战国时的Ⅲ式铜镞也还保留中原地区在夏商时期才有的镞本。战国时的无翼有段铜镞甚至完全照搬石镞的器形而不改良。贺州这种沿袭古风的习俗,不仅表现在铜镞的铸造技艺上,在生产生活的其他方面亦有较多的表现。例如唐代诗人李商隐任职昭州时,曾到古属昭州今属贺州的昭平县巡视,其间他就发现当地百姓"户尽悬秦网"(李商隐:《昭郡》),也就是说今昭平县域的唐代百姓仍然使用以过时技法编织的渔网捕鱼。

贺州出异形镞,还与中原的八矢之法传入贺州有关。《周礼·

夏官·司弓矢》:"司弓矢掌六弓四弩八矢之法。"①八矢的用途分别是:"枉矢、絜矢利火射,用诸守城、车战;杀矢、鍭矢用诸近射、田猎;矰矢、茀矢用诸弋射;恒矢、庳矢用诸散射。"②"枉矢"者,亦名"变星",飞行有光。即矢上系有火媒。"散射"者,礼射也,即大射、宾射、燕射之属。八矢还要与六弓四弩配合使用。唐代贾公彦《周礼义疏》说:"八矢两两相附,必知在上者属弓,在下者属弩。"即四组弓矢中,每组的前一个为弓矢,后一个为弩矢。即弓矢为枉矢、杀矢、矰矢、恒矢;弩矢为絜矢、鍭矢、茀矢、庳矢。一般来说,弩的发射力大,弩矢要求镞身厚重,镞的体量较大。弓的发射力小,弓矢要求镞身相对轻薄,体量也要较小一些。贺州出土的无翼有段镞和Ⅲ式双翼有铤镞的镞体都不大,它们也有可能是枉矢、杀矢、矰矢、恒矢这四种矢镞中的某二种。

一般地,短铤宽翼镞为弓矢。长铤窄翼镞为弩矢。贺州出土的先秦铜镞均为短铤镞,说明贺州的箭矢类兵器中,弓射占主要地位。贺州目前唯一发现的弩机藏于钟山县文物管理所,是东汉末年器。这也说明贺州大规模使用弩射兵器时代较晚。

八步区贺街镇大鸭村还曾发现有西汉的长铤镞,其铤之长超过镞身之长。《汉旧仪》称:"上林苑中,伏飞具缯缴以射凫雁,应给祭祀置酒,每射收得万头以上给太官。"这说明秦汉时期,弋射游戏成为贵族间的时尚游艺。而弋射所使用的箭镞为长铤镞。大鸭村的这种长铤镞其功用应该不以攻击作战为目标,而是用于缯射。

---

① 〔清〕孙诒让:《周礼正义》,北京:中华书局,1987。
② 〔清〕孙诒让:《周礼正义》,北京:中华书局,1987。

图3-4 大鸭村采集的西汉长铤镞

此外，贺州铜镞还在形制与用材合金配比上表现了自我特色。在器形上，镞身与镞铤之间的比例与众不同，《考工记》载："矢人为矢，鍭矢参分，茀矢参分，一在前，二在后。兵矢、田矢五分，二在前，三在后。杀矢七分，三在前，四在后。"即战国鍭矢、茀矢、兵矢、田矢、杀矢等全部五类铜镞的铤长与身长之比共有三种，分别是1∶2.2、1∶3.3、1∶4，但贺州出土的战国铜镞身铤之比介于1∶1.5—1∶1.2之间，与中原所铸之镞明显不同。在材料配比上，《考工记》载："金有六齐……五分其金而锡居一，谓之斧斤之齐；四分其金而锡居一，谓之戈戟之齐……五分其金而锡居二，谓之杀矢之齐。"经检测，贺州战国铜镞的铜锡之比高于3∶7，而《考工记》要求的铜锡之比少于3∶2，两相比较，贺州铜镞所用之锡远大于《考工记》的要求，这与贺州富产锡矿有关。历史上，贺州一直是我国核心的锡矿生产基地，而铜矿的产量却小，故而贺州所铸青铜器多为富锡器。

4.剑

《说文解字·刃部》："剑，人所带兵器也。"注云："此今之匕首也。"《释名·释兵》云："剑，检也，所以防检非常也。又敛也，以其在身时，拱敛在臂内也。"《说文解字》所说的剑是指短剑。一般来说，我国西周之前的剑都是短剑，主要用作近身搏斗或日常防身。

143

春秋之后剑身逐渐加长,到汉代变得更长。

贺州发现的青铜剑有短剑、长剑、人面纹短剑三大类。

短剑剑身较短,无格,茎扁,茎上有一穿。分弧肩剑、平肩剑二类。弧肩短剑流传时间较长,从春秋、战国至西汉晚期均有发现,而且不同时期的形制还稍有变化。春秋之前的弧肩短剑剑刃向内微收,剑的前锋内折成三角形尖刺。战国开始,弧肩短剑剑刃平直,前锋弧曲形成圆弧形尖刺。平肩剑出现时代较晚,战国至西汉均有发现。到汉代以后,平肩剑剑身加强,剑茎加厚,有的剑茎甚至已经不是扁平状,而是弱呈棱柱状。

图 3-5 平肩短剑

图 3-6 弧溜肩短剑

长剑的剑身较长,身上有脊。茎与身之间有格,格肩弧溜。圆茎,茎上有两箍,箍后有喇叭状剑首,且首与茎连铸。长剑在今平桂区沙田镇战国古墓群,今八步区里松镇战国祭祀遗址、步头镇陶屋春秋至西汉古墓群、铺门镇西汉早期古墓群均有出土。有首、圆柱茎、茎上有两箍的长剑最早于西周早期在吴越地区出现。[①] 春秋

---

① 郑小炉:《南方青铜器断代的理论与实践》,《考古》2007年第9期。

之后,这种双箍茎长剑在楚地亦广泛流行。所以贺州的长剑应是发端于吴越,经楚地于战国时播迁而来。剑茎上设置双箍是为了应对防滑的需要。东周之际,人们可能已经普遍在剑柄上缠绲防滑,并且缠绲之后握剑的手感更为舒适。击剑时,绲线还能缓冲刚性剑体带来的震荡,保护手指、手腕的筋骨和关节不被震伤。

人面纹短剑的剑身本部饰一人面像,有些剑无格。有格的剑其格为空心四方形。人面造型光头、宽额、圆目、圆脸、狭领。高西省对人面纹剑有专项研究。① 人面纹扁茎短剑出土量不大,目前所知,仅见于陕西、河南、江苏、湖南和广西(贺州)等地。

贺州目前仅在马东村西周晚期墓中发现一件人面纹短剑(M2:1)②,但残损严重。从其具有空心方格这一特征看,它在器形上与1971年陕西省扶风县齐镇村西周早期墓③、1930年江苏省仪征破山口④、1982年湖南长沙金井⑤、(相传)河南浚县辛村墓⑥等地出土的人面纹剑相同。从人面纹本身的造型看,扶风、仪征、长沙三地人面之外设有外框,将整个人面包围在框内。其框的上半部为方形,框的下半部分由两耳和下颌三个外突的尖锋构成,貌似

---

① 高西省:《西周扁茎人面纹铜短剑初论》,《文博》1997年第2期。
② 张春云:《广西贺州市马东村周代墓葬》,《考古》2001年第11期。
③ 周文:《新出土的几件西周铜器》,《文物》1972年第7期。
④ 邹厚本:《宁镇区出土周代青铜容器的初步认识》,载中国考古学会编《中国考古学会第四次年会论文集》,北京:文物出版社,1985,第133—134页。
⑤ 金则恭、张双百、胡德兴:《长沙县出土春秋时期越族青铜器》,《湖南考古辑刊》1984年第0期。
⑥ 上海博物馆青铜器研究组:《商周青铜器纹饰》,北京:文物出版社,1984,第346页,图992。

三尖刀。而贺州剑的人面纹只在耳朵下垂至头顶部分有外框,耳垂之下无外框,这与故宫所藏剑的图案一致。

人面纹的外框应是盛放头颅的盒子。盒子都是精心设计,说明这种头颅是用来祭祀的。因此,人面纹短剑极有可能与斩俘献祭有关。

(三)青铜生活用具

在青铜时代,青铜生活用具属于贵重品,一般的平民百姓无法拥有,所以青铜时代的古墓中大都不见和少见青铜材质的生活用具,只有少数富贵者的大型墓葬中才可能会有青铜生活用具出土。而且时代越早,青铜生活用具越少。直到西汉后期,才能在大多数的古墓中发现铜质钱币。

1. 铜镜

青铜时代,贺州出土的铜镜均为圆形镜。迄今所知,贺州最先出现铜镜是在西汉早期,也即南越国统治贺州之时。而且西汉早期铜镜全贺州仅在八步区铺门镇有发现。其他较铺门西汉早期古墓群年代更早的遗存如田厂高屋背战国古墓群、马东西周至战国墓群、道石石人岭战国墓群、里松先秦遗址、望高立头村春秋古墓葬、步头陶屋古墓群等均未见有铜镜出现。这说明,贺州使用铜镜是在秦始皇平岭南之后。因为始皇"略定杨越,置桂林、南海、象郡,以谪徙民,与越杂处十三岁",这些中原来的戍民带来了中原的文化以及生产、生活用具,他们的生活习俗和丧葬制度也随之在贺州流传,于是铜镜开始在贺州出现。

而且,贺州西汉早期古墓中出土的铜镜既有汉镜又有战国镜,这应是铜镜可以长期使用、长期流传的缘故。迄今贺州西汉墓中共出土铜镜 10 件,其中 4 件器形为战国式样,2 件为西汉早期式样。战国式样的铜镜以窄卷缘、三弦钮和镜体轻薄为时代特征。已发现的战国式样铜镜厚度均在 2 毫米以内。西汉早期式样铜镜以宽平缘、鼻钮和厚重镜体为时代特征,且多有以吉祥语句为内容的铭文,这些铭文字画清晰、笔势纵横。此外,西汉早期古墓中的铜镜在出土时,在镜上往往会粘附有红色漆皮残片,表明这时期陪葬的铜镜大多放在漆奁内,有的铜镜还会伴出镜刷。而漆器在西汉时期比黄金还要贵重,这说明西汉早期只有极少数的权贵人物才能拥有使用铜镜的条件。

直到西汉晚期,贺州出土铜镜的地区也只是扩展到今贺街、莲塘、桂岭、沙田、燕塘、公安等乡镇。到东汉时期,今昭平县内亦开始有人使用铜镜陪葬。

贺州使用铜镜的历史延续很长,从西汉到清代的墓葬中都能发现铜镜,贺州市博物馆所收藏的西汉墓铜镜出土情况如下:

一、西汉早期铜镜,共两批。其中第一批是 1975—1976 年贺县河东高寨 5 座汉墓中出土的 4 件西汉早期铜镜。① 均为云地纹菱形纹镜,战国镜式样,三弦钮,窄缘。每面镜的镜背装饰由内及外由两道凹弦纹分隔成内区、中区和外区共三个区域,内区有镜钮、

---

① 广西壮族自治区文物工作队、贺县文化局:《广西贺县河东高寨西汉墓》,载文物编辑委员会编《文物资料丛刊》(4),北京:文物出版社,1981。

钮座和两道凸弦纹,弦纹与弦纹之间为素面。中区主要为棱形云雷纹纹饰带,带中的纹饰构图方法是先按一朵云雷纹、一朵重三角纹、一朵云雷纹的顺序将三个小元素依次排列成一个长方形,并将两个相同的长方形错开一朵云雷纹的位置互相拼贴,再把多个错位拼贴的长方形互相组合,形成许多上下角为云雷纹、左右角为三角形的棱形纹。外区有一道凸弦纹和镜缘,区内素面。代表性器物为 M4:15,径 14.6 厘米。

第二批是贺县金钟一号西汉墓发现的 2 件西汉早期铜镜。[①] 均为四乳草叶纹铜镜,其中一件严重残次,另一件器形相对完整。三弦钮,方形钮座,主纹为四叶和四乳,有"见日之光,天下大明"铭文。

图 3-7 云纹地菱形纹镜

[①] 蓝日勇、覃义生、覃光荣:《广西贺县金钟一号汉墓》,《考古》1986 年第 3 期。

图 3-8　四乳草叶纹镜

二、西汉晚期铜镜，共两批。第一批是 1975—1976 年贺县河东高寨 5 座汉墓中出土的 3 件汉式镜。① 其一是一件连弧四乳草叶纹镜(M3:25)，径 13.8 厘米。圆鼻形钮，柿蒂纹钮座，镜缘为十六个连弧，四乳中间有草叶纹，钮座外方框内有铭文："日有喜，宜酒食，长贵富，乐毋事。"镜上的这段铭文是目前所知贺州最早的祝福词。其二是一件连弧百乳纹镜(M1:4)，连峰钮，圆钮座，连弧纹缘，座外四大乳，大乳间有小乳，径 11.2 厘米。其三是一件日光镜(M6:1)，圆钮座，窄缘，径 7.2 厘米。铭文为："见日之光，天下大明。"其意为：镜面所反映出来的熠熠之光就像日月，可以照亮天下。这是迄今所知贺州最早的广告词。

第二批是 2005 年在八步区铺门镇白屋岭西汉晚期墓中出土的铜镜，仅 1 件昭明铜镜，详见本书第 95 页"昭明铜镜"一节。

---

① 广西壮族自治区文物工作队、贺县文化局：《广西贺县河东高寨西汉墓》，载文物编辑委员会编《文物资料丛刊》(4)，北京：文物出版社，1981。

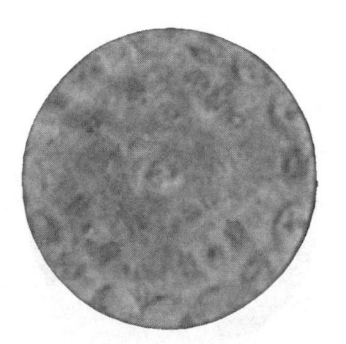

图 3-9　连弧四乳草叶纹镜

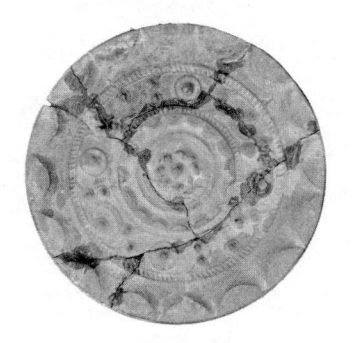

图 3-10　连弧百乳纹镜

图 3-11　日光镜

从铜镜式样看,三弦钮云雷纹镜、三弦钮菱花纹镜在楚墓中常见①,说明贺州的战国式样铜镜从楚境输入。连弧百乳纹镜是沿用中原战国的旧型镜。四乳草叶纹镜产生于汉武帝前后,定型于武帝改制铸行五铢前后。金钟一号汉墓出土的四乳草叶纹镜有草叶而无花瓣,在陕西眉县常兴M50②和山东临沂银雀山M2③有出土。说明贺州的连弧四乳草叶纹镜、连弧百乳纹镜均脱胎于中原地区,由中原输入。

山东临沂银雀山二号墓的年代约当汉武帝元光元年(公元前134年)到元狩五年(公元前118年)之间,其下限离武帝灭南越国(公元前112)已经不远。由金钟一号汉墓出土四乳草叶纹镜可以断定,此墓是铺门汉墓群中最晚的南越古墓之一,其距南越国灭亡时间不超过22年。④

2.铜奁

奁原是用来盛放日常用品的小型容器,最初主要用来存放食物,由大型的尊演变而来。我国古代妇女梳妆和男子渥发都使用妆具。男子常用的妆具主要有梳、篦、簪、铜镜,妇女除使用以上妆具外,还有各种面部化妆用品。由于妆具较多,为了方便使用,人们又用奁来集中存放妆具和化妆品。并且,随着生活习俗的不断演变,到西汉,妆具已经成为小型奁的主要功用,于是"奁"这个字

---

① 湖南省博物馆:《湖南出土铜镜图录》,北京:文物出版社,1960。
② 陕西省考古研究所宝鸡工作站、宝鸡市考古工作队:《陕西眉县常兴汉墓发掘报告》,《文博》1989年第1期,图30。
③ 蒋英炬、吴文棋:《临沂银雀山四座西汉墓葬》,《考古》1975年第6期,图9.2、图10.4。
④ 全洪:《南越国铜镜论述》,《考古学报》1998年第3期。

的字义才变为专指盛放梳妆用品的器具。

记载妆奁的最早文献见于《说文解字·竹部》释籢:"籢,镜籢也。从竹,敛声。"①在许慎看来,"奁"最初为竹制品。考古出土的铜奁多为圆形,方形奁也被称为匴。② 由于铜镜是必不可少的梳妆工具,妆奁也称被为"镜奁"。《后汉书·光烈阴皇后纪》载:"(明)帝从席前伏御床,视太后镜奁中物,感动悲涕,令易脂泽装具。"唐李贤注曰:"奁,镜匣也,音廉。"③东汉明帝刘庄其名与妆具的"妆"字谐音,为了避讳,人们又将"庄"字改为同义的"严"字。为此,妆具也被改称为严具。故而东汉的铜奁也是一种严具。

奁在汉代还被称为"检""竟检"。湖北云梦大坟一号墓出土的器物上记有"髹木检一合""竟检一"④等题字;湖南长沙马王堆一号汉墓出土的物疏简二三一也记有"五子检一合"。这里,"检""竟检"均为盛放妆具用的奁。

如果铜镜长期暴露在空气中,镜面会有一层氧化膜,导致镜面浑浊不清。为了延缓镜面氧化,古人常用丝织品包裹铜镜,并连同镜刷、刮刀、梳、篦等妆具一起,存入妆奁内。镜刷多为烟斗状,头部有刷毛,主要用来清理镜、梳、篦等妆具的污垢。贺州迄今仅在河东高寨西汉晚期墓(M1:3)⑤中出土一件西汉镜刷。刮刀主要用

---

① 〔汉〕许慎撰,〔清〕段玉裁注:《说文解字注》,上海:上海古籍出版社,1981,第193页。
② 孙机:《汉代物质文化资料图说》,上海:上海古籍出版社,2008,第302页。
③ 〔南朝宋〕范晔:《后汉书·光烈阴皇后纪》,北京:中华书局,1965,第407页。
④ 陈振裕:《云梦西汉墓出土木方初释》,《文物》1973年第9期。
⑤ 广西壮族自治区文物工作队、贺县文化局:《广西贺县河东高寨西汉墓》,载文物编辑委员会编《文物资料丛刊》(4),北京:文物出版社,1981。

于修理眉毛。由于一些女性先天眉形不好,画眉之前,首先要去掉部分眉毛,去眉的工具为镊子和刮刀,所以刮刀也是一种去眉工具。

迄今贺州共有两次发现汉代铜奁。其中第一次是在河东高寨西汉早期墓中,但这件铜奁残次严重,已经无法复原完整器形。第二次是2014年八步区铺门镇河东村白屋岭发现的一座西汉晚期墓中出土有溜金铜奁(M9:31)。

3.钱币

秦代之前,贺州仅在龙中山战国岩洞葬中出土有贝币,未见铜币。西汉早期,贺州为南越国辖地,这时期的古遗迹中也未见有钱币出土。元鼎五年(公元前112年),西汉武帝平定南越,贺州正式纳入汉朝版图。由此,五铢钱也开始随着政治上的统一而进入贺州,并逐步成为贺州的通用货币。

在西汉早期,各郡县和藩国封地只要条件可行,均可自行铸币,导致币制混乱,引发吴楚叛乱。为了扭转这一局面,汉武帝先后进行了六次币制改革。

一是建元元年(公元前140年)。是年,汉武帝登基,行三铢钱,重如其文。

二是建元五年(公元前136年)。由于半两钱的钱重是四钱,比三铢钱要重,却与三铢钱等价使用,导致盗铸盛行,人们纷纷把半两钱改铸为三铢钱。不得已,只好于建元五年春废三铢钱,行用半两钱。

三是元狩四年(公元前119年)重新铸造三铢钱并造皮币和白金(银)币,还颁布了盗铸金钱者死罪令。

四是元狩五年(公元前 118 年)武帝诏令废三铢钱,改由各郡国铸行五铢钱,称为郡国五铢,又叫元狩五铢。五铢钱轻重适中,合乎社会经济发展状况与价格水平对货币单位的要求,在此后的东汉、蜀、魏、晋、南齐、梁、陈、北魏、隋等朝代均有铸造,历时长达 739 年,是我国历史上铸行数量最多,市面流通时间最长的货币。但由于没有统一铸钱规制,又加上各地技术水平不同,铜矿的成分各有差别,官吏了解命令的程度与奉行的态度各不一致,因而铸出的钱币差别很大。有的与汉半两一样,背平无轮廓;有的穿孔大,肉薄,也有肉厚的。一般地说,都具有偷工减料不够五铢重的现象,而且越铸越轻,越晚越粗劣。

五是元鼎二年(公元前 115 年),汉武帝收回各郡国自行铸币的权力,改由中央政府统一铸造通用五铢,统一货币发行,从而避免了恶币泛滥的现象。由中央政府统管钱币的铸造与发行后,五铢钱就被赋予了特殊的意义,它体现的是国家的经济利益和经济制度,可以说,五铢钱所现之处即是皇权势力影响所及的范围,大一统的观念借助于五铢钱而广泛传播。

图 3-12 通用五铢

从考古发现看,迄今贺州最早出土五铢钱的地方是西汉晚期古墓。但值得注意的是,在这些西汉晚期的古墓中所出土的五铢钱仅包括有郡国五铢和通用五铢,而无更早的三铢钱。20世纪80年代,铺门公社发现一个储物坑,坑中有一件西汉晚期陶瓮,瓮中存放有8万余枚五铢铜钱,其中除通用五铢外,还有少量的延边钱、剪廓钱、榆荚钱等郡国五铢钱。另外,在八步镇灵峰山下的临江沙滩上有时也可采集到一些榆荚五铢钱。这说明,当通用五铢在全国流通后,郡国五铢在全国大部分地区已被废弃,而在边远的贺州地区仍然使用。

4.鎏金动物纹铜牌饰

鎏金动物纹铜牌饰是一种装饰品,具有典型北方草原文化因素。迄今贺州仅在贺县铺门河东高寨汉墓出土2件[1]。但在两广其他地区还发现有17件,其中广州西汉南越王墓出土10件[2],广州汉代前期墓M1120、M1121、M1176三墓各出土2件[3],平乐银山岭M94汉墓出土1件[4]。这些牌饰器形大致相同,均为长方形,长一般为8厘米—9厘米,宽4厘米,表面鎏金,正面饰有动物纹,并有穗状突边,背面有两个竖置的半环钮。但各牌饰的主体纹饰不同,比较多见的是两卷角羊相缠相依的浮雕图样,共有14件,包括南越王墓3对、广州汉墓3对、贺县河东高寨1对。其次为一龙二

---

[1] 广西壮族自治区文物工作队、贺县文化局:《广西贺县河东高寨西汉墓》,载文物编辑委员会编《文物资料丛刊》(4),北京:文物出版社,1981。
[2] 广州市文物管理委员会、中国社会科学院考古研究所、广东省博物馆编《西汉南越王墓》,北京:文物出版社,1991。
[3] 广州市文物管理委员会、广州市博物馆:《广州汉墓》,北京:文物出版社,1981。
[4] 蒋廷瑜:《平乐银山岭汉墓》,《考古学报》1978年第4期。

龟纠缠透雕纹,均出自南越王墓,共4件。平乐银山岭M94单出1件,纹饰为钩啄怪兽浮雕。①贺县河东高寨汉墓发掘报告将出土的一对牌饰纹样原定为"主纹刻二龙交缠",但经黄展岳先生向有关方面了解,最后确定为二羊交缠纹②。

对照北方考古材料,以上这些牌饰的形制与草原地区的宁夏同心县倒墩子村匈奴墓出土的5件牌饰③最为接近,它们不仅外形、鎏金工艺相同,而且牌饰周边也都是麦穗状,背面都有一对半环状钮,其中倒墩子M14:11、M14:12这一对牌饰透雕的一龙二龟纠缠图与南越王墓所出的最为相像。倒墩子M19:10牌饰原报告认为是"伏卧状马的图案",但查对附图和图版,实为双羊图案,只是双羊的位置偏于图案的两侧,与岭南所出略有不同。倒墩子M19:9牌饰为浮雕钩啄怪兽纹,与平乐银山岭M94牌饰图案颇为接近。

20世纪50年代在陕西长安客省庄M140出土的两件铜牌饰横置于人骨的腰部。④苏联时期的叶尼塞河中游克麦罗沃省乌金科湖畔5号墓出土的一件毛织物上附有残破皮带,皮带上固定有一件透雕双牛纹鎏金铜牌饰。南越王墓出土的牌饰有4对放置在主棺室墓主人的腰间,均为左右侧各2对配置。由这些出土情况判断,鎏金动物纹铜牌饰实际上是腰带上的饰件。⑤

---

① 李龙章:《谈谈岭南青铜文化中的北方草原文化因素》,载深圳博物馆编《深圳文博论丛》,2007,第22页。
② 黄展岳:《关于两广出土北方动物纹牌饰问题》,《考古与文物》1996年第2期。
③ 乌恩、钟侃、李进增:《宁夏同心倒墩子匈奴墓地》,《考古学报》1988年第3期。
④ 中国社会科学院考古研究所编《沣西发掘报告》,北京:文物出版社,1963。
⑤ 乌恩:《中国北方青铜透雕带饰》,《考古学报》1983年第1期。

关于岭南鎏金动物纹铜牌饰的北方草原文化因素,学者争论较多,影响较大的一种意见认为这些牌饰原为北方草原地区匈奴族人的遗物,应系秦平岭南时的秦军带来的。因此,当时南下的秦军有一部分人应是参加过"北却匈奴"的将士,但也不能排除南越国仿铸北方草原牌饰的可能性。[1]

(四)青铜乐器

"礼""乐"是古代社会用以"经国家,定社稷,序人民"的两大精神支柱,故而青铜器中除有大量青铜礼器外,还有不少的青铜乐器。《汉书》的《百官公卿表》说,少府属官有"乐府""考工"等十六官令丞,说明汉代仍仿秦制,中央亦设乐府主管音乐事宜。少府属下除乐府外,还有考工之官,是专司金属等器物制造的工官。而且汉朝皇家的这一套青铜器铸造制度也被地方贵族和官府模仿。2011年2月贺州市博物馆曾在平桂区鹅塘镇发现一批青铜器铸造材料铅条与西汉晚期的方格纹陶片、成批未使用的铁犁等物品共出,这些都是铸造作坊的遗留品,说明贺州最迟在西汉晚期即有了青铜铸造作坊。

1.甬钟

甬钟是先秦时期的一种重要乐器。关于甬钟各部位名称问题,历代学者都以《周礼·考工记·凫氏为钟》一节的阐释为准,即钟口的两角(两栾)为"铣"。铣间的钟唇为"于"。于上整个承受

---

[1] 李龙章:《谈谈岭南青铜文化中的北方草原文化因素》,载深圳博物馆编《深圳文博论丛》,2007,第22页。

击打的地方称"鼓"。鼓的中间部位为"隧",也称"擤"。鼓之上的钟体称"钲"。钲部突出的乳钉称"枚"或"景"。枚上下间隔部分称"篆"。钲上的平顶称"舞"。舞上的柄状物称"甬"。甬上的顶端封口称"衡"。甬上的突节称"旋"。旋上的耳系称"干"或"旋虫"。是否有干,涉及商周乐器的演奏方式。凡是有干的,都是口下甬上,悬而鸣之。①

甬钟的悬挂方式有三种,一是把绳系在舞与旋之间的甬根上,用旋来防止绳结从甬上滑脱;二是把绳的一端从甬腔穿入体腔,系在一段短木的中腰,拉紧系绳,使短木横在体腔内,当把系绳的另一端系在钟座的横梁上时,即可将钟悬挂起来;三是把绳系在钟干上。

甬钟最早出现的时代是西周。关于甬钟的起源问题,王国维、郭沫若、容庚、唐兰、陈梦家、李纯一、方建军②等人认为,其是由北方小铙演变而来。

但高至喜认为,甬钟是从南方的大铙演变而来,而且演变序列清楚,没有缺环。③ 高至喜还指出,北方西周甬钟的出现应是受了南方大铙或甬钟的影响。④ 其理由是:一方面北方甬钟以云纹为主纹,一直延续到西周晚期,不见更早的兽面纹或者夔纹。而南方西周初年或者稍晚些的早期甬钟装饰兽面纹和夔纹,其年代要早于

---

① 彭适凡:《赣江流域出土商周铜铙和甬钟概述》,载湖南省博物馆编《湖南出土殷商西周青铜器》,长沙:岳麓书社,2007,第649页。
② 方建军:《陕西出土西周和春秋时期甬钟的初步考察》,《交响·西安音乐学院学报》1989年第3期。
③ 高至喜:《中国南方出土商周铜铙概论》,载湖南省博物馆编《湖南出土殷商西周青铜器》,长沙:岳麓书社,2007,第599页。
④ 高至喜:《论中国南方商周时期铜铙的型式、演变与年代》,《南方文物》1993年第2期。

三、贺州常见青铜器物和杂形器物

云纹钟。另一方面,南方出土的早期甬钟就像铙一样旋上无干。有干无干是铜铙向甬钟转化最明显的标志之一,或者说是二者的分水岭。关中出土的甬钟都与南方后期甬钟一样旋上有干,甚至影响到铙上也都有干。

施劲松也支持甬钟起源于南方的说法。① 他认为,一方面,南方甬钟的出土范围广,湖南、江西,甚至川西的茂县牟托也有西周时期的甬钟出土。另一方面,南方甬钟的出土数量多,南方发现的甬钟远多于同期在中原的发现。再有就是,南方甬钟乳钉与南方始自商代的铙上乳钉非常接近,其间的承接关系非常清晰。也即,南方甬钟的枚由南方铙上的乳钉变长而成,并形成篆间和钲间,约在西周中期南方甬钟上的兽面纹或者夔纹纹饰才变化为规整的云雷纹,随后,旋上又出现旋虫。所以南方早期的甬钟与乳钉纹铙是相衔接的。南方甬钟由乳钉纹铙发展而来。

曹玮进一步认为,甬钟在西周前期就已经由南方首先向北传入畿内地区,并在王公贵族中广泛使用。然后才由京畿推向全国的各个方国。至西周前后期之交,伴随甬钟在音程上的成熟和完善,甬钟的数量扩大到每组6至8枚,成为乐的主体。正因为如此,随着钟自身条件的成熟,其所代表的乐也与以礼器所代表的礼制相提并论,成为后人称道的"礼乐"制度,并在西周全国普遍传开。②

西周中期开始,除一些偏远地区外,甬钟的形制已在全国范围内基本统一。一般来说,甬腔与体腔互不相通的钟时代较早,多在

---

① 施劲松:《我国南方出土铜铙及甬钟研究》,载湖南省博物馆编《湖南出土殷商西周青铜器》,长沙:岳麓书社,2007,第639页。
② 曹玮:《西周前期南北方钟的比较与北传路线》,载湖南省博物馆编《湖南出土殷商西周青铜器》,长沙:岳麓书社,2007,第707页。

西周早期。贺州沙田马东村西周墓出土的甬钟甬腔与钟腔互不相通,保持了西周早期的铸造特色。陈梦家先生把甬端封衡,甬腔与体腔相通的钟称为"西周中晚期甬钟"。① 除此之外,西周晚期甬钟还有一些特点:钲部有较高的枚,隧部有"工"字形云纹,篆部有阴线横展的云纹,舞部也有简洁的适合椭圆形平面的阴线云纹。钲部还以阴线为界栏,一般还以鸟纹为侧鼓纹,李纯一先生认为这种侧鼓纹是青铜乐器的第二基音标志。② 与这种形制相同的钟有日本泉屋博物馆藏的三件楚公逆钟。楚公逆即楚君熊渠,熊渠在位的时间在周夷王到周厉王时期,这种类型的钟在湖南、中原都很流行。③ 中原地区到春秋晚期至战国时代,甚至出现螺旋形的钟、镈之枚。④

图 3-13　马东村西周墓出土的甬钟甬腔与体腔互不相通

① 陈梦家:《西周铜器断代(五)》,《考古学报》1956 年第 3 期。
② 李纯一:《中国上古出土乐器综论》,北京:文物出版社,1996,第 201 页。
③ 熊建华:《湘博藏西周无铭楚器的鉴识及相关问题》,载湖南省博物馆编《湖南出土殷商西周青铜器》,长沙:岳麓书社,2007,第 537 页。
④ 陈佩芬:《越文化青铜钲的若干问题》,湖南省博物馆编《湖南出土殷商西周青铜器》,长沙:岳麓书社,2007,第 669 页。

三、贺州常见青铜器物和杂形器物

甬钟形制除了有着时代迭变的表现,还呈现一定的地域性,其中广东、广西地区所出土的越式甬钟与楚地和中原地区的甬钟就有着细微的差别。这种差别表现在几个方面:一是钲部,"南越出土的甬钟与中原及楚式钟相比,钲部较短,而鼓部较长,应是所谓的越式甬钟"。①《考工记》所载钟的形制比例是:"十分其铣,去二以为钲。以其钲为之铣间,去二分以为之鼓间。"即钲的长度约为铣间距的80%,鼓的长度约为铣间距的20%,约为钲长的25%。贺州历次出土的甬钟鼓部都相对较短,鼓长为钲长的30%—50%,均为阔鼓钟,越式特征明显。二是纹饰构图,在西周中晚期吴越地区的甬钟纹饰线条的拐角处有一个分尾状的突出物,这种纹饰在中原地区青铜器纹饰上从未见过,而在吴越地区青铜器纹饰中却很常见。② 越式铜甬钟云雷纹的尖端,常见刀刃形状,这也是吴越青铜纹饰中标志性的特征。③ 贺州出土的甬钟云雷纹尾端亦都呈现刀刃形状,应为越式钟。到西周中晚期,南方越式钟仍然保留兽目纹,其形状是兽目狭长,眼的内象呈弯钩状。南方越式钟的这种兽目纹与中原地区的兽目纹完全不同,中原殷墟晚期目字纹是有大瞳仁的钩形"臣"字形。④

贺州出土的甬钟从甬端侧面中线至两栾侧面均可发现连续的

---

① 何纪生、何介钧:《古代越族的青铜文化》,载湖南省文物考古所编《湖南考古辑刊》第3集,北京:科学出版社,1996。
② 陈佩芬:《越文化青铜钲的若干问题》,载湖南省博物馆编《湖南出土殷商西周青铜器》,长沙:岳麓书社,2007。
③ 马承源:《长江下游土墩墓出土青铜器的研究》,载上海博物馆集刊编辑委员会编《上海博物馆集刊》第4期,上海:上海古籍出版社,1983。
④ 陈佩芬:《越文化青铜钲的若干问题》,湖南省博物馆编《湖南出土殷商西周青铜器》,长沙:岳麓书社,2007。

铸缝即合范线,其主体铸模是由两件外范和两件泥芯拼合组成。钟体泥芯直通甬端,甬部钟旋别设泥芯,枚是在钟的外范上压印而成。钟的鼓部和于部多见气孔,这显然是采用了倒浇法工艺,即铜水是由钟的于部浇入。以上这些特征都是中原地区早期甬钟的通行做法。贺州甬钟的特点显示贺州铸钟技艺传自中原。

贺州出土的各件甬钟纹饰、大小各不相同。它们可能主要用于祭祀,但也可能用于日常的音乐演奏,这种情况与少数民族所使用的铜鼓有些相似。① 根据民国版《贺县志·金石篇》记载,里松镇在民国时期出土有一件青铜钟。2004年贺州市博物馆又在里松发现一件羽人纹铜钟。这两次发现的甬钟都是在山岭上单独出土。就像岭南的铜鼓一样,经常单独出现在山坡上或者水里。实际上,这种在山岭上单独出土青铜器的现象在相邻的湖南地区亦有存在。究其缘由应与神灵崇拜和矿场祭拜等活动有关。

古人所崇尚的神灵无外乎是日、月、星、风、雨、旱、雷、虹、雪等自然神祇及先祖先王。《礼记·表记》:"殷人尊神,率民以事神。"《国语·周语》:"昔我先王之有天下也……以供上帝山川百神之祀。"另外,古人在采矿冶铸过程中还有"烁身以成物"的观念,亦都有举办祭礼向上苍世界奉献牺牲的行为。《管子·地数篇》:

> 上有丹沙者下有黄金,上有慈石者下有铜金,上有陵石者下有铅、锡、赤铜,上有赭者下有铁,此山之见荣者也。苟山之见其荣者,君谨封而祭之,距封十里而为一坛,是则使乘者下

---

① 李纯一:《中国上古出土乐器综论》,北京:文物出版社,1996,第201页。

行,行者趋。若犯令者罪死不赦。

这段文字表明,古人视矿山为神圣之物,必定会"封而祭之"。① 贺州产矿,里松位于姑婆山南侧,正是富矿地带。所以祭祀自然神祇、先祖先王、矿神等活动在古代贺州都有可能存在。

然而,无论是祭祀自然神、矿神还是先祖先王,但凡"祭百神"的礼仪,都必须以乐舞相伴,奏乐击鼓,伴之以舞。古人相信,站在山巅就能与日月星辰及高高在上的先祖亡灵对话,而在山巅之上传递钟鸣,则会让自己与所敬畏的诸神及先祖距离更近,诸神与先祖也更加容易闻知祈求者所表达的愿望。于是,为了对神秘力量表达虔诚,用真诚感动上苍,让神灵帮助自己实现所求的愿望,古人的许多祭礼都是在野外山冈露天举行的燎祭之礼。祭拜活动中,除了要让上天知道祈求者的心愿,还要让地下或水下诸神也知道所求拜的内容,于是在向上苍许愿完毕之后,人们还会把祭祀用的青铜器物埋进土里,或者掷入水中。处于姑婆山山腰的里松镇,是当时人们传达"天听"的理想场所,当然也就有大量礼乐重器被就地埋藏。②

2.镈钟与钮钟

镈是主要流行于东周时期的单件大型打击乐器,常与编钟、编磬组合和乐,它的器形特征是环钮、短枚、弇铣、平于、合瓦形瘦长

---

① 郎剑锋:《烁身以成物——中山灵寿故城"人俑拜山"陶器组合的文化意义》,《民俗研究》2014 年第 4 期。
② 彭适凡:《赣江流域出土商周铜铙和甬钟概述》,载湖南省博物馆编《湖南出土殷商西周青铜器》,长沙:岳麓书社,2007,第 649 页。

器身。郭沫若、唐兰称其为"镈"①,容庚、石志廉称其为"钟"②,也有人称其为"镈钟"。《说文解字·金部》:"镈,大钟淳于之属,所以应钟磬也,堵以二,金乐则鼓镈应之。"《周礼·镈师》郑注:"镈如钟而大。"有的镈以"镈"自铭,但有的镈则以"钟"自铭,如秦公镈即自铭为"龢钟"。③ 东周镈钟多以凸棱将枚、枚间、篆间间隔成不同的长方形区域,钏枚均为浅矮的乳突。

钮钟是镈的缩小版,二者形制一致,只有体量上的差别。贺州迄今未有镈钟出土,仅 1976 年在桂岭发现一件钮钟④,但由于其形制与镈相类,报告者仍将其认定为镈。这件钮钟栾侧有钩形扉棱,钲部中间有突起的脊棱。钲面地纹消失,由简化的兽面纹与匀细的阳线波曲纹共同组成钟身纹饰,器形与湖南省博物馆收藏的一样。⑤ 钲部上下饰低矮小乳钉、器壁较薄、兽面纹草率等,这都是西周中晚期的特点,因此,这件器物的时代应为西周晚期。

3.铜鼓

铜鼓是一种主要流行于西南和华南民族地区的特殊器物。《隋书·地理志》:

---

① 郭沫若:《两周金文辞大系图录考释》(一),北京:科学出版社,1957,第 5 页。
② 容庚:《商周彝器通考》上册,上海:上海人民出版社,2008。石志廉:《西周虎鸟纹铜钟》,《文物》1960 年第 10 期。
③ 高至喜:《论商周铜镈》,载湖南省博物馆编《湖南出土殷商西周青铜器》,长沙:岳麓书社,2007,第 576 页。
④ 覃光荣:《广西贺县发现青铜镈钟》,《考古与文物》1982 年第 4 期。
⑤ 高至喜:《论商周铜镈》,载湖南省博物馆编《湖南出土殷商西周青铜器》,长沙:岳麓书社,2007,第 577 页。

> 自岭已南二十余郡,大率土地下湿,皆多瘴疠……其人性并轻悍……其俚人质直尚信,诸蛮则勇敢自立,皆重贿轻死,巢居崖处,尽力农事,刻木为符契,言誓则至死不改。父子别业,父贫乃有质身于子,诸獠皆然,并铸铜为大鼓。①

这里所说的岭即五岭,因而,五岭及岭南地区都是铜鼓的重要分布区域。

铜鼓象征着权力与庄严。《汉唐地理书钞》辑晋代裴渊《广州记》载:

> 狸獠铸铜为鼓。鼓唯高大为贵,面阔丈余。初成,悬于庭,剋晨置酒,招致同类,来者盈门。富豪子女以金银为大钗,执以叩鼓,叩竟留主人,名为铜鼓钗。风俗好杀,多构仇怨,欲相攻击,鸣此禁鼓,众到者如云。有是鼓者极为豪雄。

可见铜鼓是发号施令的重器。需要聚众应对重大事件时,豪雄们就敲击铜鼓召集部众。鼓声是信号,也是命令,部众们会闻鼓而动,快速聚集。

铜鼓也用于宴饮作乐,是为乐器。《旧唐书·南蛮传》说:"东谢蛮……有功者以牛马铜鼓赏之,宴聚则击铜鼓,吹大角,歌舞以为乐。"明代魏濬《西事珥》也说:"夷俗最尚铜鼓,时时击之以为乐。"屈大均《广东新语》亦载:"粤之俗,凡遇嘉礼,必用铜鼓而

---

① 〔唐〕魏征、令狐德棻:《隋书》,北京:中华书局,1982,第30—31页。

节乐。"

对于越人,铜鼓还可用作珍贵物品赏给有功者,也可用作贡品,进献王朝,以示臣服和忠顺。①

铜鼓上往往装饰有较多写实图案,构图主次分明,在主要的写实图案周围还装饰有简单的几何纹饰带,以衬托或揭示主题。

从全国范围看,铜鼓的流传时间很长,从先秦开始直到如今均有铸造。但贺州使用铜鼓的时间相对较短,据《舆地记胜》载,贺州壮族地区到宋代仍然使用铜鼓。而宋代之后关于贺州的文献就不再有与铜鼓相关的内容。

从考古发现看,贺州迄今仅在沙田龙中村红珠山战国岩洞葬中发现一件铜鼓。② 这件铜鼓形制与云南石寨山型铜鼓相类,鼓身上饰有龙舟竞渡纹和象征财富的牛纹。这件铜鼓采用了耳身分铸的铸造工艺,即先铸好绚纹耳,然后将耳镶在鼓身的泥模中,浇铜液入鼓身泥模,耳与身即浑然天成,接铸在一起。采用这种铸接方法使得耳与鼓身的接触部位纹饰清晰,并无其他浇接痕迹所带来的瑕疵。而且铜鼓上可见一道合范线,说明这件铜鼓的鼓身采用了双范合铸工艺。

4.铜席镇

古人席地而坐,为了不让所坐之席被风吹卷,席的四角往往压着席镇。席镇有石质、木质、砖质等多种,富豪人家多使用铜席镇。铜席镇均为大半圆球形,中空,薄壁,底边向内平折,顶部有环形钮。

---

① 张荣芳、黄淼章:《南越国史》,广州:广东人民出版社,2008。
② 张春云:《广西贺县龙中岩洞墓清理简报》,《考古》1993年第4期。

贺州迄今仅在贺街大鸭村发现两件铜席镇,这两件铜席镇钮座为凹面,凹面上饰四组对称旋转涡纹,腹壁阴刻一周龙凤纹,其中八只凤鸟在上,皆引颈回首,翘尾翻卷,呈盘旋状。八条龙在下,均昂首屈身,四肢弓张,触角及长尾向上卷起,呈腾跃状。龙凤图案成组对称均匀分布,纹饰构图简约、疏朗,线条粗犷、流畅。高5.7厘米,腹径8.5厘米。这件两件铜镇与广宁铜鼓岗M14[①]出土的战国铜镇器形基本一致。但大鸭村出土的铜镇与西汉晚期的陶器、滑石器伴出,故而其年代定为西汉。

5.刮刀

刮刀是商至春秋时期在我国南方地区广为流行的一种金属工具。它形似竹叶,前端尖削,有两刃,后端平齐,背部有脊,断面多作"人"字形或圆弧形。它具有刮、削、劈等三个方面的功用,主要用于加工竹器,刮削竹篾,编织席筐;或用于劈麻、治筒、修眉。它是百越青铜文化的典型器物之一。[②] 东汉之后,刮刀还用于寺庙剃度。

铜刮刀至迟出现在商代中期之后,从已有资料看,湘水中下游或湘中地区是刮刀的起源地,然后向四周传播。主要传播路径是溯湘江而上,传入湘南,再传入两广,并成为百越地区一种典型的特征性器物。楚人进入湖南之后,刮刀又被楚人接受,主要用作制简工具。

---

① 广东省博物馆:《广东广宁县铜鼓岗战国墓》,载《考古》编辑部编《考古学集刊》,北京:中国社会科学出版社,1981,第430页。
② 高至喜:《刮刀起源小议》,载湖南省博物馆编《湖南出土殷商西周青铜器》,长沙:岳麓书社,2007,第430页,原载于《中国文物报》1989年10月27日第3版。

刮刀之所以会起源和盛行于南方是由于社会需求的推动。南方盛产竹子和苎麻。在商周时期,竹器在生活用具中占比较大,人们的衣着原料又主要是麻料,而加工竹器和劈麻,均需要锋利的金属工具,适应这一需要,刮刀应运而生。[1] 贺州迄今仅 2008 年在望高下跌山春秋岩厦墓中出土一件刮刀。

6. 铜灯

灯起源于史前,人类对照明的需求是与生俱来的,除了安全防卫和食物加工,照明是推动人类学会取火的三个原因之一。并且,在灯具出现之前,人类曾有一段时间灯火不分[2],这时充当灯的主要工具是火把,有时甚至直接用火堆照明,没有专门的灯具。然而以火堆、火把为光源虽然能够满足基本的照明需求,但在实际使用上不可避免地存在一些缺陷,如火堆不便携带;火把光线不够稳定,经不起风吹雨打;火堆和火把光源不够持久,需要在短时间内不断添加燃料。为了营造舒适的照明环境,人们开始寻找一种能够调节光的亮度、控制照明方向、保持光线稳定的器具,于是灯具应运而生。

受宗教及政治意志的约束,商代青铜器以酒器为主,周代以礼器为主。但战国秦汉时期的工艺美术家们已经从神秘庄严的宗教氛围中解脱出来,他们将青铜器制作视野从礼器延伸到满足实用之需的生活用具和生产工具,这使得战国之后的青铜器呈现出更加贴近生活、贴近实际的崭新风格。青铜灯具就是始于战国时期

---

[1] 高至喜:《刮刀起源小议》,载湖南省博物馆编《湖南出土殷商西周青铜器》,长沙:岳麓书社,2007,第 431 页,原载于《中国文物报》1989 年 10 月 27 日第 3 版。
[2] 张学考:《简谈灯的起源和灯艺术发展》,《文物春秋》1993 年第 1 期。

的一种新型青铜器,《楚辞》"华镫(灯)错些"的词句反映灯在战国时已经进入人们的日常生活。汉代对灯的应用更加普遍,《西京杂记》:"高祖初入咸阳宫……有青玉五枝灯,高七尺五寸,作蟠螭以口衔灯,灯燃,鳞甲皆动,焕炳若列星而盈室焉。"铜灯著录始见于吕大临的《考古图》,共收录15件铜灯,其中秦汉铜灯14件,战国铜灯仅1件。① 这些史载进一步说明铜灯在汉代的应用较之战国更加普及。铜灯的出现还推动了汉代经学教育的发展。《汉书·平帝纪》载:平帝"立官稷及学官。郡国曰学,县、道、邑侯国曰校。校、学置经师一人。乡曰庠,聚曰序,序、庠置《孝经》师一人"。在汉代朝廷要求各级地方行政管理机构设立官学的政策推动下,人们对于学习的热情甚是高涨。自然而然,灯具作为陪伴儒生夜读的必备器具,其数量也毋庸置疑地会比前朝大大增加。铜灯在汉代的普及,还催生了元宵节的形成。尽管,关于元宵节的由来说法不一,但其中一种说法与汉文帝在这一天掌灯有关。相传,西汉时期汉文帝是在周勃等人勘平"诸吕之乱"以后上台的,而勘平"诸吕之乱"的这一天正是正月十五,以后这天夜晚,汉文帝都要出宫游玩。于是下令这一天的夜晚,京都大街小巷家家户户都要点灯,古人把正月称为"元月",夜又称"宵",因此正月十五这一天就被称为"元宵节"。

从考古出土情况看,青铜灯具仅在战国至秦汉时期比较流行,魏晋以后逐渐减少。铜灯作为战国秦汉青铜器的一部分,无论是制作工艺,还是制作思想,都取得了至高的成就,在一定程度上反

---

① 〔宋〕吕大临:《考古图》,北京:中华书局,1987,第116、147—158页。

映了战国秦汉时期青铜器的实用特点。青铜灯具的基本形态由灯盘、灯柱和灯座三个部分组成,同时还有灯罩、导烟管、耳錾等附属构件。灯具附件的改变从表面上看是器物形态的改变,但实质上是完善了使用功能,錾的发明便于端持,灯罩便于控制灯光亮度和方向,导烟管可以回收空气中的烟灰。带承盘的灯具在西汉早期仅出现于个别高级墓葬中,到西汉后期流行面变得比较广泛,一般的普通人家即使用不起这种形制的铜灯,也可以使用这种形制的陶灯。之所以会出现承盘结构,主要是为了便于承接从灯盘中溢出的灯油或蜡油等油渍。另外,还可以通过在承盘中加水,让水的蒸发为灯柱降温,在一定程度上对过热的灯盘进行冷却,从而防止因过热而造成的灯油挥发,这启发了唐代省油灯的发明。

另外,刻画符号、纹饰的增加,各种动植物、人物雕塑的点缀还赋予了灯具在审美或信仰等方面的精神意义。

战国之后,推动灯具型制变革的重要动因是燃料的改变。《楚辞》:"室中之观,多珍怪些。兰膏明烛,华容备些。""兰膏明烛,华镫错些。"《楚辞补注》引王逸注释称:"兰膏,以兰香炼膏也。"①说明《楚辞》所记载的"兰膏"灯油是从兰香中提炼的植物油。《史记·秦始皇本纪》:"以人鱼膏为烛,度不灭者久之。"②说明至迟在秦代已经从"人鱼"这种动物中提炼灯油。尽管植物油和动物油中都有液态燃料和固态燃料,但液态灯油的起源比固态灯油的起源更早。到西汉,才开始出现固体燃料。随着灯具燃料从动物油到植物油,从黄蜡到白蜡,从液体燃料到固体燃料的不断演变,西汉晚

---

① 〔宋〕洪兴祖:《楚辞补注》,北京:中华书局,1983,第204页。
② 〔汉〕司马迁:《史记·秦始皇本纪》,韩兆琦译注,北京:中华书局,2010,第584页。

期贺州已出现附加有烛钎的铜灯,这种灯能够同时使用液态和固态两种燃料。

汉代灯具有"登""镫"或"锭"等称呼。其中"登"是指陶质豆灯,故而《尔雅·释器》云:"瓦豆谓之登。"而"镫"和"锭"按汉代许慎《说文解字》的说法:"镫,锭也。""锭,镫也。"这二者并无差别。但颜师古注《急就篇》则认为两者是有差别的,他认为:"有柎者曰镫,无柎者曰锭。柎谓下施足也。"① 也就是说,不管是铜灯还是瓦灯,只要灯柱之下附有灯座的就是镫,而无灯座的才是锭。到了宋代,徐铉在校订《说文解字》时又认为:"锭中置烛谓之镫。"② 诚然,从考古出土的汉代青铜灯具来看,既有带烛钎的铜灯,又有无烛钎者,而烛钎是用来穿插硬质灯芯的,因此,镫应是可以用固态动物油脂作为燃料的灯具,而锭则是仅使用液体燃料的灯具。

青铜灯上常见制作灯具的工匠名字,徐正考先生总结汉代铜灯生产"物勒工名"制度时认为,工匠在灯上留名有三种方式,其一为三级制,即灯上刻有制造、主造、省(审)造三级人员之名;其二为二级制,即灯上刻有制造、主造或制造、省(审)造等二级人员的名字;其三为一级制,即灯上仅刻有省(审)造或制造一级人员的名字。③ 汉代负责铜灯制造的政府职能部门主要有中央政府中的省府属官尚方令和考工令。同时,郡县中也有铸造铜灯的专职机构。④

---

① 〔汉〕史游:《急就篇》,曾仲珊点校,长沙:岳麓书社,1989,第160页。
② 〔汉〕许慎:《说文解字》,〔宋〕徐铉校,北京:中华书局,1963,第295页。
③ 徐正考:《汉代铜器铭文综合研究》,北京:作家出版社,2007,第23—26页。
④ 麻赛萍:《汉代灯具研究》,博士学位论文,复旦大学文博系,2012。

战国至汉代的灯具类型十分丰富,从使用状态看有座灯、吊灯、行灯三大类。① 从灯的形状看,有豆形灯、盘(碗或钵)形灯、耳杯形灯、卮形灯、多枝灯、缸形灯、象形灯等七大类。除了灯的样式很多,用于制灯的原材料也很多,既有陶灯,又有铜灯,而且有的铜灯上还会鎏金镶银。为此,人们会依据自身条件购置不同的灯具。一般的,越是富贵人家,其使用的灯具造型越是复杂,装饰越是华美,材质也越珍贵。所以,在考古工作中,往往在中小型古墓葬中只能发现简单的陶灯,而造型精美、结构复杂的青铜灯具则只出土于大型墓葬。这些大型墓的墓主人既有中央集权的王及其下属官吏,又有地方诸侯王、地方官吏、地主等。另外,铜灯具还作为嫁妆在贵族当中流通,而获得这一贵重物件的新主人则会引以为傲地在灯上刻上自己的名字以示殊荣。正是由于青铜灯具主要流行于当时的上层社会,而上层社会受中央政府管辖和影响较深,所以铜灯类型不会像普通陶灯一样存在较大的地域差别。

豆、盘(碗或钵)、耳杯、卮等器具兼有食具和灯具双重功能,除非在灯盘中心有烛钎,否则,常常是灯具与食具两者混用。另外,汉代的鐎斗也与三足长柄行灯造型相同,二者可以互相混用。这些仿日用器具的灯具主要流行于东汉时期。

青铜豆形灯是最常见的灯具,其基本形态是:灯盘较浅,盘壁斜直。灯柱中部或中部偏上有圆鼓状节突,喇叭状圈足底座。豆形灯在全国各地都有发现,是目前所见数量最庞大的灯型,占总量的90%以上。从时间上看,主要流行于西汉中后期,约占汉代出土

---

① 申云艳:《汉代铜灯初步研究》,载《汉代考古与汉文化国际学术研讨会论文集》,济南:齐鲁书社,2006,第354页。

铜豆灯的2/3以上。到王莽之后，数量明显减少，且形制基本不再发生变化。

象形灯是一种仿造植物、动物和人物形状的灯具。在植物造型的灯具中，以仿树枝形状的多枝灯为主。在动物形灯具中，有牛形、羊形、鹿形、狗形、马形、犀牛形、鱼形等多种形状。在人物造型灯具中，主要仿造高鼻深目的外族人物形象。动物形灯和人物形灯又合称象生灯。

釭形灯是汉代一种有中空导烟管的新型灯具，其制作难度较大。

目前贺州出土的汉灯有豆形灯、人物形吊灯、人物形座灯三种类型，制作灯具用的材料有陶和铜两类。

贺州灯具在西汉表现了一定的地方特色，其中以陶质灯具特色最强，灯盘口沿部分均有内凹弧。豆形灯是西汉后期以来贺州地区最常见的汉代灯具，目前出土的数量也最多，既有铜豆灯，也有陶豆灯，它们在八步区、钟山县、昭平县均有出土。豆形灯由灯盘、灯柱和灯座三部分组成。灯盘呈浅盘状，灯柱为圆柱形，有的呈竹节状，灯座呈喇叭状或覆盆状。到西汉晚期，包括豆形灯在内的灯盘中开始出现烛钎这种灯用附件。

人物形汉灯在今贺州的昭平、富川、钟山、八步等县区均有出土。灯的高度影响照明范围，所以昭平东汉铜人吊灯配有铜链，以便高挂照远。灯盘的数量影响亮度，所以钟山出土的人物形陶灯在头顶和肩上共设置了三个灯盘。

贺州各地出土的人物形灯其人物大多高鼻、深目、大耳、络腮胡、螺形卷发，而且他们善于用头顶灯。在灯座与头顶之间还系有一条头巾,且头巾在额前交叉。他们的外貌和头顶重物习俗有些类似于今南亚、东南亚特征。在贺州出现这种海外来的顶灯人应与潇贺古道交通海上丝路有关。据《汉书·地理志》记载:

> 粤地……近海,多犀、象、毒冒、珠玑、银、铜、果、布之凑,中国往商贾者多取富焉。……自日南障塞,徐闻、合浦船行可五月,有都元国。又船行可四月,有邑卢没国(今缅甸勃固附近)。又船行可二十余日,有谌离国(故地在今缅甸伊洛瓦底江沿岸);步行可十余日,有夫甘都卢国(今缅甸卑谬附近)。自夫甘都卢国船行可二月余,有黄支国(今印度东南海岸之康契普腊姆)……自黄支船行可八月,到皮宗(今马来半岛克拉地峡的帕克强河口)。船行可二月,到日南(今越南广治省东河市)、象林(位于今越南中部)界云。黄支之南有已程不国(或以为在今印度半岛南部,或以为在今斯里兰卡),汉之译使自此还矣。①

由此可知,中国的船只在汉代已经到达了菲律宾、新加坡、印度等地,汉代的海丝之路至少已联通到了南亚。而南来的物品和人员必须经由潇贺古道北出五岭通往中原。

(五)杂形器物

青铜时代,贺州地区古墓中出土的器物除青铜器外,还有陶

---

① 〔东汉〕班固:《汉书·地理志》,北京:中华书局,2007,第314—315页。

三、贺州常见青铜器物和杂形器物

器、玉器、金器、滑石器等不同质地的器物,通称为杂形器物。而且这些器物的数量较大,今仅择取少量极具特色的杂件器物予以介绍。

1.杏形金幎目

2003年,八步区铺门镇河东村鹧鸪岭一座汉墓被盗掘,八步区公安局破案后,将追缴到的被盗文物移交贺州市博物馆,其中包括一件杏形金幎目,因其像树叶,也称金叶。这也是贺州迄今发现的唯一一件金幎目。通长4.3厘米,最大宽4厘米,厚0.1厘米。用金箔片锤鍱而成。主题纹饰为两只相背而卧的羊,羊周边饰草丛。在金叶顶尖处另有一图案化的羊头,羊头之下的金叶中间部分,饰有一排形如羊脊骨的纹饰,应是表现正卧时的羊背。金叶上下左右各有一对小孔,用以缝缀丝线。

图3-14 杏形金幎目(背面)

金叶在广州南越王墓中亦有出土,共有8片,是覆盖在墓主脸上的幎目。与贺州及南越王墓杏形金叶相同的文物在中原地区目前仅见于河北满城西汉中山靖王刘胜墓中,共出5片,形状和纹饰完全一样。黄展岳先生认为,满城1号墓的杏形金叶由汉朝"主陵内器物"的东园匠制作,南越王墓杏形金叶似为南越宫廷自铸的仿汉朝制品。贺州的情况与南越墓相同。

类似的金叶在北方草原地区的内蒙古却是多见,如东胜碾房渠战国晚期窖藏所出的7件圆角方形金饰片,大小与南越王墓、满城汉墓的金叶相似,同样在四角各有一小孔。① 类似的金饰片还见于准格尔旗西沟畔战国时期匈奴墓②、杭锦旗阿鲁柴登匈奴墓③。这说明,此类金饰片来源于北方草原,后来为汉代诸侯王所接受、利用和改造。④

2.封泥

古人用泥封缄书信,并在泥上盖印,这种加盖有印章的封缄之泥即为封泥。为了显示权威,皇帝诏书仅用紫泥,《后汉书·光武帝纪上》:"奉高皇帝玺绶。"李贤注引汉蔡邕《独断》:"皇帝六玺,皆玉螭虎钮……皆以武都紫泥封之。"唐代杨炯《崇文馆宴集诗序》:"封紫泥於玺禁,传墨令于银书。"后又以紫泥代指诏书。⑤

贺州迄今仅在1975年至1976年铺门河东高寨发掘的西汉前期墓M5⑥中发现一件封泥,印文为"王行印"。但这个王目前尚不

---

① 高毅:《内蒙古东胜市碾房渠发现金银器窖藏》,《考古》1991年第5期。
② 郭素新、田广金:《西沟畔匈奴墓》,《文物》1980年第7期。
③ 田广金、郭素新:《内蒙古阿鲁柴登发现的匈奴遗物》,《考古》1980年第4期。
④ 李龙章:《谈谈岭南青铜文化中的北方草原文化因素》,载深圳博物馆编《深圳文博论丛》,2007,第22页。
⑤ 赵峰:《〈汉语大词典〉"封"释义考察》,《四川理工学院学报(社会科学版)》2009年第5期。
⑥ 广西壮族自治区文物工作队、贺县文化局:《广西贺县河东高寨西汉墓》,载文物编辑委员会编《文物资料丛刊》(4),北京:文物出版社,1981。

能断定是哪一位王,或许是某一位南越王,又或者是南越国在其辖境内所封的某一位地方上的王,如苍梧王、布山王等。既然汉皇封泥使用了皇帝专用的武都紫泥,而南越国君臣上下又都喜欢行僭越之礼,并且出于防伪需要,这件封泥应该是使用了专用之泥。但是否为武都紫泥,或者是南越国专用之"泥",这个问题值得研究。

3.玉珮

玉珮是古人佩戴在身上的玉质佩件。在商至西周礼制盛行之时,玉佩不仅仅只是为了满足审美之需,它还有两项特殊意义。其一,用于宣示品德。《五经通义》说玉:"温润而泽,有似于智;锐而不害,有似于仁;抑而不挠,有似于义;有瑕于内必见于外,有似于信;垂之如坠,有似于礼。"因而玉之美,有如君子之德,玉佩可以用来象征仁、智、义、礼、乐、忠、信、天、地、德、道等君子品格。其二,玉珮还是君王诸侯处理人事、外交、决策等国事活动的信物。《荀子·大略》:"聘人以珪,问士以璧,召人以瑗,绝人以玦,反绝以环。"《庄子》:"儒者授珮玦者,事至而断。"《广韵》:"玦如环而缺,逐臣待命于境,赐环则返,赐玦则绝,义取诀。"

春秋之后,随着礼制的不断崩塌,玉佩更多作为装饰品而被人们广泛佩戴,并且根据佩戴位置的不同,还可分为头饰、耳饰、项饰、手饰、腰饰、剑饰等。由于耳朵不能悬挂过多重物,耳饰都较轻巧。脖子上便于悬挂饰物,较少受到物品重量的限制,项饰一般比身体其他部位的饰品要多。一般地,各种玉管、玛瑙串、琉璃串都可能成为项饰。[①]

[①] 刘剑:《赫章夜郎时期出土器物的审美风格》,《遵义师范学院学报》2011年第2期。

贺州发现的玉珮件最早为望高下跌山战国中期墓中的有领玉璧,这时期的玉珮件玉色不纯且干涩,玉中杂有白、黑、青等多种颜色,玉质缺乏温润感。此后至西汉早期南越国在铺门的封王墓地中,达到玉佩使用的最高峰,其时玉珮件的颜色比较单纯,尽管有青玉、白玉、黄玉、茶色玉等四种颜色的玉种,但每一件玉珮饰都仅有一种颜色,而且这些玉质大多为新疆和田玉。贺州西汉早期的玉珮件器型丰富,有瑗、镯、玦、管、珠、佩、珌、剑格等。西汉后期开始,从汉墓出土情况看,玉器逐渐被滑石器代替,而且滑石器由于质地较软易碎,往往不做成佩件,而以耳杯、鼎、格盅等大型实用件的冥器为主,也有部分作为文房摆件的滑石璧。三国两晋南北朝时,滑石更多被用于制造动物或人物形的冥器俑。

四、贺州青铜器上的常见纹饰

　　不同时期的青铜器纹饰会随着社会观念和审美意识的更新而不断变化,这种变化轨迹和风格差异是青铜分期断代的一个重要依据,也是青铜文化研究的一个重要内容。

　　从考古发现情况看,贺州青铜器的纹饰以动物纹和几何纹两大类别为主,其他如植物纹、建筑物、船纹、人物纹等纹饰较为罕见,山水纹则从未出现。动物纹中,既有可以辨识的现实存在的牛、羊、象、猪、马、犀、蛇、鸟,也有神话虚拟的饕餮、凤、龙、夔、蟠虺、螭、窃曲等类别的纹饰。几何纹有弦纹、涡纹、连珠纹、芒纹、规矩纹、乳钉纹、云纹、雷纹、篦纹、方格纹、绳纹、"米"字纹等。而且,动物纹出现的时代要早于几何纹。在先秦时期的青铜器上,几何纹更多的是用于填充或陪衬,动物纹在装饰画面中充任主角的概率也远远高于几何纹,如麒麟尊不仅整个器物造型像动物,而且尊身也以窃曲纹为主。从西汉开始,青铜器大多不饰动物纹,更多以几何纹为画面主角,铺门出土的铜筒满身都是几何纹。如果出现动物纹,则动物大多出现在足、钮等附件上,如铺门白屋岭出土的西汉铜奁足为羊形,耳为凤形,钮为龙形,其附件均为动物纹。而盖身为云纹、奁身为弦纹,无论是奁盖还是奁身都以几何纹为主体纹饰。

在中原地区商代早期以前,青铜器装饰方法脱胎于陶器纹饰的制作方法,以压印为主,并且青铜器纹饰层次单一,没有地纹和主纹的区别;商代中期开始,器物装饰大量运用刻花工艺,且在主纹和地纹之外,再勾刻细线,形成三层花,增加了器物的层次感。① 在西周中期以前,风行兽面纹、龙纹、鸟纹等动物纹饰,几何纹多用作地纹。西周晚期以后,动物纹的重要性逐渐变弱,各种形式的几何纹大量涌现。到春秋战国时,大量几何纹甚至成为器物上的主体纹饰。由于贺州青铜文化是在商周以来中原青铜文化的影响下产生和发展起来的,且与吴越、楚、瓯越、滇等地青铜文化有着密切的联系,尽管贺州的青铜时代肇始于西周晚期,但对商代以来中原地区的纹饰装饰方法有着直接的传承,所以贺州青铜器不仅纹饰装饰手法的时代特征与中原地区相近,在青铜器的纹饰种类上也有大量的借鉴,常见以下几种:

(一)龙纹

从商代开始直到西汉,龙纹一直是装饰青铜器的重要纹饰,这在文献上多有记载。《史记·赵世家》:"十八年,秦武王与孟说举龙纹赤鼎,绝膑而死。"班固《宝鼎诗》:"宝鼎见兮色纷缊,焕其炳兮

---

① 龙真:《浅析青铜器上动物纹饰的文化内涵》,《大舞台》2011年第2期。

被龙文。"这些史料都清楚地记载了先秦青铜器上装饰有龙纹。

龙虽然是一种虚拟的神话动物,但它的造型遵守一定的规则:"同中国许多神兽一样,龙是由多种动物的不同部位组合而成的形象。"① 龙的甲骨文字形主要由三部分构成:蛇一样蜷曲的身体、硕大的嘴巴、长鬣或程式化的角。青铜器上龙的构成也是这三个部分。② 但到了宋代,龙的组成由三大部分拓展到了"九似",即画家董羽所说的"角似鹿,头似牛,眼似虾,嘴似驴,腹似蛇,鳞似鱼,足似凤,须似人,耳似象",亦即龙由九种不同动物的不同部位组合而成。

中原之外的岭南地区由于襟江连海,对龙的崇拜较之中原风气更浓。③《淮南子·原道训》就曾说:"九疑之南,陆事寡而水事众,于是民人披发纹身,以像鳞虫。"位于南岭地区的贺州其青铜器上亦经常出现夔、蟠龙、蟠螭、窃曲、龙蛇等各式龙纹。龙纹在中原地区作为一种神话动物,其造型与现实相差甚远。而贺州青铜器出现的龙纹有时会更加接近于现实中的蛇,例如神兽尊器盖上的龙蛇纹。贺州这种写实蛇的龙纹与长江以南地区同时代的龙蛇纹相类似,湖南衡阳出土的蛇纹卣、广西恭城秧家出土的蛇噬蛙纹尊、湖南衡山霞流市出土的蛇纹尊等器物上均见风格相同的写实蛇纹,蛇首作浮雕状伸出,蛇身盘曲。④

---

① Gideon Shelach、郅晓娜:《中国东北地区史前龙形器》,《美成在久》2014年第2期。
② 唐际根、杨难得:《中国青铜器纹饰含义的探索与论述:从〈美术、神话与祭祀〉到〈中国早期青铜礼器的含义问题〉》,《美成在久》2014年第2期。
③ 徐桂兰:《东瓯与西瓯比较断论》,《百色学院学报》2008年第4期。
④ 汪涛、张昌平:《转变与个性——苏富比(纽约)2012秋拍青铜器过眼录》,《南方文物》2013年第2期。

(二)凤、鸟纹

据已有的考古发现所知,青铜容器装饰纹样中完整的鸟纹最早出现在商殷时期。[1] 凤纹是鸟纹与夔龙纹相互糅合的综合体,同时融合龙、蛇、鸟等动物特征,它头有华冠,有的有角,尾羽纷披,主要用于装饰器物的正面。凤、鸟纹在商周两代均有出现。[2] 地处越文化圈中的贺州,其青铜器上发现的最早凤纹图案是在战国时期,以龙中山岩洞葬中出土的神兽尊尾部凤纹为代表。到了汉代,贺州青铜器中,凤、鸟纹主要见于铜镜之上。宋代的时候,鸟崇拜在南方越人中被赋予了主福祸的特别意义。《吴越备史》卷一云:乾宁二年越州董昌称帝时,"有客使倪德儒,语昌曰:'中和辰巳间,越中尝有圣经云:有罗平鸟主越人祸福,敬则福,慢则祸。于是民间悉图其形以祷之。'"如今,贺州民俗中,鸟崇拜的意义是为保丰收,即每年把农历二月初一定为"粘鸟嘴日",也称"禁鸟节""鸟仔节""招鸟节"。节前到山上采摘鸟梨树叶,掺和在糯米中打成粉,做成糍粑。这种糍粑粘而不糊,只有手指头大小。节日这天,用竹篾织成四只小鸟分别插在大门口或神龛的对联两边,从做好的第一个糍粑上掐下一片粘在竹织鸟嘴上。同时,还要将糍粑粘在菜园篱笆、田边地角、山洼野地等鸟儿经常出没的地方,供鸟儿啄食,称"粘鸟嘴",以求一年之内鸟嘴被粘住不能啄食五谷,当年粮食丰收。

---

[1] 李婕:《妇好墓青铜器中鸟图像的形式结构分析》,《大众文艺》2011年第13期。
[2] 张婷:《纹饰的魅力——先秦时期青铜器纹饰艺术解读》,《美术教育研究》2011年第2期。

（三）饕餮纹

饕餮纹常用作主纹，施加在器物的主要纹饰部位。饕餮纹图案多是平面的，以柔韧的阴线刻出或作阳线凸起。跟龙、凤、夔、麒麟等一样，饕餮是人们幻化出来的一种动物形象，现实中并无此种存在。商至西周，饕餮纹由多种动物的头、角、眼、耳、颔等器官通过重组、夸张、变形而成，形象非常狰狞。其主要特征是：有一个正面的兽头形象，两眼突出，口裂很大，有对称的双角、双眉和双耳；有的两侧连着爪与尾，也有的两侧作长身卷尾之形。很多时候，饕餮纹是以鼻梁为中心，于两侧各施一条夔龙纹。

"饕餮"一词最早见于《吕氏春秋·先识览》："周鼎著饕餮，有首无身。"宋代王黼根据这一记载，在其著作《宣和博古图》中将有首无身这一类纹饰通称为饕餮纹。① 1982 年，马承源将"饕餮纹"改称为"兽面纹"。② 1984 年，他在《商周青铜器纹饰》一书中又将"兽面纹"分为"有首无身"与"有首有身"两种，并撰文对它们的关系进行了剖析："在大量的兽面纹中，有首无身都是在纹饰发展阶段中较晚的简略形式，殷墟中期以前绝大多数的兽面纹都是有首有身。"③

按史料记载，饕餮纹应从狍鸮纹演变而来，《山海经·北山

---

① 赵世超：《铸鼎象物说》，《社会科学战线》2004 年第 4 期。
② 马承源：《中国古代青铜器》，上海：上海人民出版社，1982，第 30—31 页。
③ 马承源：《商周青铜器纹饰综述》，载上海博物馆青铜器研究组编《商周青铜器纹饰》，北京：文物出版社，1984。

经》:"又北三百五十里,曰钩吾之山,其上多玉,其下多铜。有兽焉,其状如羊身人面,其目在腋下,虎齿人爪,其音如婴儿,名曰狍鸮,是食人。"郭璞注曰:"为物贪婪,食人未尽,还害其身,像在夏鼎,《左传》谓之饕餮是也。"

饕餮的寓意在史书上亦多有记载,相传是一种贪食的怪兽。《吕氏春秋·先识览》:"周鼎著饕餮,有首无身,食人未咽,害及其身,以言报更也。"这是最早对饕餮纹寓意的明确记载。《春秋左氏传》又对为什么在青铜器上著饕餮纹作了解读:"缙云氏有不才子,贪于饮食,冒于货贿,侵欲崇侈,不可盈厌;聚敛积实,不知纪极,不分孤寡,不恤穷匮,天下之民以比三凶,谓之'饕餮'。"但如今学术界对饕餮寓意的认知趋向多元化,并没有统一的定义。有说是龙的第五子;有说是变形的兽面;有说是蚩尤战黄帝的胜利标志;有说是怪人。但从汉字结构看,"饕餮"两字都有"食"这个意符,图形纹饰犹如张开的大口,作为纹饰,其主要出现在商周王室和贵族的祭器、礼器、食器上。①

饕餮纹早期没有地纹填充,商代中期至西周早期开始填充云雷纹为地纹,具有阴阳互补之美,整个纹饰出现多层次的光影效果。从西周中期开始,饕餮纹日渐式微,逐渐由主纹退居到仅为器足上端的装饰。② 迄今贺州已出土的饕餮纹青铜器仅有二例,其一是龙中山出土的铜牺尊,它将简化了的饕餮目纹饰在尊足之上。

---

① 张俊成:《商周青铜器纹饰研究史述要》,《内江师范学院学报》2007年第22卷第3期。
② 张婷:《纹饰的魅力——先秦时期青铜器纹饰艺术解读》,《美术教育研究》2011年第2期。

其二是桂岭出土的西周钮钟,用饕餮目纹作为钲部主纹,并在主纹外围填充波浪形地纹。

(四)圆涡纹

圆涡纹整体呈圆形,即《周礼·冬官·考工记》中"火以圆,山以章,水以龙"所说的火纹。① 圆涡纹与夔龙纹、蟠螭纹等象征龙的纹饰排列成二元图案,被认为是火龙,即"火龙黼黻,昭其文也"。因此,涡纹有火光的意味,可能象征火神。贺州目前发现的涡纹见于三处:一在龙中山出土的战国铜盉内底部,一在龙中山出土的战国螭纹铜瓿肩部,一在马东村出土的西周铜罍(M1∶1)肩部。

(五)窃曲纹

窃曲纹由鸟纹、龙纹或夔纹等一些具象纹饰演化而来,装饰性和适应性俱强,亦称变形兽体纹,可用于器物的各个部位。② 这种纹饰两端的头部通常为一至两朵云雷纹,尾部有一段向上或向下的线条。如果头端是一朵云雷纹的则尾端线条全部卷曲,中间无目形纹。如果头部是大小两朵云雷纹的,则中间有目形纹,尾端线条中间部位卷曲,外侧部位为直线。③ 贺州最早发现的窃曲纹是龙

---

① 马承源:《中国古代青铜器》,上海:上海人民出版社,1982。
② 张婷:《纹饰的魅力——先秦时期青铜器纹饰艺术解读》,《美术教育研究》2011年第2期。
③ 张爱冰:《安徽青阳汪村出土青铜器的年代及其相关问题》,《东南文化》2011年第4期。

中山出土战国铜牺尊腹部两侧上的装饰纹,其头部只有一朵云雷纹,省略了中间的目形纹,是简化版窃曲纹。

(六)波曲纹

波曲纹早在西周时期即已出现①,常与蛟龙纹相互配合装饰,又称环带纹,是一种比较宽大而又十分流畅的曲线纹饰带,可以仅有一条曲线,也可以是多条平行的相同曲线共同组成的纹饰带。每条曲线都是连续的波浪形,但具体的变化样式很多。贺州迄今已发现的青铜器波曲纹仅有一例,装饰在桂岭出土的西周钮钟上,与目纹配合使用,这种纹饰符合西周宣王时期的纹饰特征。

(七)虺纹、螭纹、夔纹

虺纹、螭纹、夔纹都是龙纹的变体,它们没有严格的界限,名称经常被混用。

虺纹经由夔龙纹缩小、变形而来,纹身较为光滑。蟠虺纹一般指盘曲的龙纹。复杂的蟠虺纹犹如弯曲小蛇左右盘绕,上下交织,其所构成的图案反复连续、密密叠叠,类似织锦般华美。有些交织层次较密的其图形甚至类同中国结。宋代王黼《宣和博古图》:"以蟠虬为饰,亦以示其不可妄动之意。"人们将这种纹饰铸于器物之上,目的是祈祷这种神话中的凶物不要出世作祟。这种纹饰于春

---

① 王长启:《环带纹鼎与蟠龙纹壶》,《收藏》2013年第5期。

秋时期由夔纹演变而来,在春秋至战国时期都较流行。贺州出土青铜器中,复杂的蟠虺纹仅见于龙中山出土的铜盉錾部,整个盉耳就是一堆扭曲的蟠虺。但蟠虺中也有简单构图的,整个纹饰带上密布有许多蝌蚪状弯曲的蟠虺,每只蟠虺头大而短,尾细而长。蟠虺与蟠虺之间仅在平面上左右盘曲排列,并不互相交织堆叠。贺州龙中山出土的虺纹铜瓿器身上即满饰蟠虺纹。有时,多个蟠虺纹互相排列成一个圆形,形成涡纹。龙中山出土的虺纹铜瓿肩部和马东小学出土的西周铜罍肩部也都装饰有这种虺涡纹。蟠虺纹在玉器上又称为谷纹。春秋时期的谷纹形如倒写的字母"e"或单引号"'",到战国时期发展为逗号","字样,但不管谷纹的样式如何变化,其基本的样式就如谷物发芽的样子。到西汉晚期,一些滑石璧上的谷纹甚至简化成内外两个圆环,变成圆圈纹。

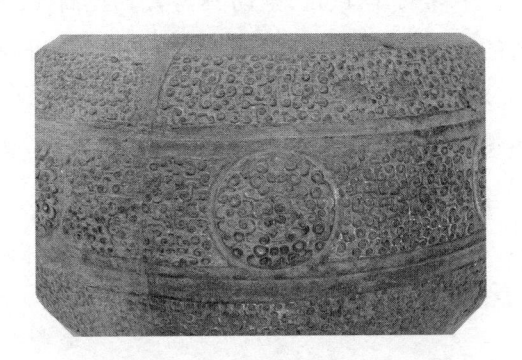

图 4-1 虺纹铜瓿上的虺涡纹

《说文解字》:"螭,若龙而黄,北方谓之地蝼。"大多情况下人们多用螭纹指代一种没有角的龙纹。蟠虺纹中的虺大多无角,有时人们也把蟠虺纹称为蟠螭纹。唐代诗人韦述在《信州录事参军常曾古鼎歌》中称:"罢官无物唯古鼎,雕螭刻篆相错盘。"这其中的雕螭也可称"雕龙"或"雕虺"。贺州龙中山岩洞葬出土的铜盉其流部即为螭首形。

《重修宣和博古图》①将夔称为"夔纹""夔龙""交夔""蟠夔"。宋代将青铜器纹饰中大口有足卷尾的动物形象有时称为"夔",有时称为"螭"。一般情况下,夔纹是指首向前、有时有一角、张口、短身、背上有时附有刀状羽翅、一足、尾向上或向下卷曲的龙形动物纹,大多以侧面形象出现。与其他龙纹相比,夔纹的主要特征是一足。《山海经》称:"有兽,状如牛,苍身而无角,一足,出入水则必风雨,其光如日月,其声如雷,其名曰夔。"《尚书》将"夔"与"龙"通称,认为夔是龙的一种。《说文解字》释"夔":"神魖也,如龙一足。"宋代王黼《宣和博古图》释"夔"为:"一足,山林之异兽,又名神魖。古人作字以象其首、足,盖防其为害。"在商代,夔纹尽管主要用作陪衬的副纹使用,但它是一种仅次于兽面纹的主要装饰纹样,多用于器物的颈部和口部,也有将夔纹对称排列组合成饕餮兽面纹的。正因为"夔"纹常用于"饕餮"纹的构成元素,而"饕"字中又含有"虎"字,为此,绝大多数人认为夔是龙的变体,也有人认为是虎的变体。②青铜器上著夔纹的寓意,宋代王黼《宣和博古图》认为"著夔龙以象不测之变",但在此书的卷八中他又将夔解释为贪兽。

夔纹作为一种装饰图案,从商代出现以来,尽管形态多有变

---

① 〔宋〕王黼:《重修宣和博古图》,载《四库全书》840册,上海:上海古籍出版社,1987,影印本。
② 曹峻:《"夔纹"再识》,《考古》2012年第11期。

化,但一直流行,在每个朝代的器物上都能找到。商代到西周早期的夔纹有稚拙感,并多填云雷纹。西周中期以后,夔纹分化成夔龙纹和夔凤纹,其中头为回首,体呈"S"状,头上有角的侧面龙形图像称夔龙纹,有的腹下有鳍形足,有的没有。鸟头、夔身、凤尾,总体形态像凤鸟的称夔凤纹。

贺州青铜器仅在龙中山出土的箕形器侧面可见镂空夔纹。另在春秋至战国时期的越式硬陶上亦有体呈"S"形和"F"形的变体简化夔纹。

五、贺州青铜器的生产加工

青铜是金属史上最早的合金,先秦时期称青铜为"吉金"。因铜、锡、铅合金为金黄色,青铜也被称为"金",其铸造的器物又被称作"金器"。青铜器生产作为能够极大提高社会生产效率、极大改善社会生活质量的一项划时代的技术,其制作工艺极为复杂,是一个上下游生产链条很长的产业。从矿物开采开始,需要经过冶炼、备置模范、合范连接、合金熔炼、浇铸、器表加工等一系列工序才能最终得到一件称心如意的青铜器。这些不同的工序不仅要经历各种复杂的制作过程,还需要组织社会上下协力完成。

青铜器从其出现之初,就拥有礼器和兵器两项重要功用,它们既是统治者获取和维持政治权利的重要工具,又是富贵阶层显示财富、权力和社会地位的象征。为了维护好既有的社会秩序,统治者又将那个时代最好、最尖端、最复杂的生产技术应用于青铜器的生产上,这使得青铜器成为我国早期文明最为发达的一项物质文化成就之一,并由此成为有别于西方古典文明的代表。

不同的历史阶段,随着人们对青铜生产技术的不断总结与扬弃，往往还会有新技术的创造和发明，这又使得青铜器的生产工艺出现阶段性特征。商代以前只有浑铸技术，商代早期出现分铸技法，春秋时期发明了失蜡法。贺州的青铜器也同样呈现阶段性特征，马东村出土的西周晚期铜鼎是立耳，龙中山战国墓出现附耳铜鼎。马东村西周早期式样的铜甬钟甬腔与体腔互相隔绝，里松出土的战国铜甬钟甬腔与体腔互通。马东村的西周铜罍耳部由铸接法连接，龙中山的战国虺纹铜瓿耳部预留有榫头，由榫卯法连接。

提高青铜器生产工艺，发展青铜铸造业是那个时代的工匠们孜孜以求都要推动的事业。但是生产技术在我国古代被看作是百工小技，不为统治者所重视。青铜器的加工制作技术亦是如此，导致许多青铜生产技艺在历史文献中缺少系统记载，随着时间推移，许多技艺甚至失传。因此，要全面了解青铜文化，就必须研究青铜生产技术。

尊、瓿、鼎、罍等一系列复杂器型的出现，说明贺州已经掌握了采矿、冶炼、塑模、制范、刻花、合范、浇铸、冷却、成形等繁杂的青铜器生产工序。这些工艺中，有的已相当先进，尤其是漏铅熔模法铸造技术令人叫绝。龙中山出土的战国箕形器尽管器壁镂空花造型十分复杂，器的壁底交接又有着90度的大转折，但在器物上完全找不到合范痕迹，说明它使用了漏铅法。

（一）采矿

青铜是一种合金材料，铸造礼器、兵器、钱币、铜镜等不同功能的青铜器，需要使用不同合金比例的青铜，这些用于青铜合金的金

191

属主要是铜、锡、铅。要冶炼青铜,就必须开采出大量的铜、锡、铅等矿产资源。

尽管我国历史上青铜铸造业发达的地区主要集中在长江以北的中原地区,但这些地区并没有丰富的铜矿。中原地区铸造青铜器所用的铜矿主要来自长江中下游,那里有一条我国蕴藏最为丰富的铜矿带,已探明储量占全国的2/3以上。铜矿在长江中下游地区炼出粗铜后,以铜锭的形式被输往其他地区进行铸造。① 据新中国成立以来我国铜矿遗址的调查资料显示,"我国数十年来地质找矿实践认识了一个基本事实,即凡属古人开发利用过的矿种,现代所见的矿床除了地表没有任何显示的隐伏矿床外,几乎所有都是古人开发过的老矿"②。因此,现在我国境内地表有征兆的几大铜矿基地,多系古人开采过的旧矿,而且开采的年代一般偏早,大都在商代。湖北大冶,湖南麻阳,江西铜岭,安徽繁昌、南陵、铜陵等古铜矿遗址皆是如此。贺州市平桂区公会镇马头山亦发现有铜矿,这里的矿脉距地表很浅,不仅在山坡崩塌面或溪谷侧面可见绿色铜锈,有些在地面即肉眼可见大片绿色铜锈。既然在地表已有肉眼可见的现象指示这里存在铜矿,那么古代就一定会在这里存在采矿活动。

锡矿方面,全国以五岭地区的湖南、广西和云南的个旧贮量最为丰富。北方仅内蒙古林西境内的大井铜锡矿可产部分锡矿。③

---

① 魏国锋、秦颖、王昌燧等:《若干地区出土部分商周青铜器的矿料来源研究》,《地质学报》2011年第3期。
② 闻广:《中原找锡论》,《中国地质》1983年第1期。
③ 魏国锋、秦颖、王昌燧等:《若干地区出土部分商周青铜器的矿料来源研究》,《地质学报》2011年第3期。

五、贺州青铜器的生产加工

贺州地处萌渚岭南缘,地理构造复杂,成矿地质条件良好,矿产种类繁多。除了产铜,还盛产锡矿。最早记载贺州产锡的文献是我国第一部药学专著,即成书于战国至西汉早期的《神农本草经》,它说:"锡生桂阳山谷。""桂阳"今指湖南省桂阳县,也即汉初以来的"桂阳郡",但古时也指桂岭之阳,也即是今天八步区桂岭镇南面的大片山岭。南朝梁代学者陶弘景在《本草经集注》中曾明确阐释了贺州与桂阳的关系。他说:《神农本草经》指锡生桂阳,是因为汉武帝元鼎六年(公元前111年)设临贺县之前,尽管贺州实际上由割据政权南越控制,但西汉朝廷不予承认,仍将贺州划入汉长沙国的桂阳郡。也就是说贺州是从桂阳郡拆分出来的。① 最迟在唐朝,贺州之"贺"已经成了锡的代名词。唐朝大医学家苏恭在他的医学专著《本草图经》中就说,唐代把锡称为"白、贺"。② 陶弘景《本草经集注》还说南朝全国所用之锡主产于贺州。唐朝苏恭则说贺州所产之锡"惟此一处资天下用"。③ 从史料所载来看,从战国开始直到改革开放之初,贺州一直都有大规模的锡矿生产。唐代李吉甫《元和郡县图志》卷三七载道:临贺"县北四十里有大山,山有东游、龙中二冶,百姓采沙烧锡以取利焉"。今平桂区沙田镇龙中村位于临贺县县城临贺故城之北,而且直线距离约四十里,唐代设在贺州的龙中冶如果在今龙中村一带的山野,则龙中村附近历史上可能

---

① 〔南朝梁〕陶弘景:《本草经集注》"锡,《本经》云生桂阳。今乃出临贺,临贺犹是分桂阳所置"。
② 白:音"腊"或"引"。
③ 《本草纲目》金石部第八卷金石之一 锡、铜:"'恭曰:临贺采者名铅,一名白䥫,惟此一处资天下用'……时珍曰:苏恭不识铅、锡,以锡为铅,以铅为锡。其谓黄丹、胡粉为炒锡,皆由其不识故也,今正之。"

193

存在大型冶炼作坊。宋代元丰元年(1078年)全国产锡232.2万斤,其中贺州87.9万斤,占全国总量的37.9%。南宋乾道年间,贺州平均每年外运铸钱的锡占全国的62%。①

铅矿方面,古代有很长一段时间是锡铅不分的。但因为用锡块在石、砖、瓦等硬质材料上划出的痕迹是银白色的,而用铅划出的痕迹很快就会变成黑色,一般地人们把锡称为白锡,把铅称为黑锡。古代贺州也盛产铅矿,宋代早期文献《太平寰宇记》载:"白土坑在富州城北隅,其土白腻,郡人取以为货,终古不竭,今五岭妇女率皆用之,又名铅粉也。"由此可知,至迟在宋代,贺州的铅矿采收就已经有了很长的历史。2011年2月,贺州市博物馆又在平桂区鹅塘镇地表采集到了一批用于铸造青铜器的西汉晚期铅条,此处与沙田龙中村相邻。这些铅条长32厘米—35厘米不等,宽2.3厘米—2厘米,厚约1厘米,头大尾小,背部弧隆,面部平而下凹,凹槽从头部到尾部渐浅。它们表皮呈粉白色,较硬,开有一些龟裂纹。这批铅条含铅量为83.7%,含锡量为0.95%。地表勘查发现与铅条共存的西汉方格纹陶片分布面积较宽,伴出物铁锸连续三件套在一起,应是新铸好尚未使用的器物。种种迹象表明这处铅条出土地应是一个冶铸青铜器和铁器的作坊遗址。

丰富的锡、铜等矿产资源为贺州发展青铜铸造业带来了便利。含铅量在10%以上的青铜器是我国长江以南西汉之前青铜合金的一大特征,这在长江中游地区出土的早期青铜器中得到了证实,如盘龙城早商遗址出土的青铜器含铅量普遍在10%—25%之间,有

---

① 贺州市地方志编纂委员会编《贺州市志》,北京:中国文史出版社,2020,第380页。

的高达32.71%;李家嘴标本编号为李 M1:12 的青铜器含铅量为21.45%,其铅元素含量比中原地区商代青铜器高出不少。李仲达、华觉明、张宏礼等学者对河南、山西两地商、西周 80 多个青铜器标本作了化学成分检测,这些中原地区的青铜器多数不含铅,少数在9%以下。① 贺州市博物馆曾委托中科院高能物理研究所对馆藏111 件西汉之前的青铜器进行成分检测,发现所有器物中均含有铜、锡、铅、锑这种四种元素,且以铜、锡、铅三种元素含量最大。其中 83 件青铜器含铅量高于 10%,仅有 28 件低于 10%,高含铅量的青铜器约占化验标本总数的 75%,说明贺州约有 75%以上的西汉之前青铜器产自长江以南。含有一定数量的锑成分是湖南青铜器区分北方器物的重要特点②,贺州青铜器中也含有锑,说明贺州青铜器的各种铸造材料中有可能某种成分全部从湖南输入。

(二)冶炼与合金

对青铜器材料的冶炼不仅要把铜、锡、铅等矿物原料从矿石中冶炼出来,有的在铸造之前,还必须对各种金属原料反复"煎炼",以便尽量去掉杂质。特别是铸造铜镜,西汉以后,甚至出现"三炼""五炼"至"百炼"之说。明代冯梦祯《快雪堂漫录》有一段关于明代铸镜方法的记述:"凡铸镜,炼铜最难……入炉中化清,每一两投

---

① 李仲达、华觉明、张宏礼:《商周青铜容器合金成份的考察——兼论钟鼎之齐的形成》,《西北大学学报(自然科学版)》1984 年第 2 期。
② 李学勤:《试论虎食人卣》,载湖南省博物馆编《湖南出土殷商西周青铜器》,长沙:岳麓书社,2007,第 421 页,原载于《东南文化》1988 年第 2 期。

磁石末一钱,次下火硝一钱,次投羊骨髓一钱,将铜倾太湖沙上,别沙不用。如前法六七次愈妙。"这段文字描述了炼制铸镜用铜过程中的熔炼次数、去除杂质的方法和步骤、加入其他金属和非金属元素的次序及配比等。磁石即四氧化三铁,火硝即硝酸钾,二者是氧化剂。羊骨髓含磷,是脱氧剂。[①]

  我国古代所生产的青铜是通过用红铜与其他元素化合而冶炼出来的合金,青铜器都是用青铜合金铸造出来的,适宜的合金比例是青铜冶炼中最为重要的工艺。纯铜呈红黄色,也称"红铜"或"紫铜",是一种具有延展性的金属。因其质地柔软,必须与其他金属一起制成合金才能获得理想的硬度、韧度和铜液的流动性,以便于铸造出具有不同功用的青铜器物。[②] 常见的铜合金有以铜、锌为主要成分的黄铜,以铜、镍为主要成分的白铜,以铜、锡、铅为主要成分的青铜。在青铜之中又有多种不同的成分配比,既有以铜与锡为主要成分的锡青铜,又有以铜与铅为主成分的铅青铜。此外,还有铅锡青铜、镍青铜、磷青铜等。其中锡青铜中的锡含量高于2%,其他元素均低于2%;铅青铜中的铅含量高于2%,其他元素低于2%;锡、铅青铜中的锡和铅含量分别高于2%,其他元至素低于2%。此外,当铅、锡含量均低于2%时,则称为类青铜。在各类青铜中,除铜之外,其他元素之高、中、低含量的划分标准是:15%以上为高含量;介于5%—15%之间的为中等含量,其中低于10%者为

[①] 中国社会科学院考古研究所、山东省文物考古研究所、临淄区文物局:《山东临淄齐故城秦汉铸镜作坊遗址的发掘》附录《临淄齐故城秦汉铸镜作坊遗址砂样的检测与分析》,《考古》2014年第6期。
[②] 周剑虹:《青铜腐蚀与埋藏环境关系的初步研究》,硕士学位论文,西北大学,2006。

中等偏低,高于10%者为中等偏高;含量介于2%—5%之间的为较低含量;低于2%的为低含量,被视为铜复生矿的自然带入,而非人为有意加入。①

岭南流行的铜鼓、铜鼎、铜筒等越式器物的铸造用材都是铜、锡、铅三元合金,除少量器物是高锡低铅合金外,多数是高铅低锡的三元合金。这种越式器物的高铅低锡合金配比是岭南青铜器的一个代表性特征。② 贺州市博物馆所检测的111件青铜器中,只有5件器物铅含量低于2%,说明绝大部分青铜器用材均存在人为添加铅的情况。铅含量高于15%的为57件,约为总数的51%。铅含量介于5%—15%之间的43件,约占总数的39%。熔炼青铜合金时,之所以在添加锡的同时还要投入铅料,是因为这不仅可以降低熔点,增加青铜融体的流动性,铸造出来的青铜器不易出现砂眼,还可以增加青铜器的韧性。另外,铅还可以控制编钟、钮钟、铜鼓等乐器的音响效果。《吕氏春秋·长见》:"晋平公铸为大钟,使工听之,皆以为调矣。师旷曰:'不调,请更铸之。'"可见铸造钟、鼓、铃等乐器的成败关键是音律是否准确,乐感是否动听。"铅对钟声的衰减有显著的作用,不含铅的试钟钟声衰减缓慢。加铅的试钟钟声衰减快,这是因为铅以独立相分布在晶内,割断α基体,对声音的传递起了阻尼作用。"③龙中山出土的石寨山型铜鼓是一件敲击乐器,其含铜57.64%,铅32.1%,锡5.88%。这种高铅含量能够

---

① 朱凤瀚:《古代中国青铜器》,天津:南开大学出版社,1995。
② 杨豪:《岭南青铜冶铸业与相关问题探索(上)》,《东南文化》1993年第4期。
③ 叶学贤、贾云福、周孙录、吴厚品:《化学成份、组织、热处理对编钟声学特性的影响》,《江汉考古》1981年第S1期。

197

让这件铜鼓尾音不长,可以与其他铜鼓组合在一起合乐。

铜、锡、铅三者之间的比例不同,所产生的合金物理性能也各有不同,人们要制成不同性能的青铜器物,就要冶炼出成分比例不同的青铜材料。青铜合金的成分比例对青铜兵器机械性能的影响尤其突出。古代有些剑的剑脊和剑刃甚至使用不同含锡量的青铜。剑脊含锡量低,色黄,使得剑脊柔韧,能够承受较大力量的碰击。剑刃含锡量高,色白,使得剑刃锋利,易于磨锐。两种成分的青铜合铸于一剑之中,使得剑更具刚柔兼备的性能。安徽枞阳地区出土的部分铜矛,也是用两种不同成分比例的青铜铸成,其刃部是铅锡青铜,銎部是铅青铜,分两次铸造而成。[1] 这些用复合材料铸成的兵器印证了《吕氏春秋·别类》所说:"白所以为坚也,黄所以为韧也,黄白杂则坚且韧,良剑也。"贺州发现的青铜剑,尽管由于锈蚀已经分不清剑的底色是黄还是白,但剑刃与剑脊下的剑从之间有一条明显的笔直分界线,这应是剑刃与剑脊分别使用了不同成分的合金而留下的痕迹。

《考工记》是最早记载青铜成分配比规律的著作,其中载曰:

> 金有六齐:六分其金,而锡居一,谓之钟鼎之齐;五分其金,而锡居一,谓之斧斤之齐;四分其金,而锡居一,谓之戈戟之齐;三分其金,而锡居一,谓之大刃之齐;五分其金,而锡居二,谓之削杀矢之齐;金锡半,谓之鉴燧之齐。

---

[1] 郁永彬、梅建军、张爱冰、王乐群:《安徽枞阳地区出土先秦青铜器的初步科学分析》,《中原文物》2014 第 3 期。

但贺州市博物馆所测定的111件青铜器中,龙中山出土的战国越式鼎、战国虺纹铜瓿,马东村出土的西周铜罍等礼器含锡量特高,都在40%以上,甬钟和矛、剑、斧、钺等兵器的含锡量比例差别很大,最高的超过70%,最低者低于5%。这显示,贺州青铜器成分配比自成系统。北京科技大学冶金史研究室认为楚式镜合金配比含锡均在20%以上。① 贺州市博物馆对所藏8件铜镜作了成分检测,仅有3件铜镜锡含量低于20%,说明贺州铜镜主要出产于楚地。

不同的合金比例,可以获得不同的熔点。纯铜的熔点是1083℃。古代主要以木炭为冶炼燃料,又因冶炼炉灶砌造技术含量低,保温性能差,使得人们无法获得1000℃以上的冶铸高温。而铅的熔点是327℃,锡的熔点是232℃,随着加入的锡铅剂量的提高,青铜合金熔点会逐渐降低。若在纯铜中加入10%的锡,熔点降到960℃;加入15%的锡,熔点降至890℃;加入25%的锡,熔点降到800℃。若在锡中再加入铅,则熔点可以更低。为了获得较低的熔点,贺州青铜器普遍含锡量较高,在所测的111件器物中,有92件含锡量超过10%,62件超过25%,最高者可达81.9%。

不同合金比例的青铜,还可以获得不同的硬度。在一定范围内,加锡越多,青铜的硬度越高。铜的布氏硬度只有35HB。加锡5%—7%硬度增至50HB—60HB。加锡9%—10%硬度升为100HB。当锡增到31%时,硬度最大,约为400HB。当锡量超过

---

① 北京科技大学冶金史研究室:《西汉南越王墓出土铜器、银器及铅器鉴定报告》,载广州市文物管理委员会、中国社会科学院考古研究所、广东省博物馆编《西汉南越王墓》上册,北京:文物出版社,1991,第397页。

31%后,硬度又逐渐减少。①

不同成分配比的青铜合金,其抗腐蚀能力也有明显区别。其中又以高锡铜合金抗腐蚀能力最强,高铅铜合金的抗腐蚀能力最差,纯铜的抗腐蚀能力居中。有一种被称为黑漆古的青铜器,又称水银古青铜器,这是一种经长久氧化后在青铜器表面生有一层犹如漆器般乌黑发亮保护层的青铜器。这个保护层生成之后,青铜器不再产生铜锈。这种黑漆古多见于战国、汉、唐三个朝代的铜镜上。产生黑漆古的铜镜其铸造用材必须是富锡青铜,约含铜70%、锡25%、铅5%。这种富锡青铜经过氧化会在表面形成一层非金属,非晶态的透明矽酸盐。这种盐富锡、贫铜,并含铁和矽。贺州的黑漆古铜镜不少,典型的有1975年至1976年贺县河东高寨汉墓②出土的M4:15西汉早期云纹地菱形纹镜、M1:4西汉晚期墓出土的连弧百乳纹镜、2014年八步区铺门镇河东村白屋岭西汉晚期墓出土的连弧纹昭明镜和昭平县出土的唐代海马葡萄纹铜镜。

(三)制范与铸造

制范与铸造是两个紧密相连的青铜器生产工序,不同时代和不同地域有着不同的工艺。

我国幅员辽阔,不同地区的人们根据各地特有条件和实践探

---

① 魏珍:《不同地区埋藏环境土壤特征与出土青铜器锈蚀之间的关系》,硕士学位论文,西北大学,2008。
② 广西壮族自治区文物工作队、贺县文化局:《广西贺县河东高寨西汉墓》,载文物编辑委员会编《文物资料丛刊》(4),北京:文物出版社,1981。

索形成了各自不同的青铜铸造工艺。夏至商代早期青铜器大多数是小件实用工具,极少装饰。商代中期至西周,青铜器制作有了明显发展,分布区域更加广阔,大小封国几乎都拥有自己的青铜铸造作坊,青铜器风格地域差别更加多样,这些具有浓郁地方风格的铸铜技术为我国青铜器的制作工艺增添了光彩。

吴越地区从西周开始即拥有特殊的青铜铸造工艺,他们创造性地发明了复合剑、菱形暗格花纹剑、细如发丝的同心圆剑首等兵器生产工艺。还通过在陶范上制成棘刺状纹饰来铸造容器、乐器等器物上的扉棱。贺州里松出土的青铜钮钟(原名镈钟)两侧带有扉棱,其铸造技术为吴越棘刺纹技术向西南越地传播的结果。

受商代印纹硬陶纹饰制作技术的启发,晋国生产铜器时,先用分范压印纹饰,然后再把各个单范拼合组装。在这个压印与拼范的实践过程中,晋国工匠们还总结出了如何分块、如何处理模缝、如何进行模的榫卯连接、如何处理模具块与块之间的叠压关系、如何拼合组装模范等一整套与现代模具制作理论相吻合的制范程式。

楚国在西周时期发明了透雕、镂空制作技术。春秋之后,分体铸造与焊接技术有了新发展,成为最常见的青铜器制作技术。这促使楚国在商周单一陶模制范的基础上还发展出了在蜡或镴模上制范的技术革新[1],促使熔模法(漏铅法)、失蜡法等新技术在青铜器生产中得到经常性应用,这进一步提高了透雕、镂空等青铜器装饰的制作效率。

---

[1] 万俐:《吴越、晋楚青铜器制作技术的对比研究》,《东南文化》2003 年第 10 期。

春秋开始,鎏金和细线刻镂等新技术也得到了发明和应用,更增添了这个时期青铜器的精美和华丽。由龙纹演变而成的蟠螭纹与蟠虺纹,成为这个时期青铜器的主要花纹,与之相陪衬的有几何形纹、波浪纹、绹索纹、垂叶纹等纹饰,这些纹饰摆脱了礼制的束缚,仅为单纯的图案装饰。①

目前所见,贺州的早期青铜器仅有一件简单的商代铜钺。并无西周早中期的青铜器出土。出土的西周晚期青铜器物中出现了罍、甬钟、三足鼎等体量相对较大、器形相对复杂的器物。这表明,贺州的青铜器制造并没有经历一个从简单到复杂的阶段,而是通过学习,直接从西周晚期较为复杂的制作阶段一步跨入后青铜时代。所以,贺州的青铜器制范工艺从一开始就较为复杂。

1.制范

铸造青铜器必先制范,因为制范的材质不同,又可分为泥范、石范、金属范、有机质范等多种范具。

泥范又称陶范,是出现时间最早和流传历史最久的铸范。早在商代早期即已出现泥范。它先选用泥土混合物按器物形制要求塑成一个模具,也称雕母,再从模上翻制外范。对于形体较小的器物,完成外模后,将泥范削掉一层做成内芯,削去的厚度恰是欲铸铜器的器壁厚度。对于形体较大者则另做内芯。将外范和内芯阴干后,稍微烘烤,然后扣在一起,中间用垫片或泥撑支撑形成空腔,浇铸铜液进入空腔。然后拔除外模,掏空内芯,再把范线打磨掉,即可获得成品青铜器。使用泥范铸型时,可以是一模一器,也可以

---

① 黄剑华:《我国古代的青铜器与鉴定研究》,《四川文物》1997年第4期。

五、贺州青铜器的生产加工

是同模多器。

一套范具加一个内芯只能铸造一件青铜器，称为一模一器。用一模一器法铸成的青铜器有多个显著特征：一是多见合范线。因为要使一些大体量或器形复杂的器物只经过一次浇铸就能成功制成整件器物，必须采用拼模法合成总模具，即需将器物各个部分的模具拼合在一起形成器物的整体模具。而拼合时，各部分的分模具之间会有缝隙，浇注时，铜液会自动流入这些缝隙形成缝线，即合范线。二是合模的时候，范块与范块接合处纹饰对合不齐，所铸造出来的器物的纹饰还会出现微小错位的现象。三是器表纹饰清晰，线条棱角转折锐利。因为模具无法重复使用，只能使用一次，模具上纹饰的边角清晰，未经磨钝。四是所有青铜器大小不等，花纹各异。五是由于泥范上的纹饰凹线是直接在泥坯上刻画出来的，而泥坯在刻画时线条边缘会出现崩缺现象，所以铸造出来的青铜器，其纹饰凹线亦有这种泥坯刻画的线条特征。泥范法浑铸工艺从始至终被沿用于中国青铜时代的每个时期。在春秋战国时，泥范法还被应用于镂空青铜器的铸造。①

同模器铸型法主要用于生产类似铜镜这样的实心器物，由于铸造它们时不需要用到内芯，也可直接用一件实物作为雕母。这种实用器可以反复用作模具，导致很多铜镜的尺寸、纹饰基本雷同，成为同模镜。西周中期（穆王时期）至春秋早期的许多青铜器

---

① 王金潮：《中国青铜时代透空青铜器铸造工艺研究的几个问题》，载东亚文化遗产保护学会、内蒙古博物馆、中国文物保护技术协会编《东亚文化遗产保护学会第二次学术研讨会论文集》，北京：科学出版社，2013。

常常成对成组出现,即"同形同纹的成套器类次第铸出"①,"两件或两件以上的铜器或者大小、造型、花纹、铭文几乎完全一样"②。这种外形完全一样的成对成组器物亦是同模器。

  石范是指用石块雕凿的范具。使用石范铸造不需翻模,只需将青铜合金熔液直接倒入石范之中即可铸成器物。也正由于石范不需翻模,石范上的纹饰与器物纹饰总是反向的,如果石范上是凹线,则器物就是凸线。石范可以反复多次使用,所铸造出来的器物往往同模,同模的器物其大小、纹饰也都相同。岭南地区多采用石范铸造工艺,广西武鸣马头山春秋墓中已经发现铸造青铜器用的石范。石范可以有单范、多范和复合范。用石范铸造器物,可以采用将器物一次铸造成功的浑铸法。也可以采用铸接法,即先将附件铸好,然后将附件安放在石范预先留好的位置上,并按需要使附件伸入到石范空腔中,当在空腔中浇入铸造器物主体的铜液时,铜液会自动将附件和主体连接在一起。还可以采用铸后焊接工艺,即先将器物各个部分分别铸好,在需要焊接的地方预留榫卯,将榫头插入卯口,并在卯口中填入低湿焊料,加热器物,熔化焊料,冷却后,榫卯就被焊接在一起。简单的越式青铜器多由两块分范合在一起铸成,在铜器底部或侧面多见合范线。比较复杂的器物多采取分铸法,即先分铸出各个附件,然后再与器物主体合铸为一。石范纹饰多是刻凿石料而成,石范铸造的青铜器纹饰如果未经打磨,常显现回刀痕和锥状凸点这些在石料上刻线和凿点的特征。

---

① 郭宝钧:《商周铜器群综合研究》,北京:文物出版社,1981,第 127 页。
② 邹衡、徐自强:《整理后记》,载郭宝钧《商周铜器群综合研究》,北京:文物出版社,1981,第 200 页。

有机范是采用编织、缝制、雕刻等办法将绳索、毛皮、布匹、竹木等有机物加工成范型。然后在范型外裹上泥层,形成泥模。泥模上预留浇孔,然后焙烧,加热后将有机质物燃烧成灰,吹除灰烬,有机物的形制和纹饰就印在泥模的内壁上。从预留的浇孔处往泥模里浇入铜水,冷却拨模后即得铸件。这种用焚烧有机物制取泥范的方法又称焚失法。有机范常常用于铸造耳、錾、系、流、足等体型较小但纹饰和造型复杂的器物附件。贺州至迟在战国时期就已经有了焚失法铸造技术,龙中山战国岩洞葬中出土的盘口斜足式鼎①其口沿上有环形绹纹附耳,其最初的范型就是编织好的绳绹。

　　从全国范围看,金属范具中熔点较低的铅范约出现在商代中期以后。熔点较高的铁范则出现在汉代以后,铁范的制作工序与陶范相类。使用铅范铸造的工艺称为"漏铅法",其工作流程是:根据器型分部位做成有凹弧面的泥范,把泥质分范组合成合范,往合范里浇注铅液,去掉泥范后得到铅质熔模。在铅模上雕刻纹饰和铭文。铅质较软,用指甲即可在其上划出痕迹。用铜刀具在铅模上走刀,运刀游刃有余,可得精细纹饰。然后在铅模上糊上泥浆作底层,再以草拌泥作夹层,夹层外还要糊上厚泥作为外层以保证模具牢固不变形,同时在三层泥上预留浇口和漏口。在外层的厚泥外堆炭燃烧,随着温度增高,铅模熔化,铅液从漏口中流出。铅液漏尽后,堵住漏口,从浇口中注入铜液。冷却后拨去泥模并作打磨,即得铸件。铅模外的泥浆模密度高,有较好的韧性,既能轻松地承受浇注铜液时产生的压力,又能在拨除外范时克服外力对铸

---

① 张春云:《广西贺县龙中岩洞墓清理简报》,《考古》1993年第4期。

件的损伤,保证铸件不变形。铅的熔点低,比重大,流动性好,在熔模漏出时不会滞留,保持泥模干净。铅料还有很好的吸附性,在漏铅之前能够紧贴泥壁,使得铅模上的纹饰能够清晰地印在底层泥壁上。漏铅法的一系列优良特性能使铸件纹饰和铭文以非常高的保真度从熔模上复印下来。漏铅法铸件上的合范铸痕为熔模"嫁接"的假铸缝,均在 0.5 毫米以下,此种铸缝是识别"漏铅法"铸器的标志之一。① 另外,铅范克服了泥范、陶范不能铸造精细纹饰,倒刺状纹饰和铸造甬钟时不能拨模等缺陷。漏铅法技术来自有机范焚失法,又为后来的失蜡法打下了技术基础。龙中山箕形器基本不见合范线,侧板镂空花亦是采用漏铅法工艺制成的。

失蜡法事实上是一种有机范铸造法,但由于工艺留传时间长,工艺程式特别,铸件精密度高,器物和纹饰在铸后无须打磨等特点,约定成俗,其被单例为一类工艺。失蜡法工艺于春秋中晚期开始得到广泛采用。由于失蜡法使用的是整模,模具无须分块,因此采用失蜡法铸造所得来的青铜器不会出现合范线。

失蜡法的基本工艺是以蜡制成器物模型,内外以泥填充加固,泥干后,加热,使蜡液流出,堵住排蜡口,再注入金属溶液,冷却后,打去填充的泥,便可得到与蜡模相同形状的金属器。②

我国最早提及失蜡铸造的文献在唐代,《唐会要》:"郑虔《会粹》云,询初进蜡样,自文德皇后掐一甲迹,故钱上有掐文。"其意思是说按照铸币的审批程序,用蜡灌出拟铸钱币的样式,呈上御览,

---

① 李志伟:《古代青铜铸造方法的再探讨》,《江汉考古》1986 年第 4 期。
② 李乐婷:《从青铜器开始:试谈特定社会形态影响下的设计面貌》,《美术教育研究》2011 年第 5 期。

文德皇后在参与审批时用指甲在蜡样上掐下一痕迹,然后铜钱上就有了指甲纹。这说明唐代肯定存在失蜡铸造法。

北宋王黼《宣和博古图》认为西周已用失蜡法制作青铜器:"此尊(周召公尊)有五指痕……今此指痕以蜡为模,以指按蜡所成也。"即通过联系宋代失蜡法制作工艺推测周召公尊上的五指痕是用失蜡法工艺制作而成。

青铜时代的失蜡法工艺因无史料记载,目前已经不能详述。

迄今所知最早对失蜡铸造工艺有具体记载的文献是南宋赵希鹄的《洞天清录》:

> 古者铸器,必先用蜡为模,如此器样,又加款识刻画,然后以小筒加大而略宽,入模于筒中。其筒底之缝,微令有丝线漏处。以澄泥和水如薄糜,日一浇之,候干再浇,必令有周足遮护。讫,解筒缚,去筒板,急以细黄土,多用盐并纸筋,固济于原澄泥之外,更加黄土二寸。留窍,中以铜汁泻入。然一铸未必成,此所以为之贵也。①

即宋代失蜡法的基本程序为:用蜡雕出器物模样,并雕刻纹饰和款识;在木筒(桶)中用纯而极细的澄泥浆作为与蜡壳接触的内层,用细黄土和盐并纸筋作外层,外层之外再附加普通黄土两寸,并留浇口和冒口;把加有外壳的蜡模焙烧,蜡液流出后,模具中形成空腔,再化铜浇入空腔中,冷却后打开模具外壳即得器物。

---

① 《景印文渊阁四库全书》第871册,台湾"商务印书馆",1986,871-13"蜡模"。

明代《天工开物》介绍了用失蜡法铸造万钧钟、鼎等大质量器物的工艺：

> 凡造万钧钟，与铸鼎法同。掘坑深丈几尺，燥筑其中如房舍，埏泥作模骨。其模骨用石灰、三合土筑，不使有丝毫隙拆。干燥之后，以牛油、黄蜡附其上数寸。油、蜡分两：油居什八，蜡居什二。其上高蔽，抵晴雨（夏月不可为，油不冻结）。油蜡墁定，然后雕镂书文、物象，丝发成就。然后春筛绝细土与炭末为泥，涂墁以渐而加厚至数寸。使其内外透体干坚。外施火力炙化其中油蜡，从口上孔隙熔流净尽，则其中空处即钟鼎托体之区也。
>
> 凡油、蜡一斤虚位，填铜十斤。塑油时尽油十斤，则备铜百斤以俟之。中既空净，则议熔铜。凡火铜至万钧，非手足所能驱使。四面筑炉，四面泥作槽道，其道上口承接炉中，下口斜低以就钟鼎入铜孔。槽傍一齐红炭炽围。洪炉熔化时，决开槽梗（先泥土为梗塞住），一齐如水横流，从槽道中枧注而下，钟鼎成矣。凡万钧铁钟与炉、釜，其法皆同，而塑法则由人省啬也。

当代失蜡法有拨蜡法、贴蜡法和涮壳法三种工艺。

拨蜡法或称捏蜡法，指用手工和一些辅助工具通过拨、拉、捏、塑、雕等操作制成蜡质母模的制范工序。它是失蜡工艺的基本技法，也是最古老的蜡模工艺技法，其主要的铸造对象是神、人和动物的圆雕造像，我国自夏代以来一直流传这种工艺，此法属无模具

造型,所铸物件无一相同。清代朱象贤的著作《印典》记载了完整的拨蜡工艺:

> 拨蜡,以黄蜡和松香作印,刻纹、制钮。涂以焦泥,俟干,再加生泥。火煨,令蜡尽,泥熟,熔铜,倾入之,则文字钮形,俱清朗精妙。
> 印范用洁净细泥,和以稻草,烧透,俟冷,捣如粉,沥生泥浆调之,涂于蜡上,或晒干,或阴干,但不可近火。若生泥为范,铜灌不入,且要起窠(深空也);熟泥中粘糠秕、羽毛、米粞等物,其处必吸(铜不到也)。大凡蜡上涂以熟泥,熟泥之外再加生泥。铸过作熟泥用也。(〔清〕朱象贤:《印典》卷六,清康熙、雍正年间朱氏就闲堂刻本)

贴蜡法又称贴蜡片法,是将制好的蜡片贴于预制内芯上的一种制模工艺,其具体制程是:将蜡料碾压至待铸器物的壁厚,然后裁剪成需要的尺寸。同时,用硬质木料雕制出纹饰模板,将裁剪好的蜡片压印在纹饰模板上,再剥出蜡片拼于既定部位。贴蜡法是在铸造高仿真青铜器的过程中发展起来的,兴起于民国时期苏州的周氏青铜器仿制作坊,后人又称为"苏州片"法。

涮壳法或称搪蜡法,其基本制程是:从原器物或器物模上翻制凹模,组合凹模并扎紧即为涮壳,注入熔化的蜡液,当凝固至所需厚度时,倾出多余蜡液,脱去涮壳,即可获得整体蜡模。这是一种现代工艺。

失蜡法铸件的特征是:无合范线,无垫片,器物的耳足等部位无范土存在,整体浇铸,善于铸造镂空器物,青铜器表面往往会有细小的砂眼或者是缩孔。① 且不同失蜡工艺的铸件会显现不同的特征。拨腊法的显著特征是可扭曲性,即铸件可以不在一个基准面曲张。贴蜡法和涮壳法具有软模的软型特征,轮廓和纹饰边线不挺,无力度,地张不平整有凹凸状。②

从《洞天清录》《天工开物》《印典》等材料看,其所描述的失蜡工艺不可能用来铸造具有繁复或网状交错枝连型透空器物,因为数寸厚的湿泥料压上蜡模时,纤细的镂空网状蜡模会承受不住这些压力。③ 所以龙中山箕形器壁上的网状纹饰不由失蜡法铸成,而采用漏铅法铸成。

2.纹饰的范面起草

要在青铜器表面铸造纹饰,必先在范具表面上做出纹饰。我国范面的纹饰制作在不同阶段有不同工艺,这使得铜器表面纹饰在不同时代显现出截然不同的纹饰特征。

商早期使用浑铸法铸造,范面纹饰采用的是范面压印的办法形成,即在范面先起稿纹饰的总体轮廓,再根据稿线压印纹饰。由于范面压印的纹饰是凹槽,铸成器物后纹饰线条就变为突起。所以商早期的纹饰均为阳纹,贺州采集的商代铜钺即采用了压塑法制作纹饰。

商中期至西周,除在范上使用压塑技术之外,青铜器铸造又出

---

① 樊海涛:《云南青铜器的鉴定入门》,《收藏家》2009 年第 11 期。
② 周卫荣:《中国古代失蜡工艺求真——兼述失蜡工艺特征与青铜器鉴定》,《江汉考古》2009 年第 3 期。
③ 周卫荣:《中国古代失蜡工艺求真——兼述失蜡工艺特征与青铜器鉴定》,《江汉考古》2009 年第 3 期。

现了在范面上堆塑纹饰的技术,即在范面堆塑泥条组成纹饰。铸成器物后泥条堆饰的纹饰呈凹槽特征。因此,这时期既有保持商代早期阳凸纹的青铜器,也有阴凹纹的青铜器,还有阴凹纹与阳凸纹相组合的青铜器。

春秋以后,普遍采用单元纹饰范的拼兑技术,即采用单元纹饰模制作单元纹饰范,然后再拼兑范具,铸成器物后纹饰带或纹饰区中存在纹饰拼兑缝的特征。①

3.垫片与泥芯撑

使用泥范铸造空心青铜器时,需要在外范与内芯之间形成一个保持器壁厚度的空腔,这就需要在内芯与外范之间放置一些垫片和泥芯撑。垫片一般为体量不大的小铜片和小铜条,事先固定在内芯或外范上,垫片突出于芯面或范内面的高度约大于或等于器壁的厚度。铸造时,垫片为铜溶液所包裹,被铸接在青铜器的器体上,拨模之后,只要将垫片稍加打磨即可。桂岭出土的西周铜钮钟,其钲部的中线上可见很长的垫片。泥芯撑是突出于内芯底部的小泥块,小泥块的厚度也是器壁的厚度。使用泥芯撑的铸件上会产生小孔,需要对小孔进行补铸之后,器物才可以使用。

4.连接

我国古代共有浑铸法和分铸法两种铸造工艺。所谓浑铸法在夏代已经出现,是指通过一次浇铸即可成型的铸造方法。浑铸法既可能采用单范浑铸,也可以是合范浑铸。

---

① 董亚威、周卫荣、马俊才、万全文 王昌燧:《商周铜器纹饰技术的三个发展历程》,《中国历史文物》2007年第1期。

分铸法在商代就已被广泛使用①,由于大体量器形或者复杂器形无法浑铸,只得先将它们的各个部分分开铸造,然后再把分铸好的各个部分通过浇铸、焊接等办法组合成器。

　　无论是合范浑铸还是分铸焊接,都涉及青铜器铸造过程中的连接问题。不同的器物根据器形、功用、大小、铸造方式的不同会有不同的连接方式。青铜器的连接方式主要是铸接和焊接两种。②

　　铸接是指通过铸造将附件与主件连接的办法,无论是浑铸法还是分铸法,都会应用铸接工艺。铸接工艺又可分为先铸法、补铸法、合范法、分段连接四种方式。

　　先铸法连接也称嵌铸法、镶铸法,是先铸好附件,然后将附件拼接在主件的模具上,当往主件模中浇入铜水时,铜水会直接包裹先铸的附件,把附件连接在主件上。用这种办法连接,铸件上不会留下附件模的模印。这种技术出现在商代,它还可以实现铁与铜、红铜与青铜等不同材料之间的金属连接。例如红铜与青铜的嵌铸就是先将红铜的花纹作为附件铸造出来,经修整后置于青铜器主件的铸型内,往铸型中浇铸青铜液,就可使红铜纹饰与青铜器物铸接在一起。

　　补铸法是先把器物的主、附件分别铸好,并且附件上事先铸好榫头,主件上事先留好安插榫头的开口,开口附近的主件内壁上也事先铸有突起的小榫头。捏一个内带凹面的小泥范贴在主件开口处的内壁上,往小泥范中浇入铜液,铜液淤进器物内侧后与事先留

---

① 马承源主编《中国青铜器》,上海:上海古籍出版社,2003。
② 赵世纲:《春秋时期失蜡法铸造工艺问题探讨》,《中原文物》2006 年第 6 期。

好的附件榫头及主件器壁粘贴在一起,从而将主附件焊接在一起。补铸时铜液流入铜器内壁成为突起,冷凝收缩后有利于铆紧主附件,这种突起事实上起到了铆钉的作用。由于补铸法主要通过使用榫卯来加强连接处的牢固度,所以补铸法也称"铸铆法"。这种技术出现在春秋战国时期。尽管这种方法采用了榫卯结构,提高了接头的强度,但采用补铸法工艺所得的铸件不仅器身与附件吻合紧密程度不及先铸法,且接口处的附件上常见铜毛刺,接口处主件的内壁上还会有浇口留下的铜块突起。但有的器物内壁突起较为光滑,无浇口或磨砺痕迹,应是在内范上预留了相应的凹穴。

图 5-1　虺纹铜瓴用于连接耳部的榫头

合范法连接是指把主件范与附件拼接成合范,然后浑铸,主、附件一次成形。由于器物是一次铸成的,所以合范法连接的重点是在拼范时对分范的连接。一般会在分范边缘提前制好子母口,子母口的边缘还会设置有一些锯齿状的卡口。用合范法铸接的器物,往往在分范连接处可见突起的合范线,或主附件的交接处可见

213

附件范的范印。但因为古人还会对铸件进行打磨,把多余的铸痕打磨掉,所以在影响观瞻的地方往往见不到范印。铺门出土的部分西汉铜鼎鼎足与鼎身外壁接触部位有时可见略呈方形的隆起,这就是足分范在与身分范拼合时留下的范痕。

图 5-2　铺门出土铜鼎的耳根部有分范痕留下的隆起痕

　　分段连接法实际上是先铸连接法的一种特殊形式。对于造型复杂、体态高大硕长的青铜器往往采用分段法连接。它把每一段分范的上口沿制为子口,下口沿为母口。在合范时,把上下两段分范的子母口互相套合。往合范的空腔里注入铜液后,器物会一段一段地接铸在一起。沙田龙中村战国岩洞墓出土的Ⅱ式附耳蹄形足①外表有二道凸弦纹,弦纹上下波曲,接口处有错位的现象,是范具拼接时留下的痕迹,可知这件鼎共分上中下三段制范,其中上段与中段拼接时留下上弦纹,中段与下段拼接时留下下弦纹。分段

---

① 张春云:《广西贺县龙中岩洞墓清理简报》,《考古》1993 年第 4 期。

铸造工艺流传时间极长,贺州南汉时期的乾亨寺大铜钟,仍然采用分段接铸法,钟身可见分段合范线。直到清代,贺州各庙观中所使用的铁钟亦全部采用分段法铸造。

焊接可分为低温焊接和高温焊接两种技术。低温焊接也称镴焊。就是采用锡铅等在较低温度下能够熔化的合金作钎料的一种焊接技术,约发明于公元前5世纪的春秋时期。秦始皇兵马俑坑中的青铜马车就大量采用了镴焊技术。贺州龙中山战国岩墓中出土的箕形器口沿上有短铜柱,其中一根铜柱脱落,而口沿上保留了完整的圆形柱洞,说明柱洞所在的器体与短柱为分开铸造,然后用低温焊接的方法进行了连接。低温焊接的接口不耐高温,只能在常温下使用,对于需要经受高温的器具来说,不能采用低温焊接。例如炊煮用的铜鼎,由于其在使用过程中需要与火接触,如采用低温焊接鼎足,在较高温度下,低熔点的焊料将会熔化,导致器足从底部脱落。

高温焊接是使用铜、银等高熔点材料作为钎料来进行焊接的一种连接技术,开始于春秋时期。我国最早关于高温焊接的史料是东汉班固所著的《汉书》,其云:"胡桐泪盲似眼泪也,可以汗金银也,今工匠皆用之。"明代宋应星的著作《天工开物》则有"中华小钎用白铜末,大钎则竭力挥锤而强合之"的记载;明代方以智所撰《物理小识》又云:"焊药以硼砂合铜为之,若以胡桐汁合银,坚如石。今玉石刀柄之类焊药,加银一分其中,则永不脱。试以圆盆口,点焊药于其一隅,其药自走,周而环之,亦一奇也。"这些史料都明确指出我国很早就有了铜焊、银焊等高温焊接技术,它以硼砂为铜焊钎剂,以胡桐树脂为银焊钎剂。

5.铸后加工

通过对贺州市博物馆青铜器藏品进行的金相检测显示,青铜铸件的铸态晶组织不仅有树枝状结构,还有轴晶等其他结构,这表示青铜器还经过了冷作、退火等铸造后的加工处理。《尚书·费誓》:"锻乃戈矛,厉乃锋刃。"说明戈矛等兵器在铸造后确实经过了锻打和磨砺两种铸后处理。

不同的铸后加工方式会影响青铜器的物理性能。一般地,锻打、冲压、磨砺等冷作加工可以增加青铜器的硬度,而退火则可以消减硬度,增加韧度。响器、容器、刃具等青铜器都需要铸后处理。如刃具中的工具、兵器等铸件,在使用了一段时间后,会锋刃变钝,需要磨砺。使用过程中还会出现器物变形的情况,需要对器物进行锻打。在进行上述这些冷作过程中,器物都会变硬。而为了消除因为后续冷作加工所带来的硬化现象以利再次锻造,还需要对器物进行回火和淬火加工。

对于容器铸件,回火可适当地消除内应力,提高容器的使用性能,并稳定其几何尺寸,不易变形。同时还可减缓腐蚀速率。

凡青铜铸件如果加铅后锻打,会造成青铜合金的抗拉强度和抗冲击值下降。对于不需要锻打的器物,或是铸后又作热处理的器物,加铅不仅可以提高铸造时的铜溶液的流动性,减少铸件沙眼和缺口,适当的铅含量还能提高铸件的耐磨性。

淬火可以增加青铜的内应力,提高强度和塑性,使器物更加坚固耐用。同时减少硬脆性,改善器物的抗刮磨能力,减少器物在日后使用过程中的损坏度。淬火技术还推动了青铜乐器的制作与发展。因为但凡响铜器都必须增加锡铅含量以使乐器的音长可控,因此大多数乐器都是高锡青铜器,例如贺州出土的甬钟、钮钟等铸件的含锡量就在12%—73%之间。但铸造这种高锡铜器时,如果在空气中缓慢冷却,它会变得又脆又硬。必须通过淬火激冷处理,才能提高延展性。如此,这些乐器在击打奏乐时就不会变形或崩缺。所以,但凡青铜响器都需淬火处理,同时还需要通过冷锤来调音和定音。同样,淬火技术也促进了锋刃器的生产与发展。例如用来修削竹篾的青铜刮刀,首先必须采用高锡青铜铸造以保证锋硬刃锐。但含锡量太高会锋刃脆硬,造成崩刃、折断等缺陷,而激冷处理后可以提高韧性,所以青铜刮刀往往会经淬火处理。

至迟在春秋晚期,我国已出现青铜淬火技术,主要应用于锋刃器。到南北朝时期,淬火工艺的技术效果得到进一步的认识和发展,并应用于容器生产。①

(四)表面加工

青铜器表面的加工工艺始于商代早期,有抛光、镶嵌、鎏金银、镀锡、错金银、包金、錾刻、打磨、铸补等各种处理技术。到战国中晚期,往往可见各种表面加工工艺集于一器的现象。

1.鎏镀

鎏镀工艺的主要作用是美观装饰、防腐蚀、使器物耐磨耐用。古代鎏镀工艺又包括鎏金、鎏银和鎏锡。

鎏金:最初又称为"鋈金""火镀金""汞镀金"。《汉书》称为

---

① 余伟:《中国古代青铜器流淬火的初步研究》,《南方文物》2013年第2期。

"金黄涂"或"黄金涂"。它是一种器表加工工艺,使用黄金与汞为原料将金和水银配成金汞合金剂,涂饰器物表面,再经过烘烤,使汞蒸发,让金经久不脱地继续保留在器物上。加工工序有加工金泥、抹金泥、烘烤、清洗、找色、压亮等。中原地区于春秋末期发明①,战国时期中原地区出现了大量鎏金青铜器。贺州直到战国时期才出现铜辅首这种鎏金附件,西汉初期开始出现铜奁、镜刷、车马器、牌饰等完整的鎏金器物。

鎏锡:又称"镀锡""鎏富锡""鎏白金"②,是指在青铜器铸造成型后通过热镀法在其表面增加锡层的处理工艺。我国有关镀锡的文献记载最早见于《诗经·秦风·小戎》:"游环协驱,阴靷鋈续。""龙盾之合,鋈以觼軜。""俴驷孔群,厹矛鋈錞。"东汉刘熙《释名·释车》:"鋈,金涂沃也。冶白金以沃灌靷环也。"张子高考证后说:"鋈即铜器镀锡。"③镀锡层一般为亮白层,可增强青铜器的耐腐蚀性。锈蚀后的镀锡青铜器易产生亮白锡层、青铜锈层、基体层相互间隔的虎斑纹。在中原地区,商代已有大量鎏锡青铜礼器和兵器。法国考古学家际卫松曾对我国的周代铜戈、铜剑做过鉴定,发现这些兵器的外面有镀锡层。他说中国古代已有外镀,殊可钦异。且其外镀,不仅为美观避锈起见,又有保护兵器本身之功能,加大战斗之威力及兵器价值焉。④ 到战国中晚期,中原地区的镀锡器绝大

---

① 杨小刚、金普军:《重庆地区青铜器表面加工工艺探析》,《文物鉴定与鉴赏》2013年第3期。
② 张子高:《从镀锡铜器谈到鋈字本义》,《考古学报》1958年第3期。
③ 张子高:《从镀锡铜器谈到鋈字本义》,《考古学报》1958年第3期。
④ 万俐:《中国古代青铜器表面处理技术几个研究课题的思考》,《东南文化》1993年第6期。

部分已被鎏金器取代,但在云南等边远地区,镀锡技术一直到东汉和晋初时期仍广泛使用,而且成为后期铜镜表面装饰的主要手段。①

镀锡工艺用的镀料主要是锡,铅虽说在色泽上接近锡,但容易氧化变黑,很少使用;银较锡的光泽更好,作为镀料虽然在色泽上更加理想,但其熔点高达960℃,不容易制取;锡的光泽度仅次于银,熔点却只有230℃,而且开采量也大,因此古代镀锡青铜器较多,镀银、镀铅者较少。经过镀锡处理的青铜器,其表面均呈银白色,使得器物更加光亮美观。镀锡青铜器具有很强的防腐蚀性能,即使在较潮湿的条件下,也不容易被氧化。

关于出土青铜器表面出现银白色富锡层的现象,长期以来,国内一直有镀锡与反偏析两种成因之争。

执反偏析之议者认为,青铜器上的富锡层并非铸后镀锡所致,而是通过控制青铜器合金成分和铸造时的冷却速度来实现。因为要在不规则的器物表面比较均匀地镀上一层锡,只有用"热镀"的方法才有可能,但其工艺比较复杂,在两千年前,似乎无条件进行。所谓控制合金成分和铸造温度,是指一般器物铜锡合金比例中锡的最大熔解值只有百分之十几,而当青铜器中锡的含量超过其最大熔解值时,多余的部分就以混合物的状态分布在青铜合金中。铸造青铜器时,如果用这些高锡熔液填充范腔,并预先采取保温缓

---

① 吴元康、储荣邦:《中国古代青铜器表面鎏镀技术》,《材料保护》2011年第44卷第8期。

219

冷措施,就会出现青铜器表面含锡多,内部含锡少的"偏析"现象。[1]

执镀锡意见者认为,青铜器表面的银白色富锡层是器物铸成以后镀上去的。镀锡与反偏析形成的器物表面虽然都富锡,但区别是镀锡会产生镀锡层,而反偏析青铜器中的含锡量会呈现出由表及里逐渐递减的状态,不会产生表面与基体之间的分界层。

贺州至今未发现镀锡工艺,但今钟山县发现有唐代白色瑞花纹铜镜,并且它的表面白色与基体不分层,应为高锡反偏析的结果。

2. 打磨

铸造成形后的青铜器普遍存在突出于器表的毛刺、合范线、垫片、范痕等缺陷。这就需要对表面进行打磨。贺州自采集到的商代铜钺开始,所有已发现的青铜器物均器表平整,显然均经过打磨。但一些器物底部和足部内侧,往往表面凹凸不平,如箕形器底部、神兽尊足部内侧。所以,工匠们对青铜器的打磨主要集中在影响器件美观的部分。

3. 补铸

青铜器铸造成型后,还会出现气孔、裂纹及泥芯撑造成的胎体空洞等缺陷,在使用过程中还可能出现胎体破损、垫片及附件脱落造成的器体崩缺等情况,这就需要用铜液对器体进行补铸,将缺失的部分重新补回来。补铸处往往会在器物的胎体上留下补块或铸口痕。贺州已发现的青铜容器和礼器之中除龙中山箕形器未见补

---

[1] 吴炜:《滇国青铜器的镀锡工艺》,《云南民族大学学报(哲学社会科学版)》2008年第4期。

铸痕之外，其余均有补块。贺县桂岭发现的青铜钮钟①右上角迄今仍清晰可见补铸造痕。2013 年在沙田马东小学发现的铜鼎底部亦可见高突于器表的补铸铜块。

图 5-3　2013 年马东小学出土西周铜鼎底面，右下角突起部分为补铸铜块

最迟在春秋时期，补铸技术已被应用到了青铜器的修补上。②《吕氏春秋·审已篇》及《韩非子·说林下》均载：

> 齐代鲁，索谗鼎，鲁以其赝往。
> 齐人曰："赝也。"
> 鲁人曰："真也。"
> 齐曰："使乐正子春来，吾将听子。"
> 鲁君请乐正子春，乐正子春曰："胡不以其真往也？"
> 君曰："吾爱之。"
> 答曰："臣亦爱臣之信。"

---

① 覃光荣：《广西贺县发现青铜镈钟》，《考古与文物》1982 年第 4 期。
② 程长新、程瑞秀：《古铜器鉴定》，北京：北京工艺美术出版社，1993，第 82 页。

故事中,鲁国国君把假"谗鼎"送给齐国而被齐国识破,说明春秋时期已有仿制技术。青铜器的复制、仿制、伪造技术与修复技术是相辅相成的。

4.錾刻

这一技术起始于春秋中期。用点和线段组合形成线条的时间相对较早。用刀如笔,线条流畅的时间相对较晚,但显微观察,其线条仍不连贯。春秋时,模印铸造纹饰的技术已经非常成熟,再加上錾刻后,纹饰会更加丰富。使用錾刻技术加工的纹饰,线条均为阴线,由于工匠加工时力度不能持续均匀,且需反复回刀,其所得的线条粗细和深浅不均匀、弯曲不直,线槽多为V形断面,边棱还有划刻和刻伤的痕迹,有的地方甚至有刻坏的边角。贺州最早在青铜器上錾刻纹饰的是1996年在今平桂区沙田镇西周墓中发现的甬钟(M2:3)和铜矛(M2:3)[①],此后在里松发现的战国羽人纹青铜甬钟上亦有錾刻纹。

5.错金银

战国时,青铜器上盛行错金银装饰。其方法是首先在青铜器表面铸出或錾刻出纹饰的燕尾槽,再将金银丝(片)严丝合缝地嵌入槽内,胶接后,打磨金银丝(片),使得金黄色与银白色交相辉映。但贺州迄今未发现有错金银装饰的青铜器。

6.贴金

就是将金箔贴在器物上。贴金的方法有胶粘接法和铆接法两

---

① 张春云:《广西贺州市马东村周代墓葬》,《考古》2001年第11期。

种。胶接技术在商代已经出现,主要使用生漆等有机黏结剂。但在秦陵铜车马器的羊头辖与轴头间发现有用碳酸盐和磷灰石粉末配制而成的无机胶黏剂。采用贴金工艺的器物现在贺州尚无发现,仅在铺门发现有西汉早期的扣金玉环,它将一块金片扣合在玉环上,金片与玉的接触部位不使用黏剂,仅在金片与金片相接触的部位使用黏结剂。

图 5-4 扣金玉环

六、贺州青铜文化的时代序列

原始社会之后,由于历史条件的不同,岭南越族各部的经济发展是很不平衡的,社会的进程也不尽相同。在商周之世,多数岭南越人仍处于新石器时代水平,除少数先进地区已经接近中原地区的发展水平外,绝大多数仍处于原始社会向阶级社会过渡阶段。然而,尽管商周之时岭南的青铜文化并不像新石器文化那样普遍,发展的程度也不高,但贺州作为岭南北部地区,又有潇贺古道连接五岭南北,其青铜文化一直走在岭南前列。随着青铜器物出土的日益增多,人们越来越相信,先秦至西汉时期的贺州的确经历了一个相对繁荣的青铜文化时期。

贺州青铜文化主要有三个重要特点:一是时代性,不同时期的青铜文化表现出不同的特征,包括考古发掘和零星采集,商代青铜器贺州仅采集到一件铜钺;从西周开始,已有一些带青铜器的古墓葬被发现;此后,春秋、战国至西汉时期,所发现的青铜器古墓越来越多。因此,研究贺州的青铜文化必须关注其时序变化规律。二是与岭南其他文化一样,贺州的青铜文化是在中原文化影响下发展起来的。它从产生之初就伴随着中原青铜器的传入,在生产工艺、器物造型、审美特征等许多方面都以中原为楷模。从春秋起,尽管贺州青铜器中的越式器物逐渐增多,如靴形钺、扁茎剑、斜支足鼎、铜筒、铜鼓、刮刀等皆为中原地区所未见,具有浓郁的地方特色,但在越式器物之外,还有许多器物无论器形还是纹饰特征,都与中原文化有着许多的一致性和相似性。所以要研究贺州的青铜文化,必须时刻关注中原青铜文化的变化趋势。三是相对于先进地区,贺州的青铜文化发展缓慢。五岭之北的中原、吴、楚等地青铜器物的出现要早于贺州一个时代,在中原地区西周早期就已出现的青铜器物,贺州往往要到西周晚期才有出现。所以在分析贺州青铜文化的时代特征时,不能照抄先进地区的成果,而要进行综合的在地化研究。四是从地域上看,贺州各地的青铜文化也极不平衡,八步、平桂两区发现的青铜器古墓较多,青铜器出现时间较早,留传时间也较久,从商至西汉均有传续。昭平、钟山、富川三县的青铜文化其繁荣程度稍次,其已发现的最早的青铜遗存往往肇始于战国。所以研究贺州的青铜文化还必须注意贺州不同地区青铜文化的自我特色。

(一)青铜器纹饰发展序列

作为特定时期、特定环境下人们心理的反映物,装饰青铜器的纹饰和图案不仅反映着人们的审美观念、宗教信仰、图腾崇拜等精神意志,同时也是生活习俗和生产力发展水平的见证,它们具有极强的时代性和明晰的发展序列。容庚曾指出:

商代主要之花纹,为饕餮、为夔、为两尾龙、为蟠龙、为蝉、为蚕、为龟。西周前期为鸟、为凤、为象,均有雄奇伟丽之观。西周后期为蛟龙、为瓦、为重环、为环带、为窃曲,则质朴无文,渐趋退化。春秋、战国期为蟠蛇、为兽带、为鸟兽、为象鼻、为蟠虺、为绚、为贝,纤巧繁缛,与前异趣,其车马、战斗、狩猎诸纹,极生动活泼之致,如放异彩。要之,商与西周前期,大至相沿,无急剧之变化,形制如此,花纹亦然。西周后期以降,其形制变,花纹亦随之而变,故形制花纹每有不易名状者焉。①

1.商代

商代,中原青铜器的装饰纹样以动物纹为主,几何纹为辅,偶见人物纹。如山东益都苏埠屯 1 号墓出土兽面纹钺上的兽面纹②、河南安阳小屯 M186 出土的短背翘首脊饰刀③上的脊饰、河南安阳小屯妇好墓出土的妇好钺④人物纹。其中动物纹中有一类是对现实家养和野生动物的写实纹样,如商晚期妇好鸟尊上的鸱枭纹⑤和商晚期凡卣上的蟾蜍纹⑥,另一类是通过想象而幻化出来的虚拟动物纹样,如饕餮、夔、龙、凤等。特别是夔纹和饕餮纹,是商代和西

---

① 容庚:《商周彝器通考》,北平:哈佛燕京学社,1941。
② 马承源主编《中国青铜器》(修订本),上海:上海古籍出版社,2003,第 45 页,图 4。
③ 马承源主编《中国青铜器》(修订本),上海:上海古籍出版社,2003,第 51 页,图 2。
④ 马承源主编《中国青铜器》(修订本),上海:上海古籍出版社,2003,第 46 页,图 5。
⑤ 马承源主编《中国青铜器》(修订本),上海:上海古籍出版社,2003,第 341 页,图 23。
⑥ 马承源主编《中国青铜器》(修订本),上海:上海古籍出版社,2003,第 343 页,图 32。

六、贺州青铜文化的时代序列

周时期最典型的纹样。

约公元前 16 至前 14 世纪的商代前期,青铜器大多为素面,如有纹饰,则动物纹和几何纹都较粗疏,无底纹,少见铭文。因此,这时期的动物纹均饰于同一层面,同一纹饰区罕见不同层次的动物,纹饰与纹饰之间没有上下叠压关系,这种单一层次的基本装饰手法后来在青铜器上一直延续。

到公元前 14 至前 11 世纪的商代后期,青铜器上大都纹饰遍布全身,繁缛精美,厚重庄严。以动物纹为主纹、云雷纹为地纹的"三层花"装饰开始出现。这种多层次装饰风格的具体表现手法就是以一主要纹样居中突出于底面成为浅浮雕,主纹以外的空间刻满云雷纹为底纹。有的在较宽大的主纹上又阴刻一些线条,作为形体刻画的补充。商代青铜器的动物中有兽面纹、蚕纹、蝉纹、蟠龙纹、象纹等。内卷角的大兽面极为盛行。器物上的铭文字体往往是两头尖细,中间较粗,称为"波磔体"。商代晚期的动物纹普遍具有一种狰狞的神秘感。

尽管目前贺州发现的商代青铜器仅有一件,而且是商代早期器形,纹饰只有简单的凸弦纹。但是中原地区商代后期青铜器三层花装饰工艺却在贺州龙中山战国墓出土的麒麟尊上仍然保留余韵,尊腹上以云雷纹为地纹,以窃曲纹为主纹,窃曲纹的大块面上还用阴线勾勒边框。而且商代出现的兽面纹、蝉纹、蟠龙纹、云雷纹等纹饰也成为贺州西周至西汉早期的青铜器纹饰蓝本。如道东小学出土的西周甬钟上施用了云雷纹,桂岭出土的西周钮钟采用了兽面纹,龙中山战国墓中出土的铜盉盖使用了交体龙纹,西汉云地纹棱形纹镜使用了云雷纹。

227

2.西周

西周早期青铜器纹饰除了增加铭文以外,大多数延续商代晚期图形,并在此基础上有所发展。纹饰图形主要有动物纹、人物纹、写意图案等三类。其中动物纹主要有兽面纹、夔龙纹、蟠螭纹、凤纹、鸟纹、蝉纹、蚕纹、蛇纹、象纹、牛纹、鱼纹、龟纹、贝纹、兔纹等动物纹。写意图案主要有云雷纹、勾连云雷纹、直线纹、乳钉纹、圆涡纹、联珠纹、蜗体等。人物纹主要造型较为写实。

在纹饰的图形组合上,西周早期通常以兽面纹、夔龙纹等为主纹,云雷纹为底纹,而且主纹往往占据显著地位,面积较大。主纹与底纹使得器身花纹满盈,纹饰繁缛华美。

在大块面的纹饰布局上,西周早期开始出现了几种纹饰并存的局面。如有的器物从上到下分三个纹饰带,其中上层纹饰带为窃曲纹,中层纹饰带为三角纹和窃曲纹,底层纹饰带为凤鸟纹或龙纹。而且,在各纹饰带的排布上,还有主次之分,主要纹饰带所占面积较大。[1]

凤鸟纹从晚商开始出现,至西周早期其造型都是长尾高冠,但是西周早期的凤纹较商晚期的更显华丽。[2] 到西周中期,凤纹已成特征性纹饰,多见于青铜重器,通常呈对称回顾形排列,有长而华丽的冠或分冠,啄大部分为卷曲形。长尾鸟也是西周中期较为常见的一类鸟纹,其鸟尾的长度可达鸟体的二至三倍,有些延长的部分甚至与鸟体分离。带长冠或花冠的回顾龙纹也是这时期的主要

---

[1] 徐劼:《宝鸡青铜器博物馆馆藏西周青铜器造型与纹饰演变初探》,《北方文学(下半月)》2012年第6期。
[2] 刘昕、刘子建:《浅析西周青铜器纹饰演变的特点》,《电影评介》2011年第9期。

纹饰,这种龙纹体态似鸟而实际非鸟。

兽面纹方面,与商代一样,西周中期之前,人们亦认为万物有灵,他们惧怕鬼神又期望神灵护佑,这使得礼制在意识形态中能够发挥重要作用,有着强大的统治力量,所以西周早中期青铜器的礼器功能仍然强大,像晚商一样狰狞、诡异而威严的兽面纹仍然是西周早中期青铜器的主要纹饰。当时特别流行带角的兽面纹,兽面纹角型中多内卷角和牛角,其他角型较少。但与晚商不同,西周中期开始,新出现了带有长垂角的兽面纹、蜗体或卷体有触角的兽面纹。

西周中期后,原有的以礼制为核心要义的意识形态有所松弛,青铜器外形、纹饰及其装饰就由表达神权与政权的严肃和庄严向着表现人们的自然情感过渡。所以,从西周中期开始,青铜器纹饰删繁就简,陆续淘汰了不少早期纹饰,神怪性的兽纹不断衰退,兽面纹粗糙简化,对称简略且目纹退化。青铜器外在观感的神秘性逐渐变弱,商晚开始的狰狞诡异兽面纹到了西周中期已然不见,变成了平实的简朴风格。写实性变形动物纹、几何纹逐渐增多。同时,还新出现了窃曲纹、鳞带纹、S形和C形的横状动物纹等。窃曲纹也是一种变形的动物纹样,是动物纹的简化和抽象化,此后,它逐渐成为西周晚期至战国时青铜器的重要装饰纹样。①

西周晚期,社会结构出现较大变革,原有的政治管理体系不断松动,礼制的权威性和严肃性在人们的思想意识中继续放松。这种礼制松懈的社会风尚至迟在周厉王、宣王和幽王时期的西周晚

---

① 李瑛:《以青铜器纹饰为特点在标志中的应用》,《大众文艺》2011年第19期。

期就已经在青铜器纹饰上有所表现。简洁疏晰、自然生动的纹饰成为主流；原来的三层花装饰变得越来越少，铭文字数逐渐增多；许多重器器身上甚至素面不施纹饰①，仅耳、鋬、足等附件仍然保持动物形象。雷纹已经蜕化，夔纹也逐渐变少，鸟纹等动物纹虽然基本构图仍是西周早期式样，但日渐被淘汰，退居陪衬地位。龙体交叠的纹饰也已零星出现，波曲纹、变形兽纹、鳞纹成为常见纹饰。在主纹上，商以来以兽面纹为代表的动物纹更多被环带纹、窃曲纹、鳞带纹、波曲纹、回纹、重环纹、弦纹、瓦纹等几何纹替代，而且横状，S、C等形状的变形动物纹如交体龙纹、双头夔纹、蟠虺纹反而成为辅纹。商以来一直流行的狰狞动物纹变得日趋简约，具有写实意义的动物纹逐渐增多，大量采用凤鸟、象、牛、龟、鱼等纹饰。盛行的大凤纹，凤羽繁丽，凤冠多样，有多齿冠凤纹、长冠凤纹、花冠凤纹等纹。晚商至西周早期龙纹偏重繁缛，注重刻画龙的角、目、口、齿、身、鳞、足等细部体貌特征，到西周后期各种细部特征开始省减，或无角、足，或无鳞、齿，有的尖齿还与口部脱离。② 兽面纹除兽目尚可辨别之外，其余部分都以钩曲的粗线条组成，不求形似，有的甚至连目纹都简化到可有可无。仍然保留的兽面纹不再施于器身等主要位置，仅常见于器足上端，且多无底纹。③

　　对纹饰的简化，实质上就是对传统礼制的蔑视。思想变了，文化变了，其后春秋战国乱局的出现也就为时不远了。

------

① 刘昕、刘子建：《浅析西周青铜器纹饰演变的特点》，《电影评介》2011年第9期。
② 苏辉：《莒县西大庄西周墓青铜容器的王世判定——附论玦形卷体龙纹》，《南方文物》2014年第4期。
③ 恽小钢：《商周时期青铜器的特点及辨伪》，《艺术市场》2007年第1期。

贺州从西周晚期开始有了一定数量的青铜器出土。从纹饰上看,贺州西周晚青铜器纹饰有云雷纹、乳钉纹、人面纹、兽面纹、波曲纹等五种纹饰,其中云雷纹、兽面纹、人面纹三种纹饰传自商代,乳钉纹和波曲纹是受西周湖南地区新出现的纹饰影响而产生。此外,西周先进地区新出现的夔龙纹、蟠螭纹、凤纹、鸟纹、蛇纹、牛纹等动物纹,写意图案勾连云雷纹、直线纹、圆涡纹、联珠纹,还将对春秋之后贺州的青铜器图案产生影响,例如贺州龙中山战国墓中出土的铜盉腹部所饰勾连云雷纹即与先进地区西周新出现的勾连云雷纹具有相同的款式。

3.春秋战国

春秋以后,青铜器纹饰进一步简约化,西周之前流行的纹饰仅有云纹在春秋中期至战国时期仍被大量运用。[①] 宴饮、狩猎、乐舞、采桑、战争、酿酒、人物画像等生活场面在青铜器纹饰中多有出现。鎏金、镶嵌、镂刻等装饰技法快速发展。

此外,由于许多器物纹饰的三层花效果和扉棱不断消失,对雕塑类动物的遮蔽效果不断削弱,商至西周时期一直处于从属地位的高浮雕、圆雕等雕塑类动物纹地位逐渐突显。[②] 透过纹饰可以看出,由于礼崩乐坏的深度发展,庄严、肃穆、神秘的礼器风格快速地被生动、活泼的现实生活风格取代,西周之前为大多数社会成员所遵守的礼制在这个时候已经分崩离析。[③]

[①] 李乐婷:《从青铜器开始:试谈特定社会形态影响下的设计面貌》,《美术教育研究》2011年第5期。
[②] 陈莉:《商周青铜器上动物雕塑的美学研究》,《兰州学刊》2011年第8期。
[③] 时溪蔓:《商周青铜器的发展研究》,《兰台世界》2013年第28期。

春秋晚期开始,青铜容器已经不再是礼器,而是变身为人们生活中的豪华奢侈品。1955年出土于安徽省寿县西门内春秋晚期蔡侯墓的吴王光鉴①,已经不再是供奉于朝堂之上的神器,而是吴王光送给女儿叔姬的嫁妆,上面刻着的铭文并非歌颂祖宗功德的祭词,而是吴王光的嫁女戒词。②

春秋战国时期,与岭南地区一样,贺州进入青铜文化的大发展期。这时期,贺州青铜器上的纹饰有刻画和圆雕两大类。在刻画纹中,人物纹有羽人纹、龙舟竞渡纹;动物纹有蟠虺纹、窃曲纹、镂空夔龙纹、虺涡纹、螭纹、蝉纹、兽面纹、牛纹、交体龙纹;几何纹有云纹、雷纹、云雷纹、勾连云雷纹、点划纹、芒纹、锯齿纹、涡火纹、绚纹;圆雕动物类纹饰有神兽、蛇龙、凤鸟。圆雕人物纹有人足。在这些纹饰中,龙舟竞渡纹、牛纹、芒纹、点划纹等四种纹饰源承于滇文化。羽人纹、蟠虺纹源承于楚文化。锯齿纹、人足纹、龙蛇纹、凤鸟纹源承于越文化。绚纹、涡火纹、神兽、窃曲纹、镂空夔龙纹、虺涡纹、螭纹、蝉纹、兽面纹、交体龙纹等纹饰源承于中原。到了战国时期,雕塑类动物取代刻画类纹饰成为青铜器上占有主导地位的器物部件③,如动物形状的足、耳、角、板、流等。

4.秦至西汉

秦代平定岭南的时间是秦始皇三十三年(公元前214年)。公元前209年陈胜吴广起义。第二年,也就是公元前208年,赵佗开

---

① 安徽省文物管理委员会、安徽省博物馆编著《寿县蔡侯墓出土遗物》,北京:科学出版社,1956。
② 郭静云:《商周虎方和卢方:两国空间范围考》,《南方文物》2014年第4期。
③ 陈莉:《商周青铜器上动物雕塑的美学研究》,《兰州学刊》2011年第8期。

始绝五岭新道,聚兵自守。因此,秦国仅在平定岭南后的第六年就已经不能控制岭南。也正因为地处岭南的贺州属于秦朝的时间过于短暂,贺州绝大部分秦代青铜器的纹饰还依然保持着浓郁的战国特征。对于许多新出土的器物,由于当代的断代技术有限,还无法准确区分青铜器何为战国何为秦代,绝大多数的秦代青铜器都被列为战国之物。

公元前203年,赵佗立南越国,此后至公元前111年,今贺州之地为南越国辖境,这时期可称为南越国时期,也可称为西汉早期。贺州出土的西汉早期青铜器的纹饰已经大大简化,兵器、容器、生产工具等青铜器以素面者居多,仅铜镜、铜奁、铜筒等少数器物上仍会装饰纹饰。这个时期,贺州青铜器的越文化特征仍然较强,越式铜筒上仍可见连珠纹、弦纹、斜线交叉纹等越式几何纹特征。铜镜上也都装饰云纹地锦纹、四乳草叶纹等几何纹。西汉晚期,越文化特征日渐减弱,汉文化特征日趋变强,铜镜上多见草叶纹镜、百乳纹、连弧纹、铭文等纹饰,与中原无异;铜奁上可见圆雕凤纹、羊纹、龙纹和浮雕如意云纹,铜灯上可见竹节纹、交体龙纹,亦与中原无异。

(二)青铜器形制发展序列

在中原,商代青铜器主要用于战争和祭祀,器物以兵器和礼器为主,如矛、斧、钺、鼎、斝、爵等。礼器又以酒器为主,即这时期的青铜礼器组合是"重酒"组合。而作为生产工具的青铜器则比较少,人们仍主要以木器和石器为之。①

西周开始,青铜器礼器以食器为主,礼器组合是"重食"组合。西周中期,青铜器急速变化,在保留原有式样的基础上,出现了许多新的式样②,盛食器有豆、簠,炊器有鼎,水器有盘、盉,酒器有爵、壶,乐器有钟、镈等。尽管西周中期的礼制较之早期有所松弛,但礼制在统治者的意识形态中仍然占据主导地位,而宣扬礼的活动是通过乐舞来实现的,为适应这一需求,乐器在西周中晚期开始大量出现,这也是这个时代的重要标志。所以,贺州最早的青铜乐器也见于西周,如沙田镇马东村出土的西周晚期青铜甬钟。

西周晚期开始,青铜器的造型由厚重、神秘风格向舒展、豪放方向发展。春秋开始,青铜器的类型更加丰富,有礼器、乐器、生活用器、兵器以及车马器等多种形式。特别是兵器,为了适应战争需要,器物类型日益丰富,有戈、戟、矛、剑、镞、斧、钺、锛、短剑、铍等多种形制。

据已有的考古出土所知,贺州最早的青铜器见于商代,此后直到西汉古墓仍可见一定数量的青铜器。

先秦时代,贺州的青铜器以实用为主,生产工具、兵器不仅所占比例较大,出土的地点的分布范围也较广。尽管因为破坏和盗掘,有些青铜器出土地点至今仍没能被掌握,但从群众上报的发现情况可知,在平桂区沙田镇、望高镇、鹅塘镇、八步区铺门镇、桂岭镇、里松镇、莲塘镇、贺街镇、步头镇,富川县的城北镇,钟山县的城

---

① 曲用心:《岭南地区出土的西汉中晚期青铜器初探》,《广西社会科学》2009年第11期。

② 恽小钢:《商周时期青铜器的特点及辨伪》,《艺术市场》2007年第1期。

厢镇等地均曾有青铜实用器的出土。礼乐器不仅数量较少,出土地点分布的范围也相对较窄,仅在平桂区沙田镇,八步里松镇、桂岭镇等地有出土。

曾出土较多先秦青铜器的沙田镇、望高镇、鹅塘镇、桂岭镇、里松镇、莲塘镇、城北镇等地西汉时期已经不再有西汉青铜器出土。步头镇西汉古墓群与战国古墓群的分布范围重合。未出土有先秦青铜器的八步区贺街镇在大鸭村终于有西汉早期青铜器出土。八步区铺门镇和钟山县燕塘镇的西汉青铜器古墓葬在战国古墓群的基础上规模范围有了较大的扩张,如铺门战国古墓群仅分布于中华村,西汉时期古墓群则扩展到河东村、河南村、兴全村等地。贺州出土的西汉早期青铜器物中多汉式器物,如铜镜、铜耳杯、铜匏壶等,但也有诸如镂空足铜壶、铜筒等少量越式器。

(三)青铜时代陶器的发展序列

青铜时代,包括贺州在内的百越地区主要使用几何印纹硬陶,从考古出土的器物看,商至战国时期,贺州也可称为印纹陶时期。这时的几何印纹硬陶出土数量相当大,只要有考古发现,几乎就会有几何印纹硬陶伴出。印纹陶的纹饰制作工艺以拍印为主,也有小部分刻画,到西汉早期又发展出戳印工艺。纹饰种类丰富,有曲尺纹、云雷纹、方格纹、重圈纹、夔纹等。陈文华先生曾系统分析印纹陶的11种主要几何纹,发现都是对蛇的形状或斑纹进行的模拟、简化和演变①,故而印纹陶纹饰主要由蛇纹演变而来。

几何印纹硬陶初见于距今约3700年至3500年的新石器时代晚期。但百越文化圈中的五岭地区真正进入几何印纹硬陶时代则是在距今约3500年的商代初期。西周到春秋时期五岭地区几何印纹硬陶文化进入全盛期。从战国时期起这种文化开始衰落。到东汉,几何印纹硬陶在五岭地区已基本消失。

青铜时代,贺州古墓葬和古遗址中伴出的陶器可分为三个时期:

第一期从西周到春秋,为夔纹陶时期。这时期贺州的印纹陶遗址在八步区、平桂区、钟山县、富川县、昭平县均有分布,最为典型的遗存有乌家岭古墓群、马东古墓群、牛岩遗址、鲤鱼岩址等。

这时期的陶器均为硬质越式陶,偶见原始青瓷。陶器中的大型器物如釜、瓿等为圜底器,且器宽大于器高,器物显得宽大。陶器均为生活用具,陶器上的纹饰以夔纹为主,也有方格纹、菱形纹、勾连云雷纹。这时期的青铜器相对较少,陶器较多,且青铜器以礼器为多,兵器、食具、工具相对较少。

第二期为战国时期,陶瓷一律装饰"米"字纹,属"米"字纹陶时期。这时期的墓室底部多设腰坑。典型遗存有田厂高屋背古墓群、道石石人岭古墓群、陶屋古墓群、望高古墓群、城北古墓群。这时期除龙中山岩墓葬陪葬有较多青铜礼器外,其余地区的青铜器以兵器、工具、车马器居多,容器较少。陶器主要与青铜伴出,其余偶见玉器、贝币、砥石。陶器质地、器形、纹饰均保有十分浓厚的岭

---

① 陈文华:《几何印纹陶与考古越族的蛇图腾崇拜(试论几何印纹陶纹饰的起源)》,《考古与文物》1981年第2期。

南越文化特色。陶质上,仅见越式硬陶和原瓷青瓷两类。其中原始青瓷胎色灰白,质地较硬,胎外施有极薄的化妆土,化妆土外有一层较薄的青釉,釉色透明。原始青瓷器形仅见原始擂钵。几何印纹硬陶烧制火候高,质地坚硬,坯胎多以泥条盘筑法制成,亦有轮制法者。纹饰施制工艺有压印、拍印、刻画、附加堆等四种方式。陶器上的装饰复杂,多饰弦纹、印"米"字纹、印席纹,另有刻画的篦点纹、水波纹、绚纹和符号。陶器形制多见瓮、瓿、盒、豆等。另外,大型印纹硬陶容器,特别是"米"字纹陶瓮,其造型已经从春秋时期的圜底器改为平底器,且肩腹宽度远远大于底足,整个器形有一种站立不稳的观感。

第三期为西汉早期,陶器上多施戳印纹,又称戳印纹陶时期。典型遗存有河东古墓群、燕塘古墓群、大鸭古墓群等。这时期的青铜器主要出自铺门古墓群,仍以小型兵器居多,大型日用器和车马器居次。还有金、玉、琉璃等质地的器物伴出。

有别于先秦时期越式硬陶一统天下的局面,西汉早期开始出现越式硬陶与汉式软陶共存的情况,但硬陶数量多,同一墓葬出土的陶器中,硬陶占比远远大于软陶,硬陶纹饰多见锥刺篦纹、水波纹、点线纹、方格纹、戳印纹。软陶陶胎均以轮制法制成,器表绝大部分不施釉,小部分有釉者均为低温釉。软陶纹饰简单,多数是轮制坯胎时留下的弦纹、瓦纹,也有镂空纹和彩绘。而且,软陶器型丰富,既有仿自中原青铜礼器的鼎、盒、壶、钫、瓿,又有汉风明显的釜、盆、豆、纺轮,还有越式器物提筒和熏炉等器物。汉式软陶不仅丰富了器物类型,也更加方便了人们的生活,出现了灯、格盅、甑等新器型。

237

同一大型西汉早期墓葬中出土的陶器，往往同时具有硬陶和软陶两种不同质地的器物组合，其中越式硬陶的组合是瓮、罐、三足盒和瓿，软陶的器物组合是鼎、盒、壶、钫，且软陶组合均是仿照青铜礼器制成的陶质冥器。陶器除用作日常生活用具外，也有仅用于陪葬的冥器。

无论硬陶还是软陶，其大型陶器如陶瓮、陶瓿、陶钫、陶筒、陶壶等器物均器身修长，尽管底足宽度仍然小于肩腹，但相对于战国时期的"米"字纹陶瓮、席纹瓿等器物，西汉早期大型容器的肩腹与底足之间的宽度差距已经明显缩小。

第四期是西汉晚期，以汉式软陶为主，越式硬陶极为罕见，也称软陶期。这一期，陶器组合不明显，青铜器数量占比与西汉早期相同，但大型青铜日用容器罕见，主要是小型的铜钱、兵器、铜镜、带钩等器物。与陶器伴出的滑石器较多，罕见玉器、金器、琉璃器等贵重材质的器物。并且，随着时间推移，汉式陶越来越多，到西汉末年，已经全面取代越式硬陶，显示贺州文化全面融入全国大一统文化的趋势日益强烈。

（四）贺州青铜文化来源序列

贺州出土的青铜器物有鼎、釜等炊器；盉、罍、尊、卮、壶、筒、箕形器、盘、钫等容器；钟、镈、铜鼓等乐器；剑、短剑、矛、戈、蒺藜、镞等兵器；斧、钺、刮刀、叉形器、码角器、刀锯两用器等工具；灯、镜等日用器；还有钱币。这些式样复杂的器型是怎样诞生的？贺州青铜器文化从哪里来？这些一直是人们所关心的问题。

六、贺州青铜文化的时代序列

先秦时期,贺州出土的柱足铜鼎、虺纹铜瓿在器形上常见于中原地区;神兽铜尊相似于安徽、江苏两省交界地原吴国地区由羊头和长颈鹿角组合而成的动物形礼器;铜盉也常见于吴地;石寨山型铜鼓常见于云南;铜钮钟、铜甬钟常见于湖南;斜支足铜鼎、扁茎铜剑、双肩铲形铜钺、靴形铜钺等器型仅见于岭南地区;铜叉形器、有銎铜镞等仅见于沙田镇小凉河沿岸地区。西汉贺州青铜器器型除奁、碗、壶、灯、锅、耳杯、鼎等来自五岭以北地区者,还有提筒、蒜头壶等岭南地区特有器物。以上这些情况表明,贺州青铜器文化脱胎于多种文化母体,文化内涵复杂。要清楚解析这些复杂内涵中的文化元素,就必须研究青铜器器物形制与纹饰等方面的风格特征。而青铜器生产和使用地区的民族文化传统、社会与自然环境、青铜器铸造技术、外来文化影响等多方面因素都会制约青铜器形制与纹饰的产生和形成。尤其是上古时期,各区域主体民族并不相同,文化交流的渠道也不通畅,形成各种不同的青铜器风格是非常自然的事情。在这种特定的时代,即使是在同一文化区域内,出现风格相同或者互异的青铜器亦是可以理解的。

从历史上看,中原地区的商周青铜文化对贺州浸润极深。贺州出土的大多数青铜器的造型都不能完全脱离中原青铜器的影响,明显具有中原青铜文化的影子。也有一些器物与长江流域出土的同类器物相似。但受山岭阻挡,贺州的文化生长土壤相对独立,与周边相比,贺州域内的青铜器形制又或多或少发生了变异。五岭之北青铜器的许多器型都未能在贺州出现,如觚、爵、斝等。铜鼎这种在中原青铜文化中占据重要地位的器物,尽管在贺州也有一定数量出土,但并不像中原那样以鼎、簋不同数量的组合来标

239

志墓主人身份地位的高低。在贺州,铜鼎的主要功能是炊具,因而大部分出土的铜鼎底部都有黑色烟怠。当然也有部分铜鼎被用作容器。马东小学2015年出土的铜鼎,其器底曾经穿孔,但用一块铜片加铆钉作铆合修补,这种修补并不严密缝合,如果作为礼器过于破烂,于神不尊,作为炊器又会漏水,不适炊煮,因而只能用作一般容器。

贺州北邻湖南,东邻广东,这里是商周中原文化、吴越文化、扬越文化、苍梧越文化、楚文化的融合交汇地区,五岭以北的青铜文化主要经由湖南和广东传入贺州。另外,贺州还与广西西部、南部地区的瓯骆文化联系紧密,并通过瓯骆地区与滇文化产生联系。所以贺州青铜器文化来源共有四条渠道:

(1)来自中原商周—吴越文化圈,这个文化圈包括河南、安徽、山西、江苏等地。贺州出土的这类青铜器物中,如是礼器,其形制和花纹都带有明显的商周—吴越文化圈风格,有些甚至与中原及吴越地区出土的同类器物完全相同,如盉、罍、瓿、尊等。纹饰纹上,各种龙纹、变体兽纹、窃曲纹、蟠虺纹等装饰性图案和兽首衔环辅件,亦无一不与商周—吴文化圈的同类纹饰相似。铸造工艺上,无论是单面范和双面范铸造出来的生产工具、兵器等简单铸件,还是复合范铸造出来的具备复杂器形的容器和乐器,尽管有些器物形制、纹饰已有岭南的地区特点,其工艺中的浑铸法、分铸法、铸接和焊接法,都与商周—吴越文化圈出土的青铜器是一致的。

(2)来自贺州东北部地区的越文化圈,这个地区包括湖南全境、湖北部分地区、江西部分地区、广东北部南岭山区。其中作为乐器的钟、镈,在湖南、江西有较多出土,且器形与贺州的相一致。

炊器中的三实足细长外撇斜支足鼎,无论其是折沿直口鼎、盘品半环耳鼎还是敛口附耳鼎,耳饰大都为云雷纹、绹纹和绳纹,壁甚薄。这类鼎在江苏、江西、湖南等越文化圈亦有出土。贺州出土的青铜剑,都是圆首,茎上有二至三道节突,与来源于越王剑中的楚剑式样无二。贺州先秦墓葬中经常出土的短剑,在湖南、江西的越人墓中亦常有出土。

(3)来自广西、云南等地的瓯骆云滇文化圈。靴形钺多见于滇、桂、黔;刮刀多见于湘、粤、桂;附耳筒直筒身,双附耳,有上中下三组带状纹饰,中上二组由相勾连雷纹、条栅纹和S形涡纹组成,下一组由条栅纹组成,这种装饰和器形均是两广及湖南地区越文化圈的典型风格,它们与铜鼓文化有着共存关系。龙中山出土的铜鼓,是我国迄今发现分布最东的一面石寨山型铜鼓,是滇文化器物东传的最好明证。

(4)贺州自创。在各种文化的共同作用下,贺州先民也在自创文化方面作出了不懈努力,一些特色器物迄今只在贺州有出土:叉形器、刀锯两用器、分锻铜镞等器物就不见于贺州之外的其他地方。这些贺州特有器物器形简单,没有容器,都是块状器,一般由简单的双范或单范铸成。

(五)交流与融合对贺州青铜文化发展序列的影响

文化的交流与融合对青铜文化的影响伴随着青铜时代的始终。我国学者杨晓能曾指出:"从二里头文化到早商阶段是青铜纹饰的发展时期,纹饰之主体是抽象的兽面,抽象的手法可能是一种

241

最有效的方式,以糅合吸收不同文化的动物题材,再提炼出一种能够反映宗教、政治和社会变化的新模式——兽面图像。"①据此,他进一步认为,兽面纹是在各文化碰撞交流过程中,为了迎合统治者的政治目的,为了让各政体统治者和民众接受,由设计者通过糅合各种文化元素而设计出来的。1964年日本学者赤塚忠也曾指出:龟与龙同见一器之上,反映了不同氏族不同信仰的联合。他进一步认为商代宗教融合了此前所有氏族与集团的信仰,因而使得这些氏族或集团能够和睦相处,而这种融合记录在了青铜纹饰中。②透过他们的论述可以知道,早在青铜文化初创的夏商之际,不同集团之间的政治、信仰、宗教等方面的融合已经在青铜纹饰的题材内容和构图手法上有了反映。同样,贺州青铜时代从初创期开始亦展现了文化交流特征。例如马东村出土的西周晚期青铜甬钟,总体造型与湖南的相同,但在装饰上表达了自我特色:它将每一个篆间区域划成一个长方形,然后用一条对角线把这个长方形分割成上下两个三角形,最后以中心对称手法在三角形中填入云纹。无独有偶,桂岭燕子岩出土的春秋印纹陶瓿上的印夔纹也采用了中心对称构图法。这些现象说明贺州早在其青铜文化发端之初的西周和春秋之交,就已经借鉴了中原的对称构图原则。

潇贺古道贯穿贺州南北,随着人口迁移和军事上的征服,各种文化理念和文化事象也沿着古道进入贺州,这为贺州地区的文化融合带来了现实条件。受地域空间隔离和政治经济差异等多方面

---

① 杨晓能:《商周青铜器纹饰和图形文字的含义及功能》,《文物》2005年第6期。
② 唐际根、杨难得:《中国青铜器纹饰含义的探索与论述:从〈美术、神话与祭祀〉到〈中国早期青铜礼器的含义问题〉》,《美成在久》2014年第2期。

因素的影响,贺州与域外的文化交流由近至远分为三个层次。其中第一层是地域相邻的湖南、广东和广西其他地区;第二层是在第一层之外,有着较强文化辐射能力的区域中心,包括江西、湖北、江苏、安徽、云南等地;第三层是中原政治核心区,包括河南、河北、山西等地。

贺州与第一层交流区在文化上的交流主要通过桂江、贺江、西江等水道和萌渚岭、都庞岭的岭峤通道进行。因水陆交通和地域相近带来的融合,使得贺州与相近的地区形成了一个特有的区域性青铜文化单元。这个区域北至湖南永州阳明山以南,东到广东清远,南到广东肇庆,西到梧州岑溪。这个单元内出土的青铜器文化特色与贺州具有同一性:短剑、斧、剑、鼎等器物不仅器形相同,而且器物组合上也都相似;出土的先秦时期的青铜器中均少礼器,多兵器和生产工具;至少在先秦时期,中原地区广为流行的礼制在这个单元中尚未被社会充分吸纳,它们的文化有着更多的自我性。

在与第二级交流区的交流中,楚文化对贺州影响极深。随着楚国不断向南扩张,战国时期贺州已并入楚国苍梧郡,再加上楚文化强大的辐射能力,楚文化成为贺州的模仿对象。楚国巫风盛行,信鬼神重淫祀,由于融入了巫神等宗教信仰,楚式器物上的装饰都具有畅快变化的律动和鬼怪神幻的奇象,其审美风格就如司马迁所说之"僄勇轻悍",它们在狂放不拘、酣畅自由中呈现出一种神幻之境。里松出土的战国羽人铜甬钟钲上刻着一个羽人,身穿羽衣,张开双臂,脚踩云朵,飘飘欲飞。这种酣畅神幻的人物造型正好说明贺州先秦时期的青铜审美在大力模仿中原的基础上,融入了楚文化元素。

243

楚国与吴国、越国曾是生死冤家,长期的交往互动让吴国和越国文化在楚地亦得到发扬。深受吴越文化影响的楚人在向岭南自然迁移的过程中,特别是在楚国并吞吴越后调动楚、吴、越三地兵民屯驻潇湘流域和五岭地区时,都会把吴越文化带入贺州。龙中山出土的神兽尊头部造型与安徽铜陵县出土的牺首尊造型完全一致,这说明贺州文化板块上的人们至迟在战国时就已经开始了对吴越文化的接受。

战国时期,吴越地区的窑烧工艺得到了提高,已经开始采用支烧工艺,成功解决了大件器物的装烧难题,喇叭形、直腹圆筒形、束腰形、倒置直筒形、托形、覆盘形、圈足形等支烧窑具已经广泛应用于原始青瓷器的烧造。① 由于龙窑窑室内各部位的温差较大,窑室底部温度偏低,此前将坯体直接放在窑底上烧成,造成较多产品底部严重生烧;而支烧具可使坯件离开窑底、抬高窑位,有利于坯件整体充分受火,避免了因着地装烧而产生的底部甚至下腹部生烧或欠烧现象,成功减少了废次品、提高了产品质量和成品率。吴越地区这种支烧工艺的新发明为原始青瓷器向西传播创造了条件,最终导致贺州龙中山岩葬墓中也有原始青瓷擂钵出土。

云南的滇文化也是一种具有较大影响力的文化类型,它通过骆越和西瓯越两大文化板块向东传播。不仅使得龙中山战国岩墓中出现滇式的石寨山型铜鼓,而且还把滇式青铜文化中的写实风格带到了贺州。受滇文化影响,龙中山出土的铜牺尊背部尊盖就用圆雕与浮雕结合的形式非常写实地铸造了一条龙蛇,尾部也铸

---

① 陈元甫:《浙江地区战国原始瓷生产高度发展的原因探析》,《东南文化》2014 年第 6 期。

造了一只更具写实特征的凤鸟。

贺州对第三级交流区青铜文化的接受表现在三个方面：

一是对中原纹饰构图原则的接受。中原器物纹饰通常采用对称构图手法，既突出精细繁复的装饰效果，又使得画面杂而不乱，有条不紊。中原的三层花构图还特别注重主纹与地纹间的主次关系，通过地纹的衬托，突出主纹画龙点睛的装饰效果。根据这些原则，贺州的桂岭西周钮钟在钲部的中心线上置一条微凸的分隔线，线的两侧是对称排列的两个只有眼眶的目纹。目纹在整个纹饰中居于突出的地位，不重要的地方尽量省略，只保留最本质传神的部分并作夸张表现，特别注重抽象与写意，所谓"四体妍蚩，本无关妙处，传神写照，正在阿堵中"，贺州青铜器纹饰尽得中原构图原则的精妙。

二是对中原器物造型和纹饰图案的借鉴与模仿。龙中山神兽尊腿上的目纹源自中原商周时代的兽面纹，而马东村西周铜罍器形直接模仿了中原铜罍。

三是对中原思想观念的接受。特别是春秋战国时期，大国争霸，社会处于大变革时代。江淮流域、潇湘流域的越人部族不断被其北部邻国楚国兼并。楚国出于称霸中原、建构社会伦理秩序、巩固统治地位以及获得与华夏各族一致文化认同的需要，不断推动新辖地区的上层人物以改革开放的心态，大力学习、吸收和推崇中原国家的先进制度与文化，这其中，作为维系尊卑等级、维护统治秩序、巩固统治地位重要手段的礼乐制度，自然也首先在新辖地区的高阶层人物中得到吸收和推崇。随着楚国势力一天天向南推进，江淮流域、潇湘流域的越人部族也不断南迁，最终一部分人通过潇贺古道进入岭南。这些南迁人口早已经自觉和不自觉地接收了青铜文化,自然而然地就把青铜文化带入了贺州,这促使贺州在接受中原青铜物质文明的同时,也对融汇于青铜器上的礼制、审美、道德等中原地区的精神观念进行模仿和推崇,加快等级制度的建设。于是,一方面青铜礼乐器逐渐成为贺州少数贵族丧葬的重要组成部分;另一方面,广大基层百姓囿于自身物质条件,其丧葬中尽管无法随葬青铜礼乐器,却努力陪葬青铜兵器和青铜工具,有的甚至还学习中原地区的葬俗在墓穴中设置腰坑。

七山一水二分田的地理环境,决定贺州文化是具有一定封闭性的山地文化类型。这种封闭性又使得贺州具有疏离外来文化而按照自身系统来发展的动因,因此贺州的文化交流一直是在坚持自身发展的基础上进行的。这种自我发展与交流发展的同步进行使得贺州文化板块除了与周边其他文化板块具有相似性外,还保持着自己的独立性,而且越是青铜时代早期,贺州的文化特色越强,越是晚期,贺州文化与周边地区乃至全国的统一性越强。

自古以来,贺州的原生态文化一直植根于越文化之上,因此青铜时代的贺州仍处于百越文化圈中。但百越地域很广,分支也很多。在越文化圈各支系中,贺州文化又介于苍梧越、西瓯越和扬越三个文化板块之间。到西周中期,贺州已进入绳纹陶时代,富川鲤鱼山出土的穿孔石斧、穿孔石刀,昭平、铺门等地出土的大石铲,仁义寺平山遗址中出土的有段石斧、有段石锛等特有器物和带绳纹的陶器一起共同构成了绳纹陶时期的贺州文化特征。

西周晚期至春秋,在绳纹陶文化的基础上,通过广泛吸收域外文化,贺州正式进入青铜时代。在陶器上,贺州与整个越文化圈都使用几何印硬陶,说明贺州在这个时期仍然继续从属于越文化圈。但是,这个时期贺州已与湖南南部、广东和广西东北部共同组成一个越文化亚系,在这个亚系越文化圈中,人们均使用印夔纹和印勾连云雷纹这种特征性陶器。这时期的一些青铜器也表现了贺州越文化亚系与越文化母体之间的关系。桂岭出土的西周青铜钮钟钲部有简化的兽面目纹"【】",目纹四周有波曲纹衬托,其装饰风格与1988年12月湖南株洲市朱亭区黄龙乡兴隆村发现的西周晚期齿纹铜铙相近①。贺州青铜器与湖南株洲青铜器装饰风格的这种一致性,是在湘粤桂交界处这一文化亚系中贺州与湖湘文化交流互鉴的结果。但同时,桂岭钮钟上的波曲纹又与越式印纹陶上的锯齿纹、曲折纹和"《"形角折纹有着共同的文化氛围,说明贺州文化又坚持了越文化母体的审美特征。

从西周晚期贺州萌生青铜文化开始,到西汉贺州青铜时代结束为止,贺州还一直对从岭北地区传入的青铜文化进行在地化改造,以使其更好适应贺州地方性的社会需求。其中,最明显的部分就是对礼制的改造。商周时代,中原地区处于礼制最为发展和盛行时期,礼制成为维系奴隶制等级观念的社会规范,是统治者借以巩固政治、经济和社会地位的重要手段。在"礼"的概念中,礼仪和礼器都是礼制的重要组成部分,礼制通过礼仪和礼器得到实施与强化。因此,中原地区的商周时代,贵族阶层不仅在举行祭祀、宴飨、朝聘、婚冠、征伐等礼仪和政治活动时使用礼器,在丧葬时也根据死者生前的地位和身份,按照制度规定随葬数量不等的青铜礼

---

① 熊建华:《略论齿纹铜铙的装饰传统》,载湖南省博物馆编《湖南出土殷商西周青铜器》,长沙:岳麓书社,2007,第609页。

乐器,用以传承和弘扬明尊卑、明人伦、明王道等礼制观念。与中原不同,整个青铜时代礼制在贺州都没有全面展开。商至西周中期贺州的青铜文化基本上处于空白阶段,中原地区的礼制还没有传到贺州。西周晚期贺州出土有青铜礼乐器的墓葬迄今仅有马东西周墓这一座墓葬,这说明,直到西周晚期中原地区的礼乐制度已经趋于终结时,礼制才最终在贺州极少数的上层贵族中得到认同。到了战国时期,岭北地区青铜礼制已经完全消亡,贺州龙中山战国墓中却继续出现礼器,但这些礼器中有鼎无簋,并无中原礼器那种严格意义上的组合,同时,墓中还出土有滇文化和越文化中的非礼器器物,这说明贺州战国陪葬礼器并不以传承和弘扬礼制观念为目标,而是在"事死如事生"观念支配下被用以彰显贵族身份,祈求他们来世获得同样奢华的生活待遇。到西汉早期,贺州一些大型墓葬的陪葬品中,又出现了仿照铜礼器的陶器组合。这些礼器式的陶器,并非真正意义上的礼器,而是礼器形态的冥器,仅是一种民俗文化的反映。

七、贺州青铜文化的精神追求

无论是青铜器还是陶器,一个时代产出的器物的造型、纹饰在满足生产生活实用功效之外,还一定是某种精神情感的寄托。张光直就说:"政治、宗教与艺术的紧密结合在古代世界是一个普遍现象,而在中国,这种结合就集中体现在青铜器纹饰上。"[1]李学勤先生也说:"就一件青铜器而言,要从形制、纹饰、铭文、功能和工艺五个方面,综合地观察探讨。"[2]这种探讨实际上就是要全方位研究青铜器上所寄托的精神追求。甚至,有些器物的实用功效就仅仅是用于寄托精神情感。例如商周动物形青铜容器,它将动物与器物结合,使用起来并不方便。这主要是由于它的设计目的首先不是用作容器存放酒或食物,而是作为礼器,它的器形设计更多强调

---

[1] 张光直:《中国古代艺术与政治》,载张光直《中国青铜时代》,北京:生活·读书·新知三联书店,1999。
[2] 李学勤:《中国青铜器概说》,北京:外文出版社,1995,转引自张俊成《商周青铜器纹饰研究史述要》,《内江师范学院学报》2007年第3期。

的是能否满足礼制需要。① 还有大量器物,它们所装饰的纹饰几乎完全摆脱了实用目的,只有纯粹的装饰性意义,例如龙中山出土的箕形器棱形格双夔纹、铜鼓上的牛纹等都只是为了满足审美需求,而无其他实用意义。

  青铜器的精神追求包括器物审美与文化象征两个方面。关于器物审美,德国著名艺术史家格罗塞说:"喜欢装饰是人类最早也是最强烈的欲求。"②纹饰是器物的外在着装和审美语言,它以奇妙的想象、生动的表现、精巧的构思和高超的艺术技巧,把器物装扮得楚楚动人。关于文化象征,青铜纹饰往往就是用图案的方式巧妙而生动地解析或宣扬某一个哲理、情感、价值观、规矩和理念,同时还要让这种图案与器物的特殊造型相适应,最终让每一个装饰图形、每一种器物造型都成为一种约定俗成的抽象符号、一种文化的表达。牛津大学教授杰西卡·罗森在文章《通灵达神:玉器和青铜器的精神内质》中称:"商人似乎和自己的祖先生活在同一个世界里,为求得到祖先庇护,规避由神灵带来的种种危险,他们向祖先供奉食物和美酒,精美的青铜器由此被用于祭祀祖先和神灵的活动中。"③1983年,考古学家张光直在《美术、神话与祭祀》一书中论述了商代青铜器纹饰的含义,他认为众多青铜器主题纹饰实为商王室通过巫觋攫取权力的手段;20世纪60年代,陈梦家以安阳

---

① 李乐婷:《从青铜器开始:试谈特定社会形态影响下的设计面貌》,《美术教育研究》2011年第5期。
② [德]格罗塞:《艺术的起源》,蔡慕晖译,北京:商务印书馆,1984,第60—66页。
③ [英]杰西卡·罗森、云溪:《通灵达神:玉器和青铜器的精神内质》,《美成在久》2014年第2期。

殷墟王陵大墓出土的牛方鼎和鹿方鼎为例,提出青铜器上的动物纹饰表达的是生者对亡故祖先敬献"牺牲"的意愿,他的论述将兽面装饰置于考古背景下解读,具有很强的说服力。春秋时期的著作《国语·楚语》也称:

> 是使制神之处位次主,而为之牲器时服,而后使先圣之后之有光烈,而能知山川之号、高祖之主、宗庙之事、昭穆之世、齐敬之勤、礼节之宜、威仪之则、容貌之崇、忠信之质、禋洁之服,而敬恭明神者,以为之祝。使名姓之后,能知四时之生、牺牲之物、玉帛之类、采服之仪、彝器之量、次主之度、屏摄之位、坛场之所、上下之神、氏姓之出,而心率旧典者为之宗。于是乎有天地神民类物之官,是谓五官,各司其序,不相乱也。民是以能有忠信,神是以能有明德,民神异业,敬而不渎,故神降之嘉生,民以物享,祸灾不至,求用不匮。

春秋礼崩乐坏,这段文字所描述的内容更多反映着商至西周时期的礼制,因而作为"牲器""彝器"的商至西周青铜器与牺牲、玉帛、采服、屏摄、坛场一样都是祭礼所用之物,是沟通天地、交通"民""神"的媒介,以便祖宗、神仙"降之嘉生,民以物享,祸灾不至,求用不匮"。因此,青铜器的礼器功能不仅仅是敬奉祖先,而是可以通天地、敬神灵、敬先祖等意愿的复合体。

为了更好地发挥青铜器的"牲器""彝器"功能,让祖先亡灵看清后辈通过华美的青铜礼器表达出来的虔诚,帮助后辈渡过劫难,保佑以亲缘关系为纽带的社会更加稳固,加之每个成员都自动维

251

持这种亲缘关系,而不寻求对制度的变革与突破,所以人们在制作青铜器时,往往不计成本,精益求精。也因为这个原因,传而至今,各种出土的青铜器仍然还是精美的艺术品。

青铜器的精神追求在不同阶段有一个嬗变的过程。商至西周时期,人们对于日月星辰、风雨雷电等各种自然现象因缺乏科学认知而充满敬畏。利用这种畏惧心理,统治者大力推行礼制,赋予青铜礼器神秘色彩,使得青铜礼器被笼罩在浓厚的宗教氛围之中,成为融王权与神权于一体的象征符号。这一时期的青铜器是统治者政治理念的重要载体,需要用厚重的造型和绮丽的纹饰来影射统治者的威严,纹饰和造型普遍追求庄严肃穆的审美效果,青铜器上的最主要装饰图案兽面纹一律面目狰狞。

西周中晚期的青铜器仍然以礼器为主,器物上的纹饰所象征的内容就是要依据统治者的标准,宣扬美与善,警示丑与恶。最早记录青铜器纹饰的著作《吕氏春秋》清楚地解读了礼器纹饰所象征的内容:"周鼎著饕餮,有首无身,食人未咽,害及其身,以言报更也。"(《吕氏春秋·先识览·先识》)这是说,装饰饕餮纹的目的就是要警示人们不要贪得无厌,否则会害及自身。"周鼎有窃曲,状甚长,上下皆曲。以见极之败也。"(《吕氏春秋·离俗览·适威》)这是说,物极必反。人们不管做任何事情,都不能超过一定的限度,否则就会失败,就像窃曲这种动物,长得过度了,就会变得病态弯曲。"周鼎著鼠,令马履之,为其不阳也。不阳者,亡国之俗也。"(《吕氏春秋·恃君览·达郁》)周人认为鼠属"阴",为郁结相,易引发祸患,必须让马去踩踏它,这是说明一个道理,如果一个国家的国民或国君不坦荡磊落,而是阴柔郁结,就是亡国的征兆。"周鼎著象,为其理之通也。理通,君道也。"(《吕氏春秋·审分览·慎势》)这是说象是通情达理的象征物,君王都要做到通达情理。"周鼎著倕而齕其指,先王有以见大巧之不可为也。"(《吕氏春秋·先识览·先识》)这是说周鼎上铸有正在咬掉自己手指的巧匠"倕",其寓意是不要耍小聪明,否则聪明反被聪明误,贤明的先王就曾经这样告诫人们。

春秋之后的东周时期,社会对礼制的崇信开始弱化,青铜器组合从原来神圣庄严的尊彝之器变身为富贵人家钟鸣鼎食的用具,这种组合失去了祭祀和礼器的特性,不断向生活日用器物发展。因此,春秋之后,新出现了许多以实用为主的器型,如灯、镜、奁、盒等生活用具。青铜装饰也已经摆脱功利目的束缚,纹饰制作技艺从直接在模具上刻画纹饰进入在模具上压印纹饰的阶段,装饰纹样中,更简化和更细密的变形动物纹即蟠龙纹成为主体花纹。纹饰的审美意义日趋大于文化象征意义。

战国是中华民族思想酝酿和思想解放时期,"百家争鸣"成为社会思想的主基调,在这样的大背景下,艺术家们有自由呼吸和个性发挥的空间,这为他们超越传统、勇于创新提供了社会条件。他们从大自然中汲取营养,将舒展、轻松的内容融入设计,商以来青铜器沉重和压抑的外在观感没有了,代之的是简洁的构图,轻快的笔触。纹饰的主题从以礼的说教为核心变成了社会生活场面。青铜器装饰对于审美意趣的追求逐渐替代了对于宗教和政治意志的表达。到战国后期,冶铁技术的迅速发展,人们已经能够生产坚韧锐利的铁工具,这种铁工具在铜器上画下的线条细如发丝,青铜装饰工艺更加简练。于是细密的刻画纹饰在通体满饰铸纹的传统中取得了一席之地。

进入西汉,大一统的政治局面让百姓告别了长期的战争阴霾,人们的生活较之以前要轻松许多,为了表达对这种轻松生活的享受,青铜器造型与装饰既要更好地反映现实生活的愉悦,又要更加实用。①"简约朴实"是西汉时期的主要审美特点,在这种审美观的支持下,汉代青铜器只能在筒这种民族地区的特色器物和奁、镜等这种取悦贵族审美的少部分器物上可见繁缛精细的纹饰,而耳杯、铜壶、铜鼎等已经广泛普及的日常器物上更多强调其作为器物的功用性,不强调外在装饰,故而大多素面无纹。

(一)青铜时代贺州陶器的精神追求

与青铜器一样,贺州青铜时代的陶器亦同时具有审美意义和文化象征意义。但由于陶器不是主流礼器,较之青铜器,陶器的审美意义更大。西周至战国时期,贺州考古出土的陶器中仅见越式几何印纹硬陶,以几何印纹为代表的审美在陶器上有着淋漓的表现。西汉早期开始,贺州的出土陶器中,呈现出越式硬陶与汉式软陶共存,但以硬陶为主的局面。越式陶与汉式陶在审美意趣上各有特色,又互相融合。

在造型上,无论是硬陶还是软陶,都讲究器形规整匀称,器物各部分尽量互相对称。西周至春秋时期的陶器以圜底者居多,以桂岭燕子岩出土的春秋陶瓿、陶釜为代表。战国至西汉前期,陶器

---

① 孙旭东:《从青铜灯具看战国秦汉的青铜艺术》,《设计艺术(山东工艺美术学院学报)》2011年第3期。

的圜底逐渐被平底取代,但平底器的肩部至上腹部较大,底足部偏小,有一种风摆荷花式的摇曳之美,其中以"米"字纹陶瓮为代表。西汉晚期陶器多饰方格纹和戳印纹,陶器足底部逐渐增大,肩部和上腹部日加内敛,整个器形追求一种稳固之美。

在外表装饰上,无论越式硬陶还是汉式软陶都喜欢使用纹饰,但两种陶器在装饰手法上各有特征。汉式软陶的装饰手法一是使用快轮留下轮制的弦纹;二是堆贴辅首纹;三是绘制彩绘。硬式陶大多采用泥条盘法制胎,弦纹较少。其特色装饰手法一是刻画,既刻画纹饰,也刻画符号;二是印纹,既有拍印的方格纹、"米"字纹、夔纹,也有戳印的圆形纹、方形纹、菱形纹,还有通过翻滚纹样印模在陶胎上连续印制出水波纹、连珠纹、篦点纹、指甲印纹等纹饰制取工艺。

在装饰风格上,硬陶的纹饰区在器身上所占面积较大,纹饰所使用的图案较为丰富,整个器物上的纹饰显得繁缛精致。软陶的纹饰区面积较小,纹饰简单,整个器物装饰显得十分简约。

在外表装饰效果的迭变上,西周至春秋的越式硬质陶器上装饰夔纹、方格纹、勾连云雷纹。战国至西汉早期硬陶上装饰"米"字纹、方格纹、水波纹、席纹、篦点纹、连珠纹。西汉早期之前的汉式软陶上装饰弦纹、麦穗纹、彩绘和辅首。西汉后期软陶以素面者居多,或者加饰简单的弦纹。战国开始,以龙中山瓷擂钵为代表,贺州开始出现原始瓷器,尽管这些瓷器造型简单,体积小,无纹饰,但原始瓷器表面有一层均匀釉质使得瓷器的外在观感由深沉粗糙变得温润细腻。

综上所述,贺州青铜时代的陶器无不表达先人们质朴而纯粹的审美诉求。无论是实用器还是冥器,尽管它们皆非艺术品,然而生产者又都愿意按艺术品的方式来制造它,从而使得绝大多数陶器都如同工艺品一样精美。

从陶器所表现出来的文化寓意来看,青铜时代贺州本土产陶器并没有表达政治礼仪的要求,却有着文字符号的文化意义和关爱亡者的宗教意义。

在铭文符号上,从战国的"米"字纹陶瓮开始,到西汉早期的戳印纹陶瓮、陶罐等器物上都出现有一些刻画符号。关于这些符号的意义,目前存在不同的推测,它可能是一种极简单的表意文字符号,也可能是一种数字符号,还可能是陶工自己所做的标记。在陶器上刻画符号的现象在我国仰韶文化、大汶口文化、龙山文化中都曾存在,而且四川省西昌市彝文化博物馆还展示了部分仰韶文化符号与西昌彝族文字之间的联系。据此类推,贺州战国陶器上的符号与文字意义应该存在较大的关联度,如果这些符号所代表的语言至今仍有流传,则今后随着出土符号的增多,这些符号的文字意义或许尚可解读。如果这些符号所代表的语言现在已经消失,则这些符号的文字意义在未来仍可能难以全面解读。到西汉前期,贺州的一些陶器上已可见压印的汉字铭文,如金钟一号汉墓发现的四件陶瓮上有两件印有铭文"左"字,另两件印有铭文"右"字。西汉后期,贺州的陶器上已不见刻画符号、铭文,戳印符号也越来越少,直至消亡。

在宗教意义上,陶器承载了事死如事生的民俗观念。但凡这一时期的墓穴中都陪葬有陶器。陶器是那个时代人们普遍使用着的生活必需品,人们在亡者的墓茔中陪葬陶器的行为,是在事死如事生这一观念指导下产生的,这一行为的目标诉求就是祈祷死者在灵界能够继续享有在生时的生活。西汉早期的鼎盒壶钫陶器组合特别说明了人们所寄托的这种特殊情感,这些组合器物的形制均由仿制青铜礼器得来。用礼器来陪葬的器物应是冥器,就是希望逝者能够像商周时期拥有青铜礼器的权贵一样,在灵界享有富贵的生活。

(二)青铜器纹饰图案的寓意解读

精神领域的思考包括人们的思维观念、宗教信仰。[①] 作为青铜时代的杰出艺术品,青铜器亦承载了那个时代在精神信仰上的许多事象。每一种青铜纹饰和每一种器物造型都有着与之相符的人文观念。也正由于青铜器设计者在精神追求上的目的性,导致商至西周时期的青铜器纹饰图案就是为了更好表达青铜器的礼器功能,而春秋至西汉的青铜纹饰往往表达着对理想的向往和对生活的热爱。所以,对青铜器的研究,不能仅仅局限于器物本身,更多的还应联系器物背后的社会关系、人文观念。[②] 尽管历史上的许多事物在其产生之初与社会的许多关系都是混沌不清的,并没有太多太细的讲究,但每一种与人类有关的事物背后,必然蕴含着人们在物质和精神上的思考,这就是文化行为。这种行为为人们透过古物解读历史提供了方向。宋代王黼《宣和博古图》对青铜器纹饰图案和动物造型的寓意有很多解读:"蝉又取其趋高洁而不沉于卑

[①] 杨平平:《长沙汉墓随葬动物形象的"器物观念"》,《南方文物》2013 年第 2 期。
[②] 杨平平:《长沙汉墓随葬动物形象的"器物观念"》,《南方文物》2013 年第 2 期。

秽。""山以取其仁之静,花以取其礼之纹。""象饕餮以戒其贪,象蜼形以寓其智,作云雷以象泽物之功,著夔龙以象不测之变。至于牛鼎、羊鼎、豕鼎,又各取其象而饰焉。"①综合历代史家的论述,结合出土器物的研究,青铜器纹饰图案具有以下几项重大寓意:

1.烘托彝器功能,维护统治秩序

商至西周时期,作为彝器的青铜器其核心功能就是维护统治秩序,而为了烘托青铜彝器的这一功能,器物上所设计的各种怪诞图像,都要围绕传输巫礼,为神化统治权服务这一目的来展开,以维护神权统治和宣扬天命。这个时期也是奴隶社会从成熟到高峰的历史发展期,奴隶社会的重要特征是残酷统治与绝对镇压。而为了营造一种凶狠、恐惧、残酷的氛围,使老百姓乃至统治者对青铜器所代表的神权和政权产生敬畏心理,从而更好维持统治和社会秩序,商周青铜器及其纹饰始终显得神秘威严,有着至高无上的权威性与天人合一的象征性。在各种怪诞的图像中,最为重要的是兽面纹,它们齿牙森列,双目圆睁,一双大眼能在很远的距离就抓住人们的视线,显现出一种狰狞的形象,给人一种威慑恐怖的感觉和强烈的精神震撼。

青铜器之所以能成为彝器,就是因为那时的人们赋予了它通天达神的媒介功效,认为通过它可以与神灵沟通。这也很好地解释了为什么青铜器纹饰与玉器纹饰相近而与陶器纹饰相远的现象。因为在古代,铜又称为赤金,与玉一样都是土中出产的精灵,是冥界的宠物。用铜、金、玉等这些土中精华作为祭祀用礼器或是

---

① 张俊成:《商周青铜器纹饰研究史述要》,《内江师范学院学报》2007年第3期。

宗教用具,可以向先祖更好地表达虔诚,从而更能获得先祖的欢心。而陶器相对简陋,只配充当凡人使用的实用器,青铜纹饰当然不能仿照陶器纹饰,而只能与玉器相似。

用贵重物品来通天达神的传统甚至延续到了西汉。贺州的一些西汉古墓中出土了具有异域特色的鄂尔多斯式腰带佩件(得名于在鄂尔多斯地区首次发现此类器物),它们由黄金制成,带扣上饰有似马或似羊动物。要想让这种风格杂糅的用品从遥远的北方草原地区运输到贺州,需要付出十分高昂的代价。然而,人们却仍然愿意不计成本地把这些名贵重器带入墓葬,无非就是为了通神,让冥界诸神保佑死者及死者后人。

2.寓意"事死如事生"观念

"事死如事生"的观念早在先秦时代已经发端,到汉代更是普遍流行于全国各地。这种现象不仅在文献中多有记载,大量已经发掘的考古资料亦都给出了实证。战国著作《荀子·礼论》:"丧礼者,以生者饰死者也,大象其生,以送其死也,故如死如生,如亡如存,终始一也。"《礼记·祭义》:"事死者如事生,思死者如不欲生……"《礼记·中庸》:"践其位,行其礼,奏其乐,敬其所尊,爱其所亲,事死如事生,事亡如事存。"先秦之时,人们之所以"事死如事生"就是希望通过"大象其生"来祈求得到祖宗亡灵的保佑。在这种理念的支持下,从贵族到一般百姓,只要条件许可,人们都会在祭祀礼中择取死者生前所用的贵重之物作为陪葬品,供墓主人来世享用。同样,在"事死如事生"这一观念的支配下,贺州青铜时代的墓葬中,也都竭尽所能陪葬死者生前所用之物,将领和贵族墓中多使用其生前所用的贵重礼器陪葬,兵士和普通男子多用其生前所用兵器和生产工具陪葬，妇女多用其生前所用的刮削器、纺轮陪葬。

西汉之所以继续流传"事死如事生"风俗，原因在于"举孝廉"这一用人制度的推动。《盐铁论·散不足》："今生不能致其爱敬，死以奢侈相高，虽无哀戚之心，而厚葬重币者则称以为孝，显名立于世，光荣着于俗。故黎民相慕效，至于发屋卖业。"也就是说，西汉时期从朝廷到民间都十分注重孝德建设，一个人如果有孝心，人们就会以他为榜样，他就可以跻身社会名流之列。甚至连朝廷也认为一个在家尽孝的人，在国就一定会廉洁奉公。所以朝廷把择取官吏称为"举孝廉"，把"孝"放在官吏考核标准的第一位。在这种"举孝廉"制度的推动下，整个西汉社会从上到下，人们都想通过对先人的厚葬来显示自己的孝德，并期望这种显性的孝德能被朝廷发现从而获得功名。正因为要向社会彰显个人孝德，汉人所筑的先人之墓往往坟茔高耸。《盐铁论·散不足》：

> 古者不封不树，反虞祭于寝，无坛宇之居，庙堂之位；及其后，则封之，庶人之坟半仞，其高可隐；今富者积土成山，列树成林，台榭连阁，集观增楼；中者祠堂屏合，垣阙罘罳。

就如这段记载所描述的一样，贺州的许多汉代墓葬虽然经过1000多年的水土流失，但由于"积土成山"，其封土堆至今依然高高隆起，有如山丘。

3.承载神话概念

青铜器上承载神话概念的纹饰几乎都是动物纹样,共有三种类型:其一是对大自然中实际存在的动物所进行的写实性描摹的纹饰,如牛、羊、虎、豹、熊、鸟等纹样图案;其二是对实有动物的抽象写意纹饰,如虺纹、螭纹、窃曲纹等是对爬行动物的写意创作;其三是将不同动物的眼、角、嘴、牙、爪、尾、羽等不同部位组合成超自然的神话形象,如龙中山出土的神兽尊,其神兽造型由羊头、长颈鹿角、猪腿等多种动物的不同部位拼合而成,是一种新的超自然的动物形象。但是无论是写实、写意还是虚拟新创,构成图案的基本元素又都来自现实生活,这些纹饰图案又都是可以辨识的。而且青铜器的动物纹饰图案种类是有限的,人们不会漫无边际地创设出无穷多的图案来装饰青铜器,往往只会根据神话内容和礼制要求来创造几种固定的动物形象。这些固定形象的神话类动物纹有的流传时间较短,如饕餮纹仅在先秦时期流传。有的流传时间非常悠久,甚至成为华夏文明的代表性图标,如龙和凤。

美国汉学家艾兰对青铜器动物图案的神话寓意作了较为深入的研究,他认为:"对于楚国的男性贵族来讲,龙是载魂的灵兽,凤是引魂的灵兽。"[①]瑞典汉学家高本汉对龙纹的神话性也作了解释:"在礼器的纹饰中,龙是一种神奇力量的象征,它不断地出现,显然说明是要用龙给器物注入一种神性,一种巨大的神奇力量。"[②]我国

[①] 薛红艳:《汉代墓葬艺术中的阴阳素》,载汝信、张建一《美学与艺术学研究》第4集,南京:江苏文艺出版社,2005。
[②] 薛红艳:《汉代墓葬艺术中的阴阳素》,载汝信、张建一《美学与艺术学研究》第4集,南京:江苏文艺出版社,2005。

很早就开始了对饕餮纹的神话意义的研究,《吕氏春秋·先识览》载:"周鼎著饕餮,有首无身,食人未咽,害及其身。"这是迄今所知解释青铜器纹饰含义的最早记载。宋代学者沿袭《吕氏春秋》的说法,进一步认为兽面纹图案的深层意义是戒贪。① 日本学者林巳奈夫认为饕餮纹在商代青铜器上总是尺寸最大,并处于纹饰最中心的位置,其原因在于饕餮是商代王族的灵物,是超级灵物,其他动物图案则是地位稍次的灵物②,即是甲骨文和金文中所意指的那些附属国和氏族的神或灵物。

4.表达天地相协观念

《中庸》:"中也者,天下之大本也;和也者,天下之达道也。致中和,天地位焉,万物育焉。"也就是说,在先秦人的观念中,神话中的天与现实中的地应该和谐。在青铜器上铸造纹饰同样具有协和天地的意义。《左传·宣公三年》,楚庄王"伐陆浑之戎,遂至于雒,观兵于周疆",周定王"使王孙满劳楚子。楚子问鼎之大小轻重焉",王孙满对曰:"在德不在鼎。昔夏之方有德也,远方图物,贡金九牧,铸鼎象物,百物而为之备,使民知神、奸。故民入川泽山林,不逢不若。螭魅罔两(魍魉),莫能逢之。用能协于上下,以承天休。"这里"远方图物"是指图画远方的各种物象;"贡金九牧"是使九州之牧进贡铸器所用的青铜;"铸鼎象物"是说用九州所贡之铜铸鼎,并把从远方图画而来的各种物象铸于鼎上。而"铸鼎象物"

---

① 刘利、黄傍:《青铜器的审美比较——以西汉滇区和商周中原地区青铜器为例》,《美术大观》2011年第2期。
② 薛红艳:《汉代墓葬艺术中的阴阳素》,载汝信、张建一《美学与艺术学研究》第4集,南京:江苏文艺出版社,2005。

的目的是以看图说话的形式告诉人们什么事可为,什么事不可为,即用青铜器纹饰告知民众何物为神,何物为奸,最终,让山林川泽中的老百姓认清螭魅魍魉的可怕面目,远离奸凶,避开灾害。也就是说,夏王以来直至春秋,每一代天子继承九鼎,都是为了继承爱民仁政的大德。这在当时是一件了不起的大事,高高在上的天帝会为此感到欣慰,乐意将治理天下的权力交付给有德的天子,天子也就能够"协于上下,以承天休"。由此可见,九鼎的神奇之处并不在于它是否被用作礼器,而在于它上边所铸的图像彰显了天子能够对在地的百姓施行仁政,即"使民知神、奸"的德行、"协于上下"的这种协调天地的能力、"以承天休"的这种天子秉持王权得到天的认可的定律。

用于协和天地的图案即"远方图物"中的"物",有的代表"神",有的代表"奸"。"物"在《说文解字》中的解释是:"物,万物也。牛为大物。天地之数起于牵牛,故从牛,勿声。"王国维在许慎的基础上作了进一步的研究,他说:"许君(许慎)说甚迂曲。古者谓杂帛为物,盖由物本杂色牛之名……由杂色牛之名,因之以名杂帛。更因以名万有不齐之庶物,斯文字引申之通例矣。"[1]据此,物的本义系指杂色牛,引申义泛指万物。但是,从已出土的商至西周青铜器纹饰分析可知,铸在鼎上的远方之"物"并非包罗万象,而是只有两类,其一是面目狰狞、令人恐怖的动物,如兽面纹、螭纹、虺纹等,它们是"奸"的代表;其二是面目和善之物,如象纹、羊纹等,它们是"神"的代表。这也实证了青铜礼器上铸造动物纹饰就是

---

[1] 王国维:《释物》,《观堂集林》,北京:中华书局,1984,第287页。

"使民知神、奸"的设计目的。

较之神物所带来的开心,奸物给人带来的痛苦尤其让人记忆深刻,为了表达君王天子具有天地相协的能力,礼制时代的艺术家们更加愿意在青铜器上采用恐怖威严的艺术风格来体现礼制的权威。害人的物既有人物,又有动物,所以青铜器上的纹饰有的是兽形图案,有的是半人半兽图案,有的是人物图案。当时,人们在青铜器上共设计了四种类型的奸物,其中两类是动物,两类是人物。在被视为奸的两类动物中,其一是现实生活中实际存在危害人身安全的鸷禽猛兽,如鹰、鹫、狮、象、豺、狼、虎、豹等。《楚辞·招魂》就曰:"魂兮归来!南方不可以止些。……蝮蛇蓁蓁,封狐千里些。雄虺九首,往来倏忽,吞人以益其心些。""魂兮归来!西方之害,流沙千里些。……赤螘(蚁)若象,玄蠭(蜂)若壶些。"这里提到的有多个头的毒蛇雄虺,身形大小如象的毒蚁(螘),大若葫芦的毒蜂(蠭)等,听来令人心惊,当时曾对人身安全构成威胁,招魂巫师常用它们做实例,警告那些容易误入歧途的游魂。因此,铸在礼器之上的纹饰往往有凶猛动物的形象。其二是想象中的吃人的鬼魅精怪。《史记·扁鹊仓公列传》:长桑君"乃出其怀中药予扁鹊",曰:"饮是以上池之水,三十日当知物矣。"司马贞《索隐》曰:"服之三十日,当见鬼物也。"这里,"物"专指鬼灵精怪。王充《论衡·订鬼》篇曰:"鬼者,物也……或谓之鬼,或谓之凶,或谓之魅,或谓之螭。"古语常警告罪人说,要把他们"投诸四裔,以御螭魅",意思是让恶鬼随意地吞食他们。《孔子家语·辨物》篇曰:"木石之怪夔魍两"。江绍原认为:"罔是无,两是由形象分为两个个体而来。"①青铜器上所铸造的螭纹往往就是要表达这种无影无形、飘忽不定,又能从实在的个体中分离出来的东西,用以象征灵魂。

在被视作"奸"的人物中,其一是敌对方国、部落的人,尤其是他们的王或酋长。其二是巫师,尤其是异邦的巫师。《汉书·郊祀志》:"汉兴,高祖初起,杀大蛇,有物曰:'蛇,白帝子,而杀者赤帝子也。'"这里的物能开口说话,预言天命,显然是位巫师。因此,作为礼器的青铜器其所铸的人物类图案往往表达的就是这两类人物的形象。

5.描摹图腾

简狄吞玄鸟蛋而生商,姜嫄"履巨人迹"而生周,作为传统心理及观念的反映,青铜器上的许多动物图案实际上是对原始图腾的摹写。② 在天地、山川等自然万物中,动物与人都有肉体,都会运动,与人类最相近似。另外,远古时代,动物与人的关系十分密切,有的猛兽伤害人类,有的动物是人类的食物来源,还有一些动物是人类的伙伴。在人们还无法科学认知自身来源时,自然地就会把人的起源附会到与自身最为相似又关系密切的动物身上,从而认定自己是由某种动物幻化而来。因此,大多数部族都有着对于动物的图腾崇拜。每到节庆之时,部落里的人就扮成动物模样来跳神。部落的酋长或方国之王更要用心装饰,尽量使自己的扮相与本族的图腾相近。例如《山海经·西山经》:"西王母其状如人,豹

---

① 梁钊韬:《中国古代巫术》,广州:中山大学出版社,1999,第 194 页。
② 李乐婷:《从青铜器开始:试谈特定社会形态影响下的设计面貌》,《美术教育研究》2011 年第 5 期。

尾虎齿而善啸,蓬发戴胜。"这里具有以虎豹为图腾的痕迹。《山海经·海外南经》:"灌头国在其南,其为人,人面有翼,鸟喙。""灌头国"依袁珂说为尧的后裔丹朱所创,他们的图腾有模拟鸟的倾向。《尚书·尧典》也常说,虞、夏、商、周等朝有豹、虎、熊、罴、夔、龙等臣属,这说明虞、夏、商、周的属国同样以动物为图腾。

青铜器上众多的动物图案,之所以后来会成为礼器的专用纹饰,并与政治、宗教密切地联系在一起,首先就是因为许多青铜器的动物图案是从比青铜时代更久远的部族图腾演变而来的。

(三)青铜艺术的求美手法

青铜器的美之所以历久弥新,传承千年却仍然能够向人们展示出无限魅力,就在于它的纹饰图案和造型设计采用了一系列特有的艺术手法,而且有些手法还表现出了原则性。

1.匀分对称原则

青铜器的图案纹样有动物纹、几何纹、植物纹、人物纹,形式繁多,要把这些不同的纹饰单元组合成整个器物上的总图案,为了达成匀称的审美效果,往往采用匀分或者对称的办法。但凡是写实的纹饰均以尊重现实为要,不会强求对称原则。而虚拟的动物纹和几何纹则常常采取对称原则,其中又包括轴对称、中心对称和旋转对称三种方式。

所谓匀分原则实际上是指旋转对称,就是器物上的附件或纹饰单元匀分成多个体量相等、体形相同的部分,然而再把它们按照旋转对称的办法组合在器物上。如三足鼎的三只足会把鼎底均匀分成三个部分,围绕同一个圆心,从任何一只鼎足出发,如果旋转相同的角度,就一定会到达下一只鼎足的位置。匀分原则还时常见于镜背和一些器盖上的装饰,它们多围绕镜钮和器盖捉手作旋转对称。无论附件或纹饰单元是大于一的奇数还是偶数均可应用匀分原则。

如果附件或纹饰单元是偶数,除应用匀分原则构图外,还可应用对称原则构图。所谓对称原则是指在中心点和中心轴两侧左右对称布置的附件或纹饰单元构图办法。按对称原则进行的构图常常见于以下几种情况:

(1)在制作器物的足、耳、扉棱等附件时,如附件为偶数,一般要求这些附件按对称构图。例如双耳器往往在两耳连线的中点两侧左右对称。

(2)当器物上相同的图案单元连续反复出现时,如果图案单元为偶数,这些图案单元往往以相邻边框为对称轴,进行左右对称布置。

(3)有些纹饰的图案单元是由更小的次级图案单元构成,如次级单元为偶数,则次级图案单元亦按对称原则进行布置。如次级单元为奇数则按匀分原则布置。如云纹单元是由两个方形云头这种次级图案单元对称排列组成,雷纹单元是由两个圆形云头这种次级图案单元对称排列组成。

在对称原则之下,还有一种专用于动物纹的特殊对称构图法则,称为拆半律,它是指把一个动物从头到尾中分之后,按对称原则分别装饰于器物两侧的构图办法。法国人类学家克洛德·莱维-斯特劳斯在《结构人类学》中指出,东西方装饰艺术及视觉经验有一个共同规律——"拆半",包括两种情形:圆形和方形两种器物上的拆半律构图。

在圆形器物上按拆半律所构建的动物纹饰特征是"从尾端到鼻尖,把它沿纵长拆半撕开,然后把这只平分为两半的动物面部朝外平放,分开的两半一定在面部或鼻尖处互相连接"①。龙中山战国铜盉的螭首形流将螭龙的一个头部正面与盉的两个侧面身躯相拼接,最后终结于蟠虺纹銎。尽管铜盉上没有刻画出一条完整的螭龙,但由于创造性地应用了拆半规律来构图,使得人们可以通过首、銎来联想出整条螭龙的全貌。

圆形器物上拆半律纹饰构图法还被应用到勾连云雷纹上,这种云雷纹左右两个环形转折为龙身,两个龙身中间相连的部分有的出头,有的不出头,但都在龙的头部相连,这实际上是一种双身龙的造型。这种双身龙在《山海经》的神话中称为"肥遗",《山海经·北山经》:"浑夕之山……有蛇一首两身,名曰肥遗。"郭璞《山海经图赞·北山经》:"肥遗之蛇,一头两身。"商周时代,肥遗是掌管旱灾的凶神。《山海经·西山经》云:"有蛇焉,名曰肥遗,六足四翼,见则天下大旱。"郭璞《山海经图赞·西山经》:"肥遗为物,与灾合契。鼓翼阳山,以表亢厉。桑林既祷,倏忽潜逝。"由于肥遗是凶神,人们惧怕遇见它,所以会把它饰于器物之上,以便在祭祀仪式上,祷告上苍或先祖将其遣返。

拆半律在方形器的纹饰构特征是:"要在一只方盒上表现一只

---

① 刘利、黄傍:《青铜器间的审美比较——以西汉滇区和商周中原地区青铜器为例》,《美术大观》2011年第2期。

动物,就必定要使它适合盒子的角形外形"①,即把动物面形或体形按鼻中线分剖为"左侧"与"右侧",然而沿盒子的角贴附上去,"把脸拆成两半来表现",以适应方盒的各个侧面。龙中山出土的神兽尊,造型复杂,有多个转角,其造型就是先把尊身拆成两半,然后再行组装成一个完整的神兽形象。

贺州青铜器纹饰常见匀分对称构图。桂岭出土的西周钮钟其兽面纹以合范线为对称轴;2000年沙田马东出土青铜甬钟的篆部所装饰的三角形云纹采用中心对称的办法。

2.雕塑类动物纹的主纹性与从属性原则

青铜器上的动物形装饰主要有雕塑类和刻画类两种形式:刻画类的动物形图案往往以平面的形式展开,如器身上装饰的牛纹、鸟纹;雕塑类的动物纹是指以高浮雕或圆雕的形态所呈现出的纹饰。在商代,雕塑类的动物纹和人物纹往往为主纹,如商代的四羊方尊,其所装饰的四只雕塑羊纹即为主纹。再如商代许多高浮雕的兽面纹亦为主纹,但到了周代以后,大面积装饰于器物的肩、胸和腹部等主要位置的是刻画类动物纹。雕塑类动物纹只能退居于器物的盖钮、提梁、鋬手、口沿、口端、柱足等附属部位,在整个青铜器中并不处于核心位置,所以周代以后的雕塑类动物纹往往成为从属性纹饰。另外,青铜器上往往通体满饰几何纹,并用这种几何纹对雕塑类动物进行一定程度的遮蔽。这也进一步降低了雕塑类动物纹的主纹属性。

---

① 王政:《战国前文物纹饰与"折半律"》,《装饰》2013年第7期。

八、贺州青铜时代的越文化属性

由于缺乏文字记载,史前至商周时期贺州的历史十分模糊,一般只能笼统地认为先秦贺州属于越地。但越地是一个很大的概念,长三角、武夷山、五岭和岭南这一大片区域古代都称为越地。这里部落林立不计其数,称为"百越"。

百越地区的部众在古代统称为蛮,东汉许慎《说文解字》训"蛮"说:"南蛮,职方氏八蛮。"《尔雅》:"九夷八狄七戎六蛮,谓之四海。"《王制》云:"南方曰蛮。"百越蛮地最早的原始图腾是蛇①,《诗经·小雅·角弓》:"如蛮如髦。"传曰:"蛮,南蛮也。"《诗经·小雅·采芑》:"蠢尔荆蛮。"传曰:"荆蛮,荆州之蛮也。它种,从虫。说从虫之所由,以其蛇种也。蛇者,虫也。"这就是说,所谓蛮人即是自称为蛇种,以蛇为图腾的人。

关于百越的地理分布范围,颜师古注《汉书·地理志》云:"自

---

① 陈侃言:《古苍梧部落的文化密码——西江龙母神话与图腾文化》,《梧州学院学报》2011年第2期。

交趾至会稽七八千里,百粤杂处,各有种姓。"《吕氏春秋·恃君览》又云:"扬汉之南,百越之际。"《四库全书·百粤先贤志提要》解释了百越中散处各地的一些大型支系的形成历史:"自勾践六世孙无疆为楚所败,诸子散处海上,其著者东越无诸都东冶,至漳、泉,故闽越也;东海王摇都永嘉,故瓯越也;自湘漓而南,故西越也;牂牁西下,邕、雍、绥、建,故骆越也。统而言之,谓之百越。"秦末至西汉初年,赵佗建立南越国,于是又出现了"南越"。总之,古越人遍布长江以南的江苏、浙江、福建、台湾、江西、湖南、广东、广西、云南、贵州等地。历史上,可见大越、南越、于越、闽越、东瓯越、西越、扬越、夔越、西瓯越、骆越、滇越、腾越、淮越等各种关于越部族的支系名称,他们合称为"百越"。

明朝区大任《百越先贤志》说:"湘漓而南,古西越也。"所以西越是湖南南部、广西东部、广东西部等湘江流域和漓江流域及其南部地区越人的总称,包括扬越、苍梧越、西瓯、骆越及其他一些小的越族支系。到隋唐时期,百越诸国逐渐演变成南方的一些少数民族,因此《隋书》就载:"南蛮杂类,与华人错居,曰蜑、曰獽、曰俚、曰獠、曰𰆚,俱无君长,随山洞而居,古先所谓百越是也。其俗断发文身,好相攻讨,浸以微弱,稍属于中国,皆列为郡县,同之齐人。"

从地理位置上看,贺州位于西越、扬越、苍梧越、南越等一系列越族支系的相邻和交叠地区,至于贺州究竟应属百越里的哪个支系,说法很多,分别有南越说、西瓯说、瓯骆说、扬越说、苍梧说。但在战国楚建立苍梧郡之前,贺州受扬越影响最深。

271

（一）贺州先秦考古文化中的越文化属性

"越"作为一个描述地域和文化的复合概念最早出现于夏代，《史记》《世本》《汉书·地理志》《越绝书》《吴越春秋》等史料都说夏朝的少康封其庶子无余于越。少康复国在公元前 2015 年，说明越在公元前 2000 年前就已立国。但这个夏代的越国并不能包含全部的百越地区，仅是在越地的一个小方国而已，其地域应在后来商周时代的越国附近。

殷商是一个以河南安阳为中心的部族，向南可以到达湖北盘龙城。盘龙之南是百越中的扬越。而且，扬越又是由多个越部族组成的部族同盟。成书于东周时期的《逸周书》对商南扬越之地建立有方国的部族共记载了 6 个，即"瓯邓、桂国、损子、产里、百濮、九菌"。另外，在扬越之下还有古苍梧越、虎方越等部族[1]，其中苍梧越在西，虎方越在东，双方的分界线为洞庭湖—湘江流域[2]。商人通过东进和南下与扬越融合，使得扬越部族在商代的时候就掌握了青铜器的铸造技术。广西武鸣发现有商周之际的青铜墓葬，贺州在今平桂区黄田镇东水村水岩坝也采集到一件商代舌形铜钺，说明中原青铜文化早在商代已经通过扬越传入包括贺州在内的岭南越地。而且，文献资料所载中原文化传入越地的时间比考古发现的更早，《史记·王帝本纪》言颛顼"南至于交趾"，《尚书·尧典》云尧帝"宅南交"。颛顼即位于公元前 2450 年，《太平御览》

---

[1] 彭明瀚：《商代虎方文化初探》，《中国史研究》1995 年第 3 期。
[2] 郭静云：《商周虎方和卢方：两国空间范围考》，《南方文物》2014 年第 4 期。

卷七十九引《帝王世纪》说其在位 78 年。尧即位于公元前 2297 年。汉唐注家认为交趾即交州。如此说来,至少早在公元前 2200 年岭南越地已与中原开始交流。

到西周时,百越之地的方国见诸记载的共有苍梧、东越、瓯人、于越、姑妹、等瓯、且瓯、区吴、区余、路人等(《逸周书·王会解》)。而这时期的扬越已变成楚国南部的一个越人部族联盟。目前已知属于扬越的越人方国有苍梧、路人等国。随着楚国南下,扬越之地不断为楚所据,使得扬越文化与楚文化深度融合并持续南移。据万全文研究,到春秋时期,扬越各族已经广泛地分布于湖北英山至湖南岳阳一线以南,湖北黄梅至江西赣江流域以西,湖南资水以东,广西桂江至广东北江以北的范围①,这个范围包括了今贺州地域。扬越有着以几何印夔纹、几何印勾连云雷纹为特征的考古文化,当扬越人于西周之时带着青铜文化到达桂江流域时,贺州也就获得了接受北方先进青铜文化的机会,贺江流域和思勤江流域从原来以绳纹陶为特征的考古文化开始转变为以印夔纹、印勾连云雷纹、印方格纹为代表性特征的几何印纹陶文化。沙田镇马东村也出现了带有青铜器的西周墓。

在扬越文化的影响下,春秋开始,贺州迎来了青铜文化的重大发展期。1963 年秋,贺县桂岭镇燕子岩村发现两件印夔纹陶器。这种印夔纹也称"双线 F 纹""变形棱纹",具有与之相同纹饰的陶器在湖南衡阳市周子头遗址上层、广东石峡遗址上层多见,是湖南南部、广东、广西东北部、赣西南两周之际到春秋早中期遗址中的

---

① 万全文:《商代长江流域青铜文化初论》,《南方文物》1993 年第 2 期。

特征纹饰,香港所出也几乎雷同。① 因此,西周至春秋时期贺州与西至桂东北、东至粤东到赣西南一线、北至湘江沿岸、南到香港这一地区的越文化支系有着密切的联系,受扬越文化影响较深。

东西周相交之时,越地所建立起来的部族和国家的数量较之西周早期有增无减,宋代罗泌的《路史》载列了 25 个西周晚期至春秋时期的百越之国,分别是:"南越、越裳、骆越、瓯越、瓯隃、瓯人、且瓯、供人、海阳、目深、扶摧、禽人、苍梧、蛮扬、扬越、桂国、西瓯、损子、产里、海葵、九菌、稽徐、仆句、比带、区吴。"《吕氏春秋·恃君览》云:"杨汉之南,百越之际,敝凯诸、夫风、余靡之地,缚娄、阳禺、驩兜之国,多无君。"这里所提到的几个扬越南部的越人国中,缚娄国在今广东惠州,阳禺国在今贺州东北面的邻市广东清远,驩兜国在今湖南张家界。

在扬越各族不断迁入岭南之时,由于其已与楚文化有着非常深入的融合,对于包括贺州在内的岭南人来说,甚至无法区分扬越与楚的各自特性,有时干脆就用楚文化一词代替扬越文化。从粤中、粤北和桂东北等深受扬越文化影响的地区考古资料看,广东四会鸟旦山、广宁铜鼓岗、罗定南门洞、德庆凤村、肇庆松山、广西平乐银山岭、贺州沙田、岑溪花果山等地与湖南长沙、湘乡、湘潭、衡阳、耒阳、资兴、郴州等地的东周墓形制及出土器物基本相同,都是长方形竖穴土坑墓,都使用木质棺椁葬具;有的墓穴有二层台设于墓壁的上部四周;随葬品多置于二层台上,小件器物置于墓穴底

---

① 何介钧:《湖南商周时期古文化的分区探索》,载湖南省博物馆编《湖南出土殷商西周青铜器》,长沙:岳麓书社,2007。

部;在战国早期之前,还有部分土坑竖穴墓带有腰坑,腰坑多设于墓穴前端或中部的底部,有圆形和椭圆形两种;随葬器物多用青铜器,尤其是其中许多精美青铜器具有明显的楚风,如肇庆松山战国墓出土的错银铜罍,以飞鸟和云气组成花纹,生动流畅,具有典型的楚国风格。

西周至春秋时期,扬越文化影响区的墓葬陪葬器以圈足盘、豆和折腹圜底罐、垂腹圜底釜为基本组合。几何印纹硬陶较为发达,种类多且较规整。陶器的夔纹多与云雷纹、方格纹组合,纹饰精致有序。陶器火候很高,敲击多有金属声,显示这个扬越地区有着自身特有的陶器生产技术。这些扬越文化的考古特征亦存在于贺州出土的同时期器物之上。

"米"字纹、重方格交格交叉纹在春秋时已出现在江浙越地,战国时通过扬越南传进入岭南地区。战国时期的扬越文化在岭南的影响区如湖南南部、广东、包括贺州在内的广西东部等地亦均有"米"字纹装饰陶器的出土。

东周时期,扬越文化影响区的常见青铜器物中,与贺州情况相同,工具有斧、锛、凿、刮刀、削刀、锄、锸、锥、镰、锯等;兵器有戈、矛、镞、剑、钺等;容器和炊器有鼎、釜等。特别是"人"字形横断面刮刀、弧刃斧(钺)、扁茎短剑、盘口斜支足鼎、靴形钺、带耳系的矛等器物更是扬越文化中的特征性青铜器。

战国之时,贺州南部还存在一个较大的越人部族西瓯,但人首钺、羊首柱形器、羊角钮钟等西瓯越人文化特征的青铜器不见于贺州。它们的出土地最靠近贺州的地方是广东封开县和广西平乐县,可见先秦时期西瓯文化对贺州影响较弱。

（二）贺州青铜时代先民生活习俗上的越文化特征

作为百越集团的一部分，青铜时代的贺州表现出了强烈的越文化特征，在文化习俗上贺州与百越地区有较大的共性，而与黄河流域华夏族人有着较大差别。① 史书上关于越人生活习俗特色的记载很多，有食蛇、鸡卜、鸟图腾、蛇图腾、断发文身、习水便舟、巢居、种植水稻、善铸宝剑、盛行巫祝、凿齿，等等。而贺州的越文化属性则主要见于以下几个方面：

一、饮食上以水产为主食。越人以蛇、蚌、螺、贝等为食，《逸周书·王会解》："东越海蛤，瓯人蝉蛇，蝉蛇顺，食之美。姑于越纳，曰姑妹珍。且瓯文蜃，共人玄贝，海阳大蟹。自深桂、会稽以罋，皆西向。"即越人以贝、鳝、海蛤、螺、鱼、龟、蟹等水产为主食。而黄河流域的华夏先民主食是五谷，所以《淮南子·精神训》说："越人得髯蛇，以炎上肴，中国得之无用。"越人这种以水产为主食的习俗造就了越人生活区的贝丘遗址。今贺州仁义镇仍保留有贝丘遗址，说明贺州在饮食习俗上与越人存在共性。

二、发肤处理上，断发纹身。《墨子·公孟》《战国策·赵策》《史记·赵世家》《汉书·严助传》《淮南子·原道训》等文献都说被发纹身为越地的一种常见风俗。

文献中关于越人发式的记载，有"短发""断发""剪发""劗发""椎髻""被发"等多种形式，但总的特征是断发，因"短发""剪发"

---

① 徐桂兰：《东瓯与西瓯比较断论》，《百色学院学报》2008年第4期。

"鬋发""断发"都是把头发剪成短发。但断发之后,还要梳理成被发和椎髻。所谓"被发"是指披发,即将剪短的头发披在脑后,不加冠笄;所谓"椎髻"是男子特有的一种发式,是将剪短之后的头发结成一个向后的尖椎式发髻,即"为髻一撮似椎而结之"(司马贞《史记索隐》)。越人妇女的发式则结髻如锤。椎髻发式在岭南越地相当流行。《史记·郦生陆贾列传》说南越王赵佗"魋结箕倨见陆生",其中"魋结"即"椎髻"。贺州龙中山出土的战国铜鼓上饰有龙舟竞渡纹,纹饰中的划船人物亦在脑后结椎髻发式。

所谓"文身"即纹身,越人纹身的花纹式样比较复杂,但以龙蛇纹为主。《淮南子·原道训》:"被发文身,以像鳞虫。"高诱注曰:"为蛟之状。"《史记·吴太伯世家》:"文身断发。"裴骃《集解》引汉应劭曰:"断其发,文其身,以象龙子,故不见伤害。"除龙蛇之纹外,其他动植物花纹、几何图案也是"文身"的素材。[①]

至于越地为什么会流传断发文身的风俗,《淮南子·原道训》作了解释:"九疑之南,陆事寡而水事众,于是民人被发文身,以像鳞虫;短绻不绔,以便涉游;短袂攘卷,以便刺舟,因之也。"张守节《史记正义》引《舆地志》亦曰:"周时为骆越,秦时为西瓯,文身断发避龙。"

与越地不同,中原人认为身体发肤受之父母,头发是不能剪的,必须束发。皮肤也是不能创割的。看见越人断发纹身,他们十分惊奇。所以,在中原人看来,断发纹身甚至成为越人的最主要标志。《史记·赵世家》:"夫翦发文身,错臂右衽,瓯越之民也。"《汉

[①] 王志国:《越人"断发文身"析》,《连云港教育学院学报》1994年第1期。

书·严助传》:"越,方外之地,断发纹身之民。"《汉书·地理志》:"今之苍梧、郁林、合浦、交趾、九真、南海、日南,皆粤分也……文身断发,以避蛟龙之害。"断发纹身的习俗使得贺州西汉之前的古墓葬中极少出土发笄。

三、坐姿上,越人箕倨。所谓"箕倨"就是交股而坐,这与中原人的跪坐坐姿也是不同的。

四、民居建筑上,越人架木为屋,喜建干栏式建筑,即楼居。不像北方地区穴居窑洞。张华《博物志》对南北民居习俗差异有确切记载:"南越巢居,北朔穴居,避寒暑也。"

五、陶制工艺上,西周至西汉初期,贺州考古出土的陶器中以印纹陶为主。印纹陶文化是百越地区的一种特有文化,主要分布在广东、台湾、福建、湖南、湖北、江西、浙江、江苏和广西东部等地,这种印纹陶的特点是在陶胎表面以拍印几何形花纹作为陶器装饰的主要手法。较早的陶器质软,叫几何印纹软陶,较晚的陶器较硬,叫几何印硬陶。几何印纹陶的流行年代尽管在不同地区各有不同,但总的来看,上限约当中原殷周时代,下限晚至战国或汉初。

六、丧葬习俗上,新中国成立以来,在贺州的周边都发现了一些青铜时代的越人古墓,迄今能检索得到的发表资料有:湖南湘江流域的长沙县金井①、湘乡大茅坪②、衡阳市苗圃③、衡南县胡家

---

① 金则恭、张双百、胡德兴:《长沙县出土春秋时期越族青铜器》,《湖南考古辑刊》1984年第0期。
② 周世荣:《湖南韶山灌区湘乡东周墓清理简报》,《文物》1977年第3期。
③ 冯玉辉:《衡阳市苗圃五马归槽茅坪古墓发掘简报》,《考古》1984年第10期。

港①、祁东小米山②、耒阳县灶市③、资兴旧市④、郴州市⑤、广东的始兴⑥、怀集⑦、佛冈⑧、广宁⑨、清远⑩、四会⑪、德庆⑫、肇庆⑬、罗定⑭、广西的恭城⑮、平乐⑯、宾阳⑰等地。西周末至战国时期的越族青铜文化墓葬在贺州北部和东部居多,而南部和西部较少。贺州所发现的先秦越人青铜器墓葬与周边地区的越人墓表现出了较大的共性,墓葬一般选择在比较低矮的山丘上,比较早期的墓葬多作狭长形竖穴土坑,墓底流行设置腰坑,腰坑中只埋一件陶器,未见埋狗的痕迹。坑的大小深浅,随所埋陶器形体大小而异。腰坑有圆形也有方形。但非常奇怪的是,在同一墓葬群中,有的设腰坑,有的

---

① 湖南省博物馆:《湖南衡南、湘潭发现春秋墓葬》,《考古》1978年第5期。
② 衡阳地区文物工作队:《祁东小米山发现春秋铜器》,《湖南考古辑刊》1984年第0期。
③ 郑元日:《耒阳春秋、战国墓》,《文物》1985年第6期。
④ 付有举:《资兴旧市春秋墓》,《湖南考古辑刊》1982年第0期。
⑤ 龙福连:《郴州市出土的战国越人墓》,《湖南考古辑刊》1987年第0期;郴州地区文物工作队:《湖南郴州东周墓发掘简报》,《文物》1990年第10期。
⑥ 廖晋雄:《广东始兴县发现两座春秋墓》,《考古》1988年第6期。
⑦ 何纪生:《广东发现的几座东周墓葬》,《考古》1985年第4期。
⑧ 徐恒彬:《广东肇庆市北岭松山古墓发掘简报》,《文物》1974年第11期。
⑨ 广东省博物馆:《广东广宁铜鼓岗战国墓》,载《考古》编辑部编辑《考古学集刊》第1集,北京:中国社会科学出版社,1981。
⑩ 莫稚:《广东清远发现周代青铜器》,《考古》1963年第2期。
⑪ 何纪生、杨少祥、彭如策:《广东四会鸟旦山战国墓》,《考古》1975年第2期。
⑫ 徐恒彬、杨少祥、杨富崇:《广东德庆发现战国墓》,《文物》1973年第9期。
⑬ 徐恒彬:《广东肇庆市北岭松山古墓发掘简报》,《文物》1974年第11期。
⑭ 徐恒彬:《广东罗定出土一批战国青铜器》,《考古》1983年第1期。
⑮ 广西壮族自治区博物馆:《广西恭城县出土的青铜器》,《考古》1973年第1期。
⑯ 蒋廷瑜、韦仁义:《平乐银山岭战国墓》,《考古学报》1978年第2期。
⑰ 覃义生、蓝日勇、罗坤馨、王梦祥:《广西宾阳县发现战国墓葬》,《考古》1983年第2期。

则不设。这是否继承了商周时期中原殉狗腰坑的遗风并作了改良,目前尚未有定论。

七、兵士的武器装备上多见步战格斗兵器,罕见车战骑战的车马器。"越人之俗,好相攻击"(《汉书·高帝纪》),百越内部,纷争频繁。在兵员武装上,在贺州已发现的春秋至战国墓中普遍随葬步战青铜兵器,少见车马器,说明战士多是步卒。而且兵器中一般是一件短剑、一件长矛与若干件铜镞配套组合,不见或少见铜戈等可用于车战和攻城战的钩兵。此外,贺州与扬越文化影响区内所出土的扁茎无格短剑、扇形铜钺、靴铜钺等兵器亦不见或少见于中原文化、楚文化、滇黔文化的古墓中,这构成了考古学上一种新的文化类型。

(三)贺州与西瓯越的关系

瓯或写作"沤""区""欧",是早期对越人一些特有族系的称谓。《逸周书》:伊尹为四方令,正东有"越沤",正南有"瓯人"。"瓯"作为族称,有人认为是指在边远山地林区居住的人。刘师培在其《古代南方建国考》中说:"瓯以区声,区,为崎岖藏匿之所。从区之字,均以曲义。故凡山林险阻之地,均谓之瓯,南方多林木,故古人均谓之区,因名其人为瓯人。瓯是因地多山林险阻而得名。"[1]

在秦始皇平岭南之前,瓯人有东西两个大的支系。其中东支系分布在东南沿海,有瓯人、且瓯、沤深、越沤等亚系分支。西支系

---

[1] 刘师培:《古代南方建国考》,转引自梁庭望《西瓯骆越关系考略》,《广西民族研究》1984年第4期。

280

称为西瓯,主要分布在今广西境内。

西瓯也称"西呕",最早见于《史记·南越列传》:"其西瓯、骆、裸国亦称王。"自此以后的许多文献中就有了"西瓯"一词。南朝梁顾野王的《舆地志》:"交趾,周时为骆越,秦时为西瓯。"东汉班固《汉书·西南夷两粤朝鲜传》:"西有西瓯,其众半羸,南面称王。"将西瓯明确为南越国之西。也就是说,"西瓯"一词最早见于秦始皇平岭南之时。在抗秦战争中西瓯部族与周边的一些越人部族组成了联盟,并且瓯越联盟的盟主西瓯君译吁宋被秦军击杀,但西瓯国并没有因此崩溃,他们通过另选君将带兵作战,多次战败秦军。

秦统一岭南后,西瓯部族被并入秦桂林郡。但秦置桂林郡七年之后,秦朝就灭亡了,秦将尉佗乘机击并桂林、象郡,建立南越国,自称南越武王。吕后专政时,"禁南越关市铁器……佗因此以兵威边,财物赂遗闽越、西瓯、骆,役属焉,东西万余里"①。这说明南越国期间西瓯部族仍然保持有较强的独立政治势力,否则赵佗称王以后,没有必要赂遗西瓯。东汉后西瓯的称谓不再出现。

西瓯的核心区域为汉郁林郡。宋《太平寰宇记》明白指出:"郁林郡为西瓯。"郁林郡始建于汉元鼎六年,秦为桂林郡。汉郁林郡共领县十二,首县为布山,在贵县。梁钊韬认为,周显王十四年(公元前355年),楚灭越,越国以此散,诸王子争立,或为王或为君,滨于海上,南服于楚。其中一部分很有可能从闽海南下,入珠江口,溯西江而迁至贵县,并与当地骆越人杂处,形成许多君长统治的族落,其中有个叫译吁宋的,可能是最强大的一个君长,称为西瓯君,

---

① 〔西汉〕司马迁:《史记·南越尉佗列传》,上海:上海古籍出版社,1997,第2246—2247页。

西瓯一名或始于此。①

　　至于西瓯部族分布的四至范围,学界见仁见义,各有说法。一说西瓯的分布地在党州(今广西玉林,见刘昫:《旧唐书·地理志》)、贵州(今广西贵县,见李吉甫:《元和郡县图志》)、义州(今广西岑溪,见李吉甫:《元和郡县图志》)、潘州（今广东高州,见李吉甫:《十道志》)等。而且,把史料所载的地名从东到西连为一线,可以看到在南北方向,从茂名一带经玉林到南宁之南,是西瓯与骆越交错而居地带。在东西方向,西瓯之地则只限于粤西南和桂东南地区。二说是在五岭之南,南越之西,骆越之东,大体包括汉代郁林郡和苍梧郡,相当于桂江流域和西江流域一带。② 三说西瓯的活动中心只能在五岭之南,南越之西,骆越之北,恰当今桂江流域与浔江流域一带。③ 四说平乐地区属于瓯越活动范围,西瓯的南界可能在今日郁江流域④,北界在今日柳江流域⑤。

　　但是,把包括贺州在内的广西东部和广东西部的越文化全都归入西瓯,在史籍上找不到相应的记载。⑥ 学者曹学群认为应以岑溪、罗定作为分界线,其西使用王字矛、柱首形器,为西瓯。其东的

---

① 梁钊韬:《西瓯族源初探》,《学术研究(广州)》1978年第1期。
② 张一民:《西瓯骆越考》,《百越民族史论丛》,南宁:广西人民出版社,1985。
③ 蒋廷瑜:《从考古发现探讨历史上的西瓯》,《百越民族史论集》,北京:中国社会科学出版社,1982。
④ 冼春梅、刘付靖:《秦汉时期的岭南诸越族研究》,《广东技术师范学院学报》2011年第1期。
⑤ 梁钊韬:《西瓯族源初探》,《学术研究(广州)》1978年第1期。
⑥ 陆明天:《秦汉前后岭南百越主要支系的分布及其族称》,《百越民族史论丛》,南宁:广西人民出版社,1985。

粤西桂东文化区则无王字矛,可能是古苍梧文化区。① 贺州恰好位于岑溪、罗定以东的粤西桂东文化区内,从历次青铜器墓葬的发掘情况看,均未出土王字矛。如果曹学群的观点无误,则贺州不属于西瓯文化圈。但不排除在对秦作战时,贺州至梧州一带的越人与西瓯人联手抗秦的可能。否则,秦无须大费周章地在兴安修建灵渠以保水运畅通,而是可以在梧州北面的桂江上游自由择地修建码头,发船南行。也正由于西瓯与包括贺州在内的苍梧越人有着同盟关系,而西瓯西经骆越可至云南,这为云南的滇文化东传进入贺州创造了条件,所以在龙中山战国墓中就出土了滇文化代表性器物——石寨山型铜鼓。②

(四)贺州与苍梧越的关系

南越时苍梧王城设在贺州南邻的今梧州市;西汉开始出现的苍梧山即九嶷(古又作"九疑")山在贺州的北部湖南永州市;西汉中期开始,今贺州曾长期为汉代苍梧郡辖地。所以,青铜时代,贺州与苍梧有着十分密切的联系。要解析清楚青铜时代的贺州文化,必须深入探究苍梧越与贺州这两者之间的文化渊源。

1.上古至春秋时期的苍梧部族

上古时代,苍梧是一个部族的名称。西晋孔晁注《逸周书·王会解》云:"仓吾,亦蛮也,翠羽,其色青而有黄也。"据此,陈侃言认

---

① 曹学群:《论湖广地区的越文化与杨越的关系——兼与朱建中同志商讨》,《南方文物》1993年第3期。
② 张春云:《广西贺县龙中岩洞墓清理简报》,《考古》1993年第4期。

为,仓吾一词含义为"青色的人"。而之所以为青色,是"因其地多梧桐,色苍"。①何光岳则以为,之所以说苍梧人为"青色的人"是因为"舜以土德王,色尚青"。②《孔子家语·五帝德》又说"青色的人"是指穿着青色衣服的人。

上古时代,部族之名常被用作地名,故而苍梧既是部族名,又是部族分布地的地域名。苍梧部族历史十分悠久,早在三皇五帝时苍梧部族就已经存在,最迟在帝颛顼高阳氏的时候苍梧部族已经有了自己的首领。相传颛顼有才子八人,第一位才子苍舒即是苍梧部族的首领。其时,苍梧部族应分布在华夏族的南方,但在五帝时苍梧应是三苗、九黎等大部族中的一个小部族,因而上古史籍中多见关于三苗、九黎的记载,而少见苍梧。③

谈及苍梧必然绕不开舜葬问题。《礼记·檀弓》载:"舜葬于苍梧之野。"舜之所以到南方活动,与征三苗有关。《尚书·舜典》称舜南下为"陟方",即巡狩方国。《史记·五帝本纪》亦谓为"巡狩"。《国语·鲁语》称:"舜勤民事而野死。"韦昭注:"野死,谓征有苗死于苍梧之野。"由于舜的南巡是为了征伐三苗,而三苗的活动地域,《史记·五帝本纪》云:"三苗在江淮、荆州数为乱。"故而清儒孙星衍据此以为:"巡狩至五岳而止,(舜)此至苍梧者,盖此行分北三苗。"④舜直接治理的国在淮河以北地区,三苗在江淮之间,苍梧必须在三苗的北部,舜才有可能在苍梧组织平定三苗之乱的行

---

① 陈侃言:《破解舜葬千古之谜》,《广西大学梧州分校学报》2005年第2期。
② 何光岳:《苍梧族的源流与南迁》,《学术论坛》1982年第4期。
③ 桑林:《对〈苍梧族的源流与南迁〉一文的意见》,《学术论坛》1983年第1期。
④ 〔清〕孙星衍:《尚书今古文注疏》,北京:中华书局,1986。

动。而"江淮之间"的"江"指长江支流汉江,"淮"指淮河,因此,舜时的苍梧部族仅分布在汉江北源的丹阳即今河南西峡、淅川一带。① 钱穆先生也认为,最初的"苍梧"部族之地还不在今湖南地区,而在汉水以北的丹江流域。后来苍梧这个地名转移到湘水流域,是由于"楚人南迁,北方雅名胜迹,皆已移植"的结果。②

按《山海经·海内东经》:"西胡白玉山在大夏东,苍梧在白玉山西南。"白玉山在夏的东边,苍梧在夏的东疆西南,而夏的东疆在河南省、山东省和河北省三省交界处,因而夏时的苍梧比舜时的苍梧已经向东边有了较大的发展,移到了山东、河南二省交界附近。更远的甚至到达江苏省连云港市,并且还在这里留下了"苍梧山"地名。连云港市的苍梧山别名"郁洲",明代天启年间改为天台山。

随着中原势力不断南下,苍梧与三苗也只能向南迁移。到商代,苍梧部族已经成为扬越这个商代南面越人大联盟中的一个支系,但保留苍梧部族的称号。西周初年,苍梧部族又在周的南方重新建立了方国。《荀子·效儒篇》载,周初分封诸侯,立七十一国,南方越地有雕题、黑齿、自深、仓吾、禽人等国。著名史学家蒙文通先生亦认为"仓吾为国,已早见于周世"。从苍梧立国且有资格向周王朝贡的情况看,至迟到西周初年,苍梧国已是南方越地中一个较为强大的政治实体。

按《逸周书·王会解》载:"成周之会,仓吾翡翠,翡翠者,所以取羽。"这说明苍梧国在成周之会上向周王朝贡的是翡翠。《说文

---

① 李雪山:《商代封国方国及其制度研究》,博士学位论文,郑州大学,2001。
② 钱穆:《古史地理论丛》,北京:生活·读书·新知三联书店,2004。

解字》:"翡,赤羽雀也。翠,青羽雀也。"①周代宫廷流行大舞和小舞两种乐舞。其中在小舞中表演皇舞的舞人要身穿装饰有翠羽和白鹭羽的舞衣。《周礼·春官·乐师》载:"皇舞者,以羽覆头上,衣饰翡翠之羽。"皇舞应用于"(祭)四方以皇"或"旱叹以皇"的祭祀典礼上,大致采其"鹭,白鹭也,小不逾大,飞有次序,百官缙绅之象……圣人皆以鸿鹭之群拟官师也"(师旷撰,张华注:《禽经》),意思是说用这种舞蹈来宣扬尊卑等级,而以翡翠羽作装饰则是以明男女夫妻之别。

西周晚期开始,楚国开始南下,苍梧越人也只得随着扬越人继续南迁。随着春秋的到来,天下大乱,北方强国自顾不暇,此时已到达湖南东北部的苍梧越人得到了较大的发展,他们向东到达江西,向南越过湘潭、株洲发展到湖南衡山以北的湘江流域,并以岳阳汨罗为中心。楚国还有一些贵族如屈原的祖先也流落到苍梧部族中生活。屈原在《离骚》中自悼身世、呼唤远祖时就说"朝发轫于苍梧兮,夕余至乎县圃"。所以《舆地考》即谓:"岳州之间谓之苍梧。"梁玉绳《史记志疑》引《史通·疑古篇》曰:"苍梧者,于楚则川号汨罗。"这个以汨罗流域为中心的苍梧应是指春秋时期的苍梧。

2.楚苍梧郡

一般人认为,郡县制是秦朝建立的。实则战国七雄已经开始了郡县制的探索。《史记·楚世家》就有关于战国时楚国立郡的一些记载:"(楚襄王)二十二年,秦复拔我巫、黔中郡。""二十三年,襄王乃收东地兵,得十余万,复西取秦所拔我江旁十五邑以为郡,

---

① 江鹏:《"苍梧"入诗考》,《梧州学院学报》2014年第1期。

拒秦。"这说明早在战国时代的楚国已经有了郡一级的行政管理机制。而且郡的作用是来作战的,其目的是拒秦。而楚国的苍梧郡是在吴起变法强楚,楚悼王主持向南扩张的过程中建立起来的。《后汉书·南蛮传》记载,公元前382年,楚悼王任命吴起为令尹(相当于丞相),主持变法,国力逐渐强大。于是"吴起相悼王,南并蛮越,遂有洞庭、苍梧"。《史记·苏秦列传》亦谓:楚地"西有黔中、巫郡……南有洞庭、苍梧"。这里,洞庭、苍梧与巫郡、黔中郡并列,说明洞庭、苍梧也是郡。以上文献记载的都是战国中期楚国的情况,这说明至迟在战国中期,苍梧郡在楚国已经建立起来。[①] 楚苍梧郡建立后,郡中的越人在后来的文献中都逐渐被统称为苍梧越人,苍梧也不再仅指扬越中的苍梧部族或者由苍梧部族所创建的方国,而是涵盖了苍梧郡、古苍梧部族和苍梧郡中的越人这三重含义。

关于楚苍梧郡的地理范围,学界争论颇多。《战国策·释地》认为楚国南境可达广西全州[②];徐少华认为"楚人于战国中期即在其南境的今湖南一带设置了洞庭、苍梧两郡"[③];徐少华、李海勇等人还认为,楚苍梧郡治与秦灭楚后所继承的苍梧郡治都位于今湖南省江华县老屋地城址[④];钟炜、晏昌贵认为,楚苍梧首先应指洞庭

---

① 徐少华、李海勇:《从出土文献析楚秦洞庭、黔中、苍梧诸郡县的建置与地望》,《考古》2005年第11期。
② 李龙章:《"楚国南界越过南岭"说商榷》,《广东社会科学》1992年第3期。
③ 徐少华:《荆楚历史地理与考古探研》,北京:商务印书馆,2010,第323页。
④ 徐少华、李海勇:《从出土文献析楚秦洞庭、黔中、苍梧诸郡县的建置与地望》,《考古》2005年第11期。

湖平原以南,湘资中上游这一大片丘陵山脉地区,其腹地应在九嶷山区[1],即认为楚苍梧应含九嶷山及周边地区,范围包括今湖南宁远、兰山、江华、临武、绥宁,广西全州、桂林,广东连州、韶州等地,但岭南的今梧州、贺州等地在战国中晚期并非楚疆,还不是楚苍梧郡的辖地[2];诸祖耿在《战国策集注汇考》中则称楚苍梧郡地跨蛮越,南界可达汉苍梧郡南界;赵炳清认为,楚洞庭、苍梧两郡可大至呈南北对峙局面,洞庭湖在北而苍梧之野在南[3],且楚苍梧郡主要含湘、资上游,也可能与沅水上游湘西南等地有关;湘、资、沅上游地形复杂,夷多汉少,城邑间相隔较远,不易联系,故楚国对苍梧的控制较为松散,但通过点线分布形态设置城邑,楚国既可有效管控以上地区的蛮越部族,又可防止秦军从西境侵袭,还可充分发掘山区矿产,加强与南海、滇国的商业联系;陈伟认为,洞庭郡在西,苍梧郡在东[4];周振鹤赞同陈伟的观点,并认为以雪峰山为界,湘、资二水流域为楚苍梧郡,沅、澧二水流域为楚洞庭群,因为湖南里耶秦简中,与洞庭郡有关的主要地名多在沅、澧流域,其中有迁陵、酉阳、临沅、零阳、索等处,只有益阳一处与湘、资流域有关。[5]

虽然上述学者均认为直到战国中晚期,苍梧郡仅分布于湘水和资水上游地区,但从考古出土材料看,在今广西贺州、恭城、平乐,广东清远、广宁等地出土的战国古墓葬均已经与湖南长沙、河

---

[1] 钟炜、晏昌贵:《楚秦洞庭苍梧及源流演变》,《江汉考古》2008年第2期。
[2] 徐少华、李海勇:《从出土文献析楚秦洞庭、黔中、苍梧诸郡县的建置与地望》,《考古》2005年第11期。
[3] 赵炳清:《秦洞庭郡略论》,《江汉考古》2005年第2期。
[4] 陈伟:《秦苍梧、洞庭二郡刍论》,《历史研究》2003年第5期。
[5] 周振鹤:《秦代洞庭、苍梧两郡悬想》,《复旦学报(社会科学版)》2005年第5期。

南南阳、安徽寿春等地的楚墓颇为相似,这应是吴起平百越时向南扩展楚地之结果。因此,考古所反映出来的楚苍梧郡地理范围比之文献的记载要稍微向南,即战国时期的贺州应该已经属于楚苍梧郡。并且,今贺州在战国时,是楚梧郡在萌渚岭地区一处有着浓郁地域文化气息的重要行政中心,1991年发现以麒麟尊为代表的平桂区沙田镇龙中山崖墓后,迄今沙田河流域已出土六批先秦时期的文物。这些文物显示了许多历史信息:这里的几何印纹硬陶、青铜短剑、斜支足鼎等越式器物出土量最大,说明先秦时贺州文化以越文化为主要特征。这里出土的青铜叉形器、有段铜镞、青铜箕形器不见于国内其他考古遗址,是一种独特文化下使用的独特器物,这说明贺州是百越族中拥有独特文化表征的群落。这里出土了铜鼓。铜鼓具备招集峒兵、发布命令的功能,是一种典型的政治权力象征物。同时,这里还出土了青铜蒺藜,说明这里采取了以城址为据点的防御性作战。这两类器物最终说明贺州保持着部族王权。这里出现了尊、罍、壶、鼎、钟等礼器。掌管礼器、主持祭祀的人正是政权的掌握者。这说明贺州的这个行政中心是王权与神权相互结合的政治模式。这里出土的铜鼓是云南石寨山型铜鼓,它进入广西是滇文化东传的结果。出土的贝币来自海滨;铜盉、青釉擂钵是吴越文化的特征器物;斜支足鼎、几何印纹硬陶、短剑是西越文化的特征器物;甬钟、虺纹铜瓿、窃曲纹云雷纹铜尊、铜罍带有强烈的楚文化和中原文化特征。众多来自不同地域,不同政治实体的器物汇聚在贺州,说明贺州的这个行政中心是一个强大的政治实体。在古代,拥有外族贵重器物的途径无非四条:商业交换、政治实体间的相互贡纳、赏赐和战争。但无论是哪种方式,能够同时和周边各强大政治实体相互交往并发生关系,其本身也必须有强大的政治实力为后盾,毕竟,弱国无外交。

综上所述,从战国开始,受楚国持续南下的影响,苍梧越人的北部分布区向南缩减到湘潭一线。在南面,由于与岭南诸越交好,受苍梧越人影响的区域不仅包括衡山以南的五岭地区,甚至越过南岭向南到达广东的一些地方。据《战国策·魏策》吴起曰:三苗"左彭蠡之波,右洞庭之水,文山在其南,而衡山在其北"。这里,吴起把苍梧和江西、湖南等地的蛮人统称为三苗,认为他们广泛地分布在西起湖南,东到江西,北到衡山,南到文山,这个范围之内。《路史·国名纪丙》称,战国时的苍梧越人分布范围在"广东至湘潭",所以这个吴起所指的文山应该在广东。

但是,楚国还企图将苍梧郡南部疆界文山以南的地区也并入楚国,于是楚国还在今广州派设了楚庭作为楚苍梧郡之南的办事机构。但是楚庭所能影响的地区与楚国之间只有一个松散的联系,楚国对楚庭所要影响的地区只能是羁縻而已。

3.秦苍梧郡

早期,秦占据的楚地只有公元前278年白起"越宛有鄢"而设置的南郡。始皇十九年(公元前228年)秦兵开始大规模进攻楚国①。公元前223年,秦国灭楚。第二年,也即秦王嬴政二十五年(公元前222年),令王翦"南征百越之君"②,当年"王翦遂定荆江南地,降越君,置会稽郡"③。是役虽然降伏了华东地区的越国之

---

① 〔西汉〕司马迁:《史记·秦始皇本纪》,北京:中华书局,1982。
② 〔西汉〕司马迁:《史记·白起王翦列传》,北京:中华书局,1982。
③ 〔西汉〕司马迁:《史记·秦始皇本纪》,北京:中华书局,1982。

君,平定了江南地区,但并没有完全消灭越人的军事力量,浙闽一带还有东瓯和闽越,广西、湖南、广东、江西等地的五岭山区中还分布着苍梧越人,广西的岑溪、藤县和罗定一线以西地区还分布着西瓯越人。由于统一六国的战争尚未完成,秦军没能进一步深入越地,而是暂止于五岭一线,与越人隔岭相峙。

秦始皇二十六年(公元前 221 年),秦灭六国,据《淮南子·人间训》说,因越之"犀角、象齿、翡翠、珠玑",秦始皇决定出兵岭南。于是,第二年即公元前 220 年秦始皇开始平定岭南的战备部署。在后来秦军进兵五岭时,贺州域内的苍梧越人曾经联合西瓯越组成联盟共同抗秦。

据徐少华研究,秦灭楚之后仍然继续保持楚国所设立的洞庭、苍梧两郡。① 考古出土的湖南里耶秦简亦支持秦朝保持有苍梧郡的说法。J1:16:5 正面简文称:

> 廿七年二月丙子朔庚寅,洞庭守礼谓县啬夫、卒史嘉、假卒史谷、属尉令曰:"传送委输,必先悉行城旦舂、隶臣妾、居赀赎债。急事不可留,乃兴徭。"今洞庭兵输内史及巴、南郡、苍梧,输甲兵当传者多。即传之,必先悉行乘城卒、隶臣妾、城旦舂、鬼薪白粲、居赀赎债、司寇、隐官、践更县者。田时殹,不欲兴黔首。

文书下达的时间是秦始皇二十七年(公元前 220 年)。这里苍

---

① 徐少华:《荆楚历史地理与考古探研》,北京:商务印书馆,2010。

梧同巴郡、南郡并列,而与洞庭处于一种对应的位置,在政区系统中应该属于相同层级,当是秦郡。① 陈伟认为,秦苍梧郡实即传世古书所载长沙郡,或者它们是同一处秦郡的前后名。②

考古出土的张家山汉简《奏谳书》同样证实秦设立有苍梧郡。《南郡卒史盖庐》《挚田》《假卒史鸥》《复攸庳》等狱簿简文称:

> ……今复之。庳曰:"初视事。"苍梧守灶、尉徒唯谓庳:"利乡反,新黔首往击,去北当捕治者多,皆未得。其事甚害难,恐为败。"庳视狱留,以问狱史氏。氏曰:"苍梧县反者,御史恒令南郡复。义等战死,新黔首恐,操其假兵匿山中。诱召稍来,皆摇恐畏,其大不安,又须南郡复者即来捕。义等将吏卒击反盗,弗先候视,为惊败,义等罪也。"上书言栽新黔首罪。它如书。灶、徒唯曰:"教谓庳新黔首当捕者不得,勉力缮备,弗谓害难,恐为败。唯谓庳久矣,忘弗识。它如庳。"③

这篇简文是汉人保存的秦代司法档案,是南郡官员对原攸县县令官员的复审记录。意即苍梧人在秦始皇二十五年(公元前 222 年)由楚归属秦,到秦始皇二十七(公元前 220 年)、二十八年(公元前 119 年)之时,发生了起义,秦抽调攸县新黔首攻击起义造反者,三次皆败,新黔首逃亡,攸县官吏抓捕不力,这才由御史令南郡"复

---

① 陈伟:《秦苍梧、洞庭二郡刍论》,《历史研究》2003 年第 5 期。
② 陈伟:《秦苍梧、洞庭二郡刍论》,《历史研究》2003 年第 5 期。
③ 张家山二四七号汉墓竹简整理小组:《张家山汉墓竹简:二四七号墓》,北京:文物出版社,2001,第 223—225 页,简 124—161。

吏"至攸县审理此案。陈伟认为张家山汉简简文所谓的"苍梧县"指的是苍梧郡所属之县，而不是名为苍梧的县。① 钟炜、晏昌贵也认为，郡的主官称守，县的主官称令，苍梧守应是秦苍梧郡守。另，他们从何介均先生处得知，里耶秦简中有一简明确记载了秦苍梧郡："卅四年，秦及苍梧为郡九岁，乃往。"由此可知，秦建苍梧郡的时间是秦始皇二十五年，这一年恰好是秦灭楚之年，正好说明秦苍梧郡与楚苍梧郡之间的传承关系。②

关于秦苍梧郡及郡下所辖之县的具体地望文献无载。对于秦苍梧郡南界，学界主要有两种看法。

其一认为秦苍梧郡南界仅止于五岭北麓。其中蔡万进根据张家山汉简简文认为苍梧山在道州南，乃楚粤穷边处，秦开始拥有五岭以南地区应晚至秦始皇三十三年（公元前214年）。③ 故而秦苍梧郡南界仅在苍梧山附近。徐少华、李海勇等人根据《史记·秦始皇本纪》载"（秦始皇）三十三年，发诸尝逋亡人、赘婿、贾人略取陆梁地，为桂林、象郡、南海，以适遣戍"，认为岭南地区在公元前214年后才纳入秦朝版图，所以秦苍梧郡、县应是沿袭岭北的楚苍梧郡而来，不可能到达岭南地区。他们还根据张家山汉简简文称，苍梧县的利乡曾发生叛乱，"所取荆新地多群盗"，说明秦苍梧县属于"所取荆新地"，即秦所新开辟的楚国旧疆，故秦苍梧郡、县不应到

---

① 陈伟：《秦苍梧、洞庭二郡刍论》，《历史研究》2003年第5期。
② 钟炜、晏昌贵：《楚秦洞庭苍梧及源流演变》，《江汉考古》2008年第2期。
③ 蔡万进：《秦"所取荆新地"与苍梧郡设置》，《郑州大学学报（哲学社会科学版）》2008年第5期。

达今广西境内。①

其二认为秦苍梧郡已经进入五岭南麓。岑沫认为,秦代苍梧郡郡治所在不详,郡的地域大概在湖南省南部的漓水之东,零陵以南,大致相当于汉代零陵郡、桂阳郡一带。② 谭其骧认为,秦苍梧郡应在今湘水上游湖南南部的古苍梧一带,并且不仅包含今湖南东南一带③,还可能包括秦桂林郡、汉苍梧郡与秦长沙郡的一部分。④ 杨宽认为秦苍梧在今江西南部和湖南、广西间。⑤

关于秦苍梧郡北界问题,从里耶秦简可知,公元前221年秦曾在湘水和资水中游建立长沙郡。次年(公元前220年),又废长沙郡并入秦苍梧郡,使其北境与南郡相邻。所以秦苍梧郡北界包括整个湘资流域及周边地区,与《中国历史地图集》中的楚秦长沙郡十分相似。

楚苍梧郡北境主要在湘资上游,也可能与沅水上游有关。而秦苍梧郡北境范围却向北大为扩展,到达秦洞庭郡东南、南郡以南。秦苍梧郡的这种设置,有利于控制从南郡经洞庭、苍梧两郡通往五岭的邮路以及五岭一带的军事孔道、重要关塞,以便"传送委输"和修筑灵渠,为此后平定南越,即秦始皇三十三年(公元前214

---

① 徐少华、李海勇:《从出土文献分析楚秦洞庭、黔中、苍梧诸郡县的建置与地望》,《考古》2005年第11期。
② 岑沫:《舜帝"崩于苍梧之野"悬谜大揭秘》,《文史春秋》2015年第3期。
③ 谭其骧主编《中国历史地图集》第2册,北京:中国地图出版社,1982,第22—23页。
④ 谭其骧主编《中国历史地图集》第2册,北京:中国地图出版社,1982,第35—36页。
⑤ 杨宽:《战国史(增订本)》,上海:上海人民出版社,1998,第195、297页。

年)"略取陆梁地,为桂林、象郡、南海"这一重大军事行动做好准备。关于秦苍梧郡治在地问题,王焕林通过对里耶秦简简文的考证,认为秦苍梧郡治所应在湖南零陵。①

综合以上各家分析,秦国建立有苍梧郡这是可信的史实。而且不管上述各家是否认为秦苍梧郡南部边界已经进入岭南地区,苍梧郡仍是秦平定岭南之前秦朝在湖南、江西、广西一线最近五岭地界的一个郡级政区。据《淮南子·人间训》:"利越之犀角、象齿、翡翠、珠玑,乃使尉屠睢,发卒五十万,为五军……三年不解甲驰弩。"②则总领秦军进入岭南的统帅是尉屠睢。张家山汉简又明确记载秦苍梧郡尉是徒(屠)唯(睢)。故而可知当时的苍梧郡担负着支持秦军向岭南推进的前线组织和保障功能。即在秦军南进的过程中,关于岭南的事务均由苍梧郡代管。关于秦将尚未占领的岭南之地虚设为苍梧郡的代管辖地这一问题还可以从"百向户"这个侧面获得求证。据《史记·秦始皇本纪》所载,始皇二十六年(公元前221年),秦灭六国后,秦国在概述它的疆域时曾说:"南至北向户,北据河为塞,并阴山至辽东。"到秦始皇二十八年(公元前219年),秦始皇在巡游时作的琅琊台刻石中又列举其疆域"西涉流沙,南尽北户,东有东海,北过大夏"。"北向户"即"北户",是指秦朝的南疆。

这个南疆的具体位置,长期以来人们认为指的是秦的象郡,即汉之日南郡,在今越南中部地区。如东汉班固在《汉书·地理志》中就指出日南与象郡在建制上的继承关系是:"日南郡:故秦象郡,

---

① 王焕林:《里耶秦简释地》,《社会科学战线》2004年第3期。
② 刘文典:《淮南鸿烈集解》,北京:中华书局,1989,第617页。

武帝元鼎六年开。更名。"唐颜师古又进一步说明日南得名与"北户"的关系是:"言其在日之南,所谓'开北户以向日'者。"但秦始皇二十六年秦刚刚吞并六国,其南部疆域最多只能到达楚国的南界。如前所述,即使到战国末期,楚国的实有疆域也只能在五岭之中,还到达不了岭南,更不可能到达今越南地区。只有到秦始皇三十三年(公元前214年)全部平定岭南之时,才可能到达象郡。那么,为什么秦朝会把秦军还没有占领的岭南南部之地"北向户"纳入秦朝的版图呢?何维鼎认为这是有历史原因的:其一,百越长期是楚国的属地,秦把并楚之后的"南征"行动指向岭南的"北向户",不过是对楚作战的继续,是顺理成章的事;其二,战国末年的岭南社会,各有种姓,君长繁多,没有出现过统一的政权,当然不会有一支集权制的军队,秦以灭楚的余威去对付如此分散落后的岭南各部,从双方力量对比看,秦已把岭南视为囊中之物;其三,文告所列出的地理方位除"南至北向户"外,还有"北据河为塞,并阴山至辽东",其所指的河套以南至阴山一带当时也尚未建立秦的郡县,说明秦在向外扩张的过程中一直就具有虚拟遥领的传统。①

从秦始皇二十六年、二十八年(公元前219年)秦把岭南南部的"北向户"纳为秦疆一事来看,秦把计划中要做的事虚拟为现实是一贯的策略。所以在秦始皇三十三年(公元前214年)最终平定岭南之前,秦军将在岭南所新获的任意一片土地都暂时交由秦苍梧郡代管。从这个意义来看,秦苍梧郡的行政区域是肯定跨过了南岭,并在一段时间内把包括贺州在内的大片岭南地区归属秦苍

---

① 何维鼎:《"北嚮(向)户"再考》,《人文杂志》1986年第1期。

梧郡管辖。秦平岭南之后,秦苍梧郡的范围已经变得异常广大,为了化解苍梧郡权力过于集中的问题,秦在岭南新设南海、桂林、象郡等三郡。

秦设岭南三郡后,原来的秦苍梧郡是否继续保留?这在文献中并无记载。但从秦末汉初之交,南越王赵佗在以财富贿赂桂林郡西瓯人和象郡骆越人的同时,还结交苍梧越王赵光的现象看,秦苍梧郡在秦平岭南之后应该是继续存在的。并且,平岭南后秦苍梧郡的最南面应该到达今梧州附近,这样,赵佗才会把苍梧王城设在今梧州附近的某个地方。今《贺州市志》《贺县志》等一些方志都记载贺州在秦平岭南之后属南海郡,这是因为在张家山汉简、里耶秦简等史料出土之前成书的历代正史中都没有记载秦曾经设立有苍梧郡。而贺州的地方志关于贺州在秦汉时期的行政属辖问题又是从正史中引用过来的,自然就不会认为贺州曾属于秦苍梧郡。

通过上述分析可知,秦苍梧郡的管辖范围在很长一段时间内一直是在变化着的,而到了秦设岭南三郡后,秦苍梧郡南北境范围终于有一个明确的界定,即北达秦洞庭郡东南、南郡以南。南境跨越萌渚岭、都庞岭、越城岭、骑田岭、大庾岭南北两侧,即包括今江西省东部,湖南永州市、郴州市全部,广西的桂林市、贺州市、梧州市全部,广东省的清远市北部、韶关北部、肇庆市西北部等地区。

秦在岭南建立郡县后,贺州的苍梧越人事实上已脱离了西瓯联盟。由于五岭山区中的苍梧越人尚不能适应秦的郡县管理体制,而五岭地区又有许多山间盆地(峒面),这使得五岭群山之中的苍梧越人在社会形态上还依然保持着浓厚的部族体制,许多公共管理的问题仍然依靠部族长老解决。原来在西瓯联盟中抗秦的苍

297

梧郡郡长就又转换为苍梧部族首领。① 作为苍梧郡行政权力的补充,各峒之中的首领们各自称王。加上从东周以来中原、楚地和苍梧部族的人口为避战乱,大量迁移到了秦苍梧郡在五岭南侧的地域内。这些迁移来的人口与原有的居民融合,就地转化为越人,他们认同越人文化,拥护越人首领,这又使得苍梧郡内的各部首领势力快速增长。到秦末苍梧郡的控制力减弱时,这些苍梧部族首领甚至重新崛起,割据一方。所以《史记·南越王别传》中就有记载:"苍梧越中王,自命为秦王。"

4.南越苍梧国

秦末,天下大乱,雄酋割据一方,他们瓜分地盘,建立自己的势力。其中苍梧郡南部地区的豪杰赵光自封为秦王(《史记·南越王别传》),把苍梧郡在今广西的地域部分即今梧州市、贺州市、桂林市列为自己的势力范围;苍梧郡北部的越人头领吴芮则联合湖南、江西两地的苍梧郡越人归附西汉。赵佗在广州称王,建立南越国,把秦苍梧郡在今广东的部分地域并入南越国。后来,随着秦末农民战争的发展,汉朝崛起,为了联合应对共同的敌人,南越王赵佗把自称为秦王的同姓赵光封为苍梧王,并加封苍梧王所领之地为苍梧国。在苍梧国与南越国联手对抗西汉时,西汉依据秦于公元前221年建立长沙郡的历史,加封吴芮为长沙王,并把吴芮所领之地封为长沙国。所以西汉与南越国的对抗在萌渚岭至都庞岭一线,事实上就变成了苍梧国与长沙国的对抗。双方倚岭为屏,互有攻防。其中西汉联合长沙国在今贺州西北部的富川县朝东镇修建

---

① 冼春梅、刘付靖:《秦汉时期的岭南诸越族研究》,《广东技术师范学院学报》2011年第2期。

了防御工事小水关城墙和护城河,在今贺州东北的八步区开山镇北界修建了防御壕沟,今称壕界。南越国联合苍梧国在今贺州的贺江沿岸修建了铺门王城、大鸭城址、桂岭芜城城址、富川牛庙城址等一系列防御据点。

5.汉苍梧郡

汉武帝元鼎六年(公元前111年)平定南越国后,苍梧王被迫投降西汉,南越的苍梧国所辖区域被并入汉苍梧郡。但汉苍梧郡的四至疆界远远大于南越苍梧国。近现代学者诸祖耿在《战国策集注汇考》中称:"盖汉苍梧郡为今广西梧州、平乐、广东肇庆三府及湖南永州府之永明、江华二县。"[1]这其中的平乐是指明代以后所建立起来的平乐府,在明清两代,贺州属平乐府。

汉苍梧郡的史料较多,其地理范围十分明确,辖境相当于今广西都庞岭、大瑶山以东,广东肇庆、罗定以西,湖南江永、江华以南,广西藤县、广东信宜以北的广大地区。[2] 从方志文献看,汉苍梧郡所辖诸县中,封阳、临贺、富川三县全在今贺州域内,谢沐(今湖南江永县)、冯乘(今湖南江华县)二县南境亦在今贺州域内。

蒙文通先生通过《汉书·地理志》所载岭南诸郡人口数字的比较,认为汉苍梧郡为"物富民殷之地"。[3] 在一段时间中,汉代统管岭南越地的最高行政机构交趾刺史部甚至把治所设在苍梧郡内的广信地。[4]

---

[1] 转引自徐少华:《荆楚历史地理与考古探研》,北京:商务印书馆,2010,第323页。
[2] 王小川:《汉代苍梧郡文化兴盛论》,《广西民族研究》1994年第1期。
[3] 蒙文通:《越史丛考》,北京:人民出版社,1983,第85页。
[4] 〔清〕陈昌齐:《广东通志》卷231,道光2年刻本,转引自王小川:《汉代苍梧郡文化兴盛论》,《广西民族研究》1994年第1期。

6.苍梧山

关于舜葬苍梧山即九嶷山的传说,最早见于西汉时期。但是汉代的苍梧山不在汉代的苍梧郡内,而在汉代的零陵郡内。说明汉代苍梧郡的北界较之秦苍梧郡向南缩减了不少。汉代关于苍梧山的记载较多,一是司马迁根据民间传说,认为今湖南宁远县的九嶷山为舜葬之苍梧山。其所著的《史记·五帝本纪》称:"舜南巡狩,崩于苍梧之野,葬于江南九疑,是为零陵。"二是西汉学者刘歆在其著作《山海经》中认为苍梧山即九嶷山,《山海经·海内南经》:"苍梧山,帝舜葬其阳。"《山海经·海内经》:"南方苍梧之丘,苍梧之渊,其中有九疑山,舜之所葬,在长沙零陵界中。"晋代学者郭璞注:"山今在零陵营道县南,其山九溪皆相似,故云九疑。古者总名其地为苍梧也。"《山海经·大荒南经》:"赤水之东,有苍梧之野,舜与叔均之所葬也。"即认为舜及其子叔均二人均葬于九嶷山。郭璞在注释时也说:"叔均,商均也(相传为舜之子,一名羲均,封于商)。舜巡狩,死于苍梧而葬之。商均因留,死亦葬焉,基(墓)在今九疑之中。"三是西汉礼学家戴圣在其所编《礼记》中同样认为苍梧山是九嶷山。《礼记·檀弓》:"舜葬于苍梧之野,盖三妃未之从也。"郑玄注:"舜征有苗而死,因葬焉。苍梧于周南越之地,今(汉)为郡(零陵郡)。"

自从西汉著作对舜葬苍梧山进行著录后,各代史家均认苍梧山即宁远九嶷山。如《集解》引《皇览》曰:"舜葬在零陵营浦县。"《汉书·武帝纪》亦曰:"五年冬,(汉武帝)行南巡狩,至于盛唐,望祀虞舜于九疑。"《淮南子·人间训》:"舜……南征三苗,道死苍梧。"高诱注:"三苗之国,在彭蠡。舜时不服,故往征之。"《尚书》

曰"舜陟方乃死",时舜死苍梧,葬于九嶷山,在"苍梧冯乘县东北,零陵之南,千里也"。唐代张守节《史记正义》:"苍梧山在道州南。"

但是,汉代之后,人们在引用苍梧山这个概念时,往往把苍梧山扩大为苍梧郡、苍梧国、苍梧部族等概念,导致人们对于"苍梧"一词理解日益混乱。清人张琦考释九嶷山时说"古苍梧,汉零陵郡也,今永州府至广西全州也",把苍梧山与汉零陵郡等同。郦道元《水经·湘水注》云"营水出营阳泠道县南流山,西流迳九疑山下,蟠基苍梧之野,峰秀数郡之间",认为苍梧之野是以九嶷山为中心的相邻数郡。而《山海经·海内经》"南方苍梧之丘,苍梧之渊,其中有九疑山,舜之所葬,在长沙零陵界中",这个"长沙零陵界"中的"长沙"应指西汉初期的长沙国,而"零陵"则指汉文帝之后的零陵郡。司马迁《史记·五帝本纪》:"舜践帝位三十九年,南巡狩,崩于苍梧之野,葬于江南九疑,是为零陵。"这里,"零陵"是指九嶷山的舜墓。1999年出版的《辞海》解释苍梧曰"其地当在今湖南九疑山以南之广西贺江、桂江、郁江区域",此词条所说的苍梧应指汉苍梧郡。《一统志》说苍梧山"禹贡荆州之域,天文牛女分野。周为百粤地,秦属桂林,汉置苍梧郡,地总百粤,山连五岭"①,认为苍梧山在今广西梧州,并非九嶷山。而今梧州在秦代时属秦苍梧郡,不属桂林郡,显然错漏较多。

在汉代用苍梧山来代指潇水之源这一地域范围的背景下,与苍梧山相关的狌狌传说有可能与贺州有关。狌狌相传是一种能知

---

① 枣庄:《苍梧郡还是苍梧山》,《四川大学学报(哲学社会科学版)》1984年第4期。

晓过去事情的神兽。《山海经·海内南经》把这种奇兽描绘成人面猪身的形象："狌狌知人名,其为兽如豕而人面,在舜葬西。"①舜帝所葬的苍梧山之西是一个很大的范围,除贺州之外还有桂林。而在《山海经·南山经》中,狌狌又被描绘成长尾猿(禺)的形状："招摇之山……多桂……有兽焉,其状如禺而白耳,伏行人走,其名曰狌狌,食人善走。"②这其中"招摇之山"指山多,"如禺"的形象当从"如豕而人面"这种形象发展而来,"多桂"指山中盛产桂竹或者桂树。贺州不仅产桂树,还盛产桂竹,因此贺州一些山岭至今仍保留桂岭、大桂山等名称。龙中山出土的神兽尊恰好就是曲蹲的猪足,与狌狌伏行像猪的形象暗合。正常四足动物的前足膝部都向前突出,而神兽尊的前足膝部却向后曲突,这种形状正好突出了狌狌伏行善走的样子。另据梁奇先生的研究成果,认为人面猪身的"狌狌"即"封豕""封豨"。在现实生活中,"封豕""封豨"是楚人对大野猪的称呼。在神话中,则是楚人对水神河伯的别称。所以屈原《楚辞·天问》就有"帝降夷羿,革孽夏民。胡射夫河伯,而妻彼洛嫔?冯珧利决,封豨是射"的诗句。③因此,"狌狌"与"封豕""封豨"一样都有着浓郁的楚文化特征。神兽尊造型是"封豕""封豨"这一楚国特有神话中的河伯形象,很好地解释了为什么与神兽尊有着相近造型的青铜器物往往出土于安徽、江苏、贺州等楚地或者与楚境相邻之地这一考古现象。至于长安县也出土有与神兽尊造

---

① 袁珂校注《山海经校注》,上海:上海古籍出版社,1980,第73页。
② 袁珂校注《山海经校注》,上海:上海古籍出版社,1980,第1页。
③ 梁奇:《〈山海经〉中人猪组合的神人形象及其文化意义》,《海南师范大学学报(社会科学版)》2013年第11期。

型相近的青铜器,则是因为楚国向周天子进贡的结果。

(五)贺州与越地陆梁国的关系

"陆梁"二字本义有三:一为跳梁、跳跃之意,如扬雄《甘泉赋》:"飞蒙茸而走陆梁。"张衡《西京赋》:"怪兽陆梁。"二为嚣张、猖獗之意,如《后汉书·皇甫规传》:"后先零诸种陆梁,覆没营坞。"《三国志·魏志·高贵乡公髦传》:"朕以寡德,不能式遏寇虐,乃令蜀贼陆梁边陲。"三为横行无阻之意,《后汉书·马融传》:"狗马角逐,鹰鹯竞鸷,骁骑旁佐,轻车横厉,相与陆梁,聿皇于中原。"

作为衍生义,章太炎认为"陆梁"应是长江以南蛮部族中的一个支系:"大江以南……自周旋唐,通谓之蛮。别名则或言僚、言俚、言陆梁。"①秦汉史书中常把"陆梁"当作秦代在岭南三郡的统称,如《史记·秦始皇本纪》:"三十三年,发诸尝逋亡人、赘婿贾人略取陆梁地,为桂林、象郡、南海,以适遣戍。"《史记·索隐》:"南方之人,其性强梁,故曰陆梁。"

西汉初年,陆梁还是长沙国中的一个侯国名。《史记·高祖功臣侯者年表》:"陆梁,诏以为列侯,自置吏,受令长沙王。"②又云:"三月丙戌,封须毋为陆梁侯。"《汉书·高惠高后文功臣表》亦云:"陆量侯须毋,诏以为列诸侯,自置吏令长,受令长沙王。"③由此可知,陆梁侯国是受长沙王节制的一个侯国。关于陆梁国的沿革,据

---

① 章太炎:《排满平议》,《民报》1908年第21期。
② 〔西汉〕司马迁:《史记》,北京:中华书局,1982,第948页。
③ 〔东汉〕班固:《汉书》,北京:中华书局,1962,第594页。

《史记·高祖功臣侯者年表》，它始建于汉高祖九年（公元前 198 年）三月。第一代陆梁侯须毋在受封 3 年后，于汉高祖十二年（公元前 195 年）去世。其子须桑继位为陆梁共侯，在位 34 年，于汉高后三年（公元前 185 年）去世。高后三年，共侯须桑之子须庆忌嗣位为陆梁康侯，在位 5 年，于景帝元年（公元前 156 年）去世。汉景帝元年，陆梁康侯之子须冉嗣位。公元前 112 年汉武帝平定南越，对于西汉王朝来说，陆梁国已经失去存在意义，当年即以"坐酎金"为借口，除掉了陆梁国。① 由此可知，末代陆梁侯须冉在位 44 年，陆梁侯国存续时间共计 86 年。

节制陆梁国的长沙国始建于公元前 202 年，是年汉高祖刘邦封吴芮为长沙王，诏曰："故衡山王吴芮与子二人、兄子一人，从百粤之兵，以佐诸侯诛暴秦，有大功，诸侯立以为王。项羽侵夺之地，谓之番君。其以长沙、豫章、象郡、桂林、南海立番君芮为长沙王。"②这里，长沙、豫章是秦苍梧郡在五岭以北的部分，象郡、桂林、南海是秦定岭南之前苍梧郡在五岭以南的部分。故而长沙国所辖之地与秦定岭南之前的苍梧郡在地域范围上基本重合。而且吴芮为秦定岭南之后，苍梧郡在五岭北部地区的一名越人头领，即"番君"。

然而，在汉高祖封长沙王、立长沙国的前两年即公元前 204 年，赵佗已在岭南地区建立南越国，自称南越王。《史记》称，南越国"自尉佗初王后，五世九十三岁而国亡焉"③，由此可知南越国存

---

① 〔西汉〕司马迁：《史记》，北京：中华书局，1982，第 948 页。
② 〔东汉〕班固：《汉书》，北京：中华书局，1962，第 53 页。
③ 〔西汉〕司马迁：《史记》，北京：中华书局，1982，第 2977 页。

续时间共计93年。赵佗实力有限,他能直接控制的地方只有秦南海郡,而对桂林、象郡这两个秦设岭南之郡只能通过财富贿赂,实现岭南三郡结盟。但这个办法并不能让南海郡西北面的秦苍梧郡完全依附南越,而秦苍梧郡是南越在西北方向据守五岭的大门,对南越国防止北方势力南下有着十分重要的意义。于是,赵佗通过承认秦苍梧郡中的越人头领赵光为苍梧王,成功让苍梧郡在南岭南侧的部分地区归入南越。

既然岭南三郡由南越赵佗掌管,那么汉高祖为什么又把它们分封给长沙王吴芮呢?这是因为赵佗称王立南越国时,正是刘邦与项羽为争中原交战正酣之际,刘邦还无力处置岭南割据的问题。直到公元前202年,随着刘邦所领导的汉军力量不断增长,西汉初定,刘邦才终于可以开始关注南越,但他仍然无力组织对南越直接用兵。为了防止南越北侵,只好另设长沙国,并在秦苍梧郡的各部越人头领中选择威信较大,且忠心于汉的吴芮为长沙王。同时刘邦还特虚封吴芮遥领岭南三郡,目的就是要让长沙国与南越三郡发生行政区划上的领属关系,在吴芮与赵佗之间制造矛盾,促使长沙国与南越国互相制衡。

执行争雄岭南任务的吴芮在获封为长沙王之后,也利用他"从百越之兵以佐诸侯"这一对越地的影响力,不断向南策动越人归汉,以此来消解南越力量。当时的五岭山区部族林立,有些部族头人站队赵佗一方,有些部族又被吴芮拉拢,站队长沙国一方。南越在正北方向有明确的边界要求即横浦关、阳山关、湟溪关一线,在这个方向吴芮难于策动越人归汉,他只能把目光转向秦苍梧郡中除苍梧王赵光之外的其他势力。到长沙国立国的第四年,即公元前198年，吴芮终于成功策动原秦苍梧郡中的一名番君，即一名越人的部族头领须毋附汉。须毋被策反的事件对越地影响颇大，为了树立典型，号召更多越地头人归附汉朝，汉王刘邦于是就把须毋分封为陆梁侯国之王。

秦汉之人把岭南三郡和五岭地区统称为陆梁之地，从陆梁国这个国名看，陆梁国从汉高祖刘邦处所受封的辖地应在长沙国的南边，甚至可能有一些虚设遥领之地为南越国的实际管辖区。

秦平岭南后，贺州仍属秦苍梧郡。来自秦苍梧郡地的越人头领陆梁侯须毋及其部族势力是否来自贺州值得探讨。在1975年至1976年发掘的铺门西汉早期墓M4中出土有一件"须甲"玉印。作为官印，仅从文字意义上看，这件印章的印文除了像前文所说可解读为军输官的官印外，还可解读为陆梁侯的侯印。按《史记·惠景闲侯者年表》："长沙王者，著令甲，称其忠焉。"对于这段话的理解，《集解》引邓展注曰："汉约，非刘氏不王。如芮王，故著令使特王，或曰以芮至忠，故著令也。"曰："以芮忠，故特王之；以非制，故特著令。"①"甲"在顺序上有第一的意思，常被引申为王，因此，"著令甲"的意思就是著令其为王。既然长沙王吴芮可称为吴甲，则陆梁侯须毋及其后世继承人亦可称为"须甲"。若此说不误，则出土"须甲"印的M4其墓主人就有可能是陆梁侯须毋或其后世侯位继承人。此外，1999年河东高寨鹧鸪岭汉墓被盗，贺县公安局从盗墓人员处搜获被盗文物扣金玉环、金幎目等王侯一级人物的用器。盗墓人员出狱后，又在网上兜售一枚印文为"共王之印"的金印，据其

---

① 〔西汉〕司马迁：《史记》，北京：中华书局，1982，第977页。

在网上的广告所称,这枚金印来自其所盗掘的鹧鸪岭汉墓,在公安局抓捕他之前,他已经把这枚印章转移,故而这枚印章是漏网之鱼。恰好,汉高祖十八年继位的陆梁国第二位侯王须桑为共侯,也即共王。这又似乎进一步说明陆梁国有可能在贺州。但是,从马王堆出土的汉代地形图和驻军图所标注的山川河流走向看,汉长沙国南界在今贺州东北方向至多只能到达八步区开山镇壕界。再从今富川县朝东镇小水村汉长沙国防御工事看,长沙国南界在今贺州西北方向至多只能到达富川县北部。因此,贺州是否为陆梁国实际辖地,目前尚不能断论。

九、贺州与楚的关系

历史上,相较于南岭地区,楚文化板块属于文化先行区。贺州与湖南相邻,而湖南融入楚文化的时间较早,地处南岭群峰中的贺州深受楚文化的影响。但要清楚地解析这种影响,还必须明确地回答好以下几个问题:一、楚国疆域是否与贺州相连? 二、楚国什么时候与贺州相邻? 三、贺州是否曾经隶属于楚国? 四、楚文化对贺州的影响有哪些表现?

(一)西周时期楚文化推动贺州青铜时代的到来

西周时,楚国只是一个小国,位于周的正南方向。《史记·十二诸侯年表·序》云:"齐晋秦楚,其在成周,微甚。封或百里,或五十里。"又说:"晋阳三河,齐负东海,楚介江淮。"①这里,淮为淮水,

---

① 〔西汉〕司马迁:《史记·秦始皇本纪》,北京:中华书局,1959。

江为"汉水及荆楚地区某些河流的古称"①,即"楚介江淮"之"江"指汉水,更具体而言,当为汉水的北上源流丹江。

楚国向南进入越地的时间至迟在西周晚期已经开始。② 西周晚期周室衰微,一些较大的诸侯开始不听号令,擅自蚕食周边国家和部族。楚国的北面是中原诸国,南面是相对落后的"蛮夷"。《史记·楚世家》云:"当周夷王之时,王室微,诸侯或不朝,相伐。熊渠甚得江汉间民和,乃兴兵伐庸、杨粤(越),至于鄂。"出于先易后难考虑,楚国在西周晚期向南先伐庸国,再讨扬越。庸地在今湖北竹山,鄂即今武昌,从上述熊渠讨伐扬越东至于鄂来看,西周晚期,楚国的南疆仅局限于湖北南部。因此,直至西周晚期,贺州与楚国并不相邻。但是1996年在沙田马东村发现有西周时期的青铜墓葬,这座墓葬深受楚文化的影响。马东村铜鼎(M2:7)与湖南株洲县白关镇团山村大冲组出土的97株白M1:1铜鼎器形完全一致。马东村西周墓中出土的西周早期式样青铜甬钟器形亦脱胎于湖南地区更早的铜铙。究其原因,应是长江流域的越人较早接受了楚文化和中原文化的影响,已初步形成了具有自身特色的青铜文化。随着楚国向南发展,长江沿岸甚至湘江流域的越人被迫南迁,其中一些人到达贺州,开启了贺州青铜文化。

---

① 石泉:《古代荆楚地理新探》,武汉:武汉大学出版社,1988,第67页。
② 曹学群:《论湖广地区的越文化与杨越的关系——兼与朱建中同志商讨》,《南方文物》1993年第3期。

(二)春秋时期贺州深受扬越文化影响

春秋时代的楚成王熊恽(公元前671—前626年在位)让楚国达到了一个新的发展阶段。他既交好诸侯,又礼敬周天子,因而周天子赋予他特权,让他镇服南方夷越,以确保中原安宁。屈大均《广东新语》的《宫语》"楚庭"条曰:"初,周惠王赐楚子熊恽胙,命之曰:'镇尔南方夷越之乱。'于是南海臣服于楚。"①楚子熊恽在春秋时受周惠王之命镇抚南方夷越,得千里之地入楚,这件事在《史记·楚世家》亦有记载:"成王恽元年,初即位,布德施惠,结旧好于诸侯,使人献天子,天子赐胙,曰:'镇尔南方夷越之乱,无侵中国。'于是楚地千里。"

西周晚期楚子熊渠之后楚国南境仅到达湖北南部,从春秋楚成王熊恽又把楚国南境向南再推千里这个距离来推算,则春秋时楚国的南疆应该已经到达湖南南部。而文献却说楚地在春秋之时已达"南海",关于南海的具体位置,历史以来,学界看法不一:

一是认为楚国的南海已经翻越贺州所在的南岭地区,到达广州,并在今广州建立楚国的管理机构"楚庭"。晋人顾微《广州记》云:"昔高固为楚相,五羊衔谷萃于楚庭,故图其像为瑞。六国时广州属楚。"这里,作者认为春秋"六国时广州属楚"。另外,秦始皇后来在平定岭南时曾发五路兵,当秦军主力在南岭群山间苦战数年仍不能前进的情况下,其中一路兵甚至一开始就能进发到广州。

---

① 〔清〕屈大均:《广东新语·宫语》,北京:中华书局,1985,第460页。

九、贺州与楚的关系

有人根据这个情况也认为,正是因为广州在六国时已经属楚,这支秦国孤军才能处番禺之都。

二是认为春秋晚期,楚成王熊恽的征伐尽管推动了楚国势力继续南下,迫使居于江汉之间的扬越人、苍梧越人由江北转入江南,然后这些南迁的蛮越之民再与在湖南的越人一起继续向南、向东迁徙到长江中下游以南的湖南和江西等地的五岭地区,另有小部分南迁移民进入五岭南部的山岭之中,但楚国的南疆并没有越过五岭进入岭南,楚国也不能对岭南实施统治,南海不指岭南地区。至于春秋时期楚国在广州设"楚庭"一事,仅是楚国为笼络岭南而将在广州的越王宫室进行的一次改名而已,并不代表楚国已在岭南行使治理权力。

三是认为直到楚共王(公元前590—前560年在位)时期,楚国南境仍然没有突破汉水与淮水流域,至多只能到达今湖北省孝感市的云梦一带。因为《左传》载,襄公十三年(公元前560年),楚庄王之子子囊曰:"君命以共,若之何毁之?赫赫楚国,而君临之,抚有蛮夷,奄征南海,以属诸夏。"[1]这与《国语·楚语上》所载略同,谓:"赫赫楚国,而君临之,抚征南海,训及诸夏,其宠大矣。"徐元诰在解释这些史料所指的"南海"时,认为南海即"群蛮也"。[2]《荀子·王制》对"南海"亦有解释:"北海则有走马、吠犬焉,然而中国得而畜使之。南海则有羽翮、齿革、曾青、丹干焉,然而中国得而财之。东海则有紫绤、鱼盐焉,然而中国得而衣食之。西海则有皮革、文旄焉,然而中国得而用之。"王先谦《集解》曰:"海,谓荒晦绝

---

[1] 杨伯峻注《春秋左传注》,北京:中华书局,1981,第1002页。
[2] 徐元诰:《国语集解》,王树民、沈长云点校,北京:中华书局,2002,第487页。

远之地,不必至海水也。"①所以"南海"仅是绝远之地而已,并不一定指海边。另外,《史记》也载,西周时期楚人所伐蛮者,唯有"庸"。因此,共王所抚有的"蛮夷",主要是指早期楚国西南部山区的庸蛮等族。这时,"南海"仅是以"鄂"为中心的江汉平原以及南部的扬越地区,至多达于"云梦"。

但春秋时期贺州文物出土情况表现了三个特征:一是青铜文化有了一个突然的提升,目前贺州能批量发现青铜器的时代始于西周与春秋之交。二是少见楚器。在湘北及湘中出土的春秋楚墓中,绝大部分以鬲、钵、罐为组合形式②,而贺州从未有鬲出土,春秋墓中的陶器只以釜、瓿为组合。三是西周到春秋,贺州大量出土印夔纹、勾连云雷纹陶器,仅表现出强烈的扬越文化特征,而楚文化特征较弱。

综合上述各家论点和贺州的考古成果,春秋时期贺州仍属诸夏之外的方外之国,在政治版图上仍然独立于楚国之外。但由于楚国势力的南下,导致与楚相连的扬越人不断南下进入贺州,贺州的扬越文化特征较之西周更加明显。

(三)战国楚悼王南征 贺州并入楚国

按《史记》的《吴起列传》和《越王勾践世家》所载,战国初期的楚悼王(公元前401—前381年在位)拜吴起为相,于公元前387年

---

① 王先谦:《荀子集解》,北京:中华书局,1988,第161页。
② 朱建中:《试说湖南先秦文化与西瓯的关系》,《民族研究》1991年第4期。

九、贺州与楚的关系

再次大规模"南平百越"。楚国的这次南征行动将贺州正式并入楚国。《战国策·秦策三》载:"吴起为楚悼罢无能,废无用,损不急之官,塞私门之请,壹楚国之俗,南攻杨越,北并陈、蔡。"何建章释:"杨越":"又称扬粤,今广东省地。"[①]清人程恩泽《国策地名考》也认为,所谓扬越"大约今广东广州府等处皆是"。[②] 这些记载说明战国时的楚国在南征中新获的土地已经越过五岭到达珠三角。

由于吴起相楚悼王在公元前381年以前,即战国中期之初,威王距悼王时代未远。《战国策·楚策一》在"苏秦为赵合从"篇章中记载有苏秦与楚威王(公元前339—前329年在位)的对话:"楚,天下之强国也;大王,天下之贤主也。楚地西有黔中、巫郡,东有夏州、海阳,南有洞庭、苍梧,北有汾陉之塞、郇阳。"清人张琦《战国策释地》曰:"洞庭在今(湖南)岳州城西南一里,一名巴邱。……古苍梧,汉零陵郡也。今(湖南)永州府至广西全州地。"[③]《后汉书·南蛮列传》也记载楚悼王进入越地的区域是"遂有洞庭、苍梧"。并且这条记载与《战国策·楚策》《史记·苏秦列传》所载苏秦谓楚"南有洞庭、苍梧"相合。而《战国策》和《后汉书》作为不同时期的两部文献都提及楚国南境的"洞庭"和"苍梧"。由此可知吴起变法使得楚国至威王时期南界已至介于潇水至漓江流域之间的苍梧。贺州处于漓水下游和潇水上游两个流域的交界地,而楚威王所设的楚苍梧郡恰在漓水流域和潇水流域之间,说明贺州属楚苍梧郡。

宋代的许多文献亦认为宋代的韶州、南雄州、连州、英州、循

[①] 转引自蔡平:《先秦岭南的政区归属》,《齐鲁学刊》2012年第3期。
[②] 转引自蔡平:《先秦岭南的政区归属》,《齐鲁学刊》2012年第3期。
[③] 转引自蔡平:《先秦岭南的政区归属》,《齐鲁学刊》2012年第3期。

州、桂州、贺州等南岭七州在战国已经属楚。《舆地广记》卷三十五"广南东路"称,韶州、南雄州、连州、英州"春秋为百越地,战国属楚";卷三十六"广南西路"称桂州"古百越之地,战国属楚";《太平寰宇记》卷一百五十九"岭南道"谓循州、贺州"战国属楚";《舆地纪胜》卷一百三"广南西路"也说静江府"古百越之地,七国时服于楚"。[①] 但是,南岭山脉七州属楚的时间前限为战国时期的哪一具体年份无法考定,后限则是秦国灭楚之时。蔡平认为,楚国至悼王之前,疆域仅限于洞庭以北地区。至战国中期的楚威王时期,南境已至五岭。而最远处于战国中后期达到,其时,楚国南界东起循州(今广东惠州),向西经南雄州、韶州、英州、连州、贺州、桂州(今桂林),恰好贯穿南岭山脉南界的北纬24°线附近。至秦始皇略定岭南百越地之前,今桂林、贺州已大部分地区属于楚国。而两广其他地区则仍为传统的百越之地,分别为扬越人、西瓯人、骆越人所属。[②]

考古发现也证实战国时期的楚国已经越过南岭进入贺州。从沙田河一带的战国墓随葬品组合来看,随葬品以实用器为主,基本上没有礼器。其基本组合是青铜剑、矛、镞组成的兵器,青铜叉形器和斧组成的工具,在工具中还可偶见刮刀、角码器、砺石等器具,陶质的瓮、釜、钵、瓿、杯等组成生活用具。这种组合与湖南长沙战国楚墓、广西平乐银山岭战国墓群、广宁铜鼓岗战国墓群组合比较接近。

从平桂下跌山、沙田田厂、步头陶屋等战国墓群中出土的具有

---

① [宋]王象之:《舆地纪胜》,《中国古代地理总志丛刊》,北京:中华书局,1992。
② 蔡平:《先秦岭南的政区归属》,《齐鲁学刊》2012年第3期。

扬越文化特征的扁茎短剑来看,其与湖南湘乡墓①、广东清远②、广东四会鸟旦山③等地的战国墓所出器物相同。从望高下跌山出土的刮刀来看,其与湖南宁乡④、长沙⑤、湘乡⑥等地扬越墓所出土的同类器完全相同。由此可见,贺州战国墓与同时期楚境湖南、广东南岭南麓一线扬越墓已经具有相同的文化内容。这说明楚文化已经通过湖南翻越南岭进入在南岭南侧的贺州。

---

① 周世荣:《湖南韶山灌区湘乡东周墓清理简报》,《文物》1977年第3期。
② 莫稚:《广东清远发现周代青铜器》,《考古》1963年第2期。
③ 何纪生、杨少祥、彭如策:《广东四会鸟旦山战国墓》,《考古》1975年第2期。
④ 周世荣:《湖南省博物馆新发现的几件铜器》,《文物》1966年第4期。
⑤ 交道义:《长沙楚墓》,《考古学报》1959年第1期。
⑥ 周世荣:《湖南韶山灌区湘乡东周墓清理简报》,《文物》1977年第3期。

十、秦平岭南与汉平岭南两次战争中的贺州

贺州是潇江水系和桂江水系的分水岭,地处萌渚岭和都庞岭两条大通道上的咽喉,历来是兵家必争之地。秦平岭南和汉平岭南两次事关岭南统一的重要战争都与贺州有着十分密切的联系。

(一)秦平岭南与贺州的关联

秦始皇二十六年(公元前221年),秦灭六国,五岭以北的地区基本为秦所统一。第二年(公元前220年),秦在以下几个方面开始了平定岭南的战备部署:

1.修治驰道。公元前220年秦始皇下令全国修筑驰道:"二十七年……是岁,赐爵一级,治驰道。"(《史记·秦始皇本纪》)《史记集解》引《汉书·贾山传》注曰:"秦为驰道于天下,东穷燕齐,南极吴楚,江湖之上,滨海之观毕至。道广五十步,三丈而树,厚筑其外,隐以金椎,树以青松。"因为战国时的楚境已进入五岭地区,秦驰道"南极吴楚",表明有驰道已经通向五岭。《读史方舆纪要》称:

"湖广永州府零陵县有驰道,阔五丈余,类大河道。《史记》:'秦始皇命天下修驰道,以备游幸',此其旧迹也。"这说明至少五岭地区中的零陵已经通了驰道。

2.调配军需物资。里耶秦简 J1165 正面记载:"今洞庭兵输内史及巴、南郡、苍梧,输甲兵当传者多。"说明公元前 220 年秦洞庭郡已经开始调配人力向内史、巴郡、南郡、苍梧郡输送军械物品。

由于战国时楚国的苍梧郡已经到达今贺州,而秦苍梧郡又是在楚苍梧郡的基础上建立起来的,本来这时期秦应该已占据了贺州的一些军事要地,并不断在贺州囤积军需物资,调配军事人员,为下一步进攻岭南做好前期准备。但是秦苍梧郡下有很多县发生了反秦活动。张家山汉简《奏谳书》中的《南郡卒史盖庐》《挚田》《假卒史鹍》《复攸庳》等狱簿简文称:"苍梧县反者,御史恒令南郡复。义等战死,新黔首恐,操其假兵匿山中。诱召稍来,皆摇恐畏,其大不安,又须南郡复者即来捕。"[①]贺州当时属秦苍梧郡之县,他们不仅反秦,还加入到了南边的西瓯同盟中,组成联军在萌渚岭和都庞岭群山之中开展抗秦活动。据富川县文物管理所所长王国政先生的田野采访资料,今富川梧州人蝴蝶歌中仍有关于梧州人先祖击杀秦尉屠睢(徒唯)的唱词。所以秦在进兵岭南之前应该无法在贺州囤积军事物资。

---

① 张家山二四七号汉墓竹简整理小组:《张家山汉墓竹简:二四七号墓》,北京:文物出版社,2001,第 223-225 页,简 124-161。

3.秦始皇出巡镇抚南岭北界。《史记·秦始皇本纪》：

> 二十八年,始皇东行郡县,……乃西南渡淮水,之衡山、南郡。浮江至湘山祠。逢大风,几不得渡。
>
> 上问博士曰:"湘君何神?"
>
> 博士对曰:"闻之,尧女,舜之妻,而葬此。"
>
> 于是始皇大怒,使刑徒三千人皆伐湘山树,赭其山。上自南郡由武关归。

从这段史料可知,秦始皇这次南巡的最南之地应在今湖南衡山一带。

由于没有明确的文字记录,关于秦平岭南战争的开始时间目前有多种看法:一是秦皇嬴政二十五年(公元前 222 年)[1];二是秦始皇二十六年(公元前 221 年)[2];三是秦始皇二十八年(公元前 219 年)[3];四是秦始皇二十九年(公元前 218 年)[4];五是秦始皇三十三年(公元前 214 年)[5]。但荆州博物馆所藏竹简中有"秦始皇三十年苍梧尉徒唯攻陆梁地"的记载[6],"苍梧尉徒唯"亦见于张家

---

[1] 〔清〕仇巨川:《羊城古钞》,北京:中华书局,1982。
[2] [法]鄂卢梭:《秦代初平南越考》,《西域南海史地考证译丛第九卷》,北京:商务印书馆,1995。
[3] 余天炽、覃圣敏、蓝日勇等:《古南越国史》,南宁:广西人民出版社,1988。
[4] [越南]陶维英:《越南古代史》,刘统文等译,北京:商务印书馆,1976;张荣芳、黄淼章:《南越国史》,广州:广东人民出版社,1995。
[5] 吕思勉:《秦汉史》,上海:上海古籍出版社,1983。
[6] 守彬:《秦苍梧郡考》,载邓文宪主编、中国文物研究所编《出土文献研究第 7 辑》,上海:上海古籍出版社,2005,第 185 页。

山竹简《奏谳书》。苍梧尉徒唯即《淮南子·人间训》中率军进攻岭南的秦尉屠睢。① 所以,秦统一岭南之战的开始时间应在秦始皇三十年(公元前217年)之前。又据《史记·秦始皇本纪》:"三十三年,发诸尝逋亡人、赘婿、贾人略取陆梁地,为桂林、象郡、南海,以适遣戍。"可知秦平岭南战争最终结束于秦始皇三十三年(公元前214年)。《史记》关于秦设岭南三郡的记载也是岭南地区有明确政区设置及归属的最早文献载录。至此,中原统一王朝第一次将岭南正式纳入政治版图,并对其实行有效的政区管辖。黄体荣《广西历史地理》称:"从始皇二十八年起,到始皇三十三年止,前后经过六年的时间,秦始皇终于实现了'南至北向户'的政治理想,把岭南地区正式划入中国的版图。"②

秦军平岭南的50万大军共分五路,《淮南子·人间训》:

> 秦皇……乃使尉屠睢发卒五十万为军:一军塞镡城之岭,一军守九疑之塞,一军处番禺之都,一军守南野之界,一军结余干之水。

这五路秦军所据的地理位置,镡城在湖南怀化市的原黔阳县,九疑在今湖南省宁远县,番禺即今广州,南野在今江西南康,余干水即江西信江。③《通典·州郡十四》亦云:

---

① 马金霞:《秦平岭南置郡考》,《武汉理工大学学报(社会科学版)》2013年第5期。
② 黄体荣编著《广西历史地理》,南宁:广西人民出版社,1985,第36页。
③ 蒙文通:《越史丛考》,北京:人民出版社,1983,第82—83页。

秦始皇略定扬越,谪戍五方,南守五岭。(汪:自北徂南,入越之道,必由岭峤,时有五处。塞上岭一也,今南康郡大庾岭是。骑田岭二也,今桂阳郡腊岭是。都庞岭三也,今江华郡永明岭是。甿[萌]渚岭四也,亦江华界白芒岭是。越城岭五也,今始安郡北,零陵郡南,临源岭是。西自衡山之南,东穷于海,一山之限也。)①

因此,第一路秦军从福建出海,直接攻入今广州。第二路军从南康出发越过江西南部大庾岭,直指岭南。第三路军以湖南宁远为大本营,再分四个分队指向岭南。其中第一分队越过今湖南郴州与宜章之间的骑田岭向广东西北部突进,沿武水南下,入北江,直指番禺。第二分队从湘桂交界的越城岭南下,经由桂江进入贺州。第三分队从湖南江永县(永明县)出发,越过都庞岭,经临江进入贺州。第四分队从今湖南江华县出发,翻越萌渚岭,沿贺江进入贺州。第四路军为第三路军的后援部队,以湖南黔阳为大本营,一路向南推进,与九疑之军相联结。第五路军为第二路军的后援部队,沿"余干之水"一路向南与南康之军相连接。

《通典·州郡十四》:"秦始皇略定扬越,谪戍五方,南守五岭。"这条史载还透露了两点重要消息:一是五岭之北的越族统称为扬越,故有"秦始皇略定扬越"之说。二是没有说要攻克五岭要塞,而是"谪戍五方,南守五岭",即派兵把守五岭。说明秦兵南下至五岭之前,五岭北面要塞已经为秦军控制。

---

① 〔唐〕杜佑:《通典》,王文锦、王永兴、刘俊文、徐庭云、谢方点校,北京:中华书局,2016,第4903页。

十、秦平岭南与汉平岭南两次战争中的贺州

在秦攻岭南的五路军中，三路军为进攻队，两路军为后援队。在担任进攻任务的三路秦军中，以一路军从陆上进攻广西，以两路从海陆两个方向进攻广东。进攻广东的秦军没有遇到多少阻力，所以史籍中没有关于秦军在广东方向遭到越人顽强抵抗的记载。进入广西的秦军则遭到西瓯人的坚决抵抗，西瓯人甚至与贺州的苍梧越人取得联合，共同抵抗秦军。他们"莫肯为秦虏"，"皆入丛薄中，与禽兽处"。然后"置桀骏以为将""夜攻秦人"（《淮南子·人间训》），并袭击秦军粮道，使秦军"粮食绝乏"（《史记·主父偃列传》）。

当时，西瓯与苍梧越人的联军活动范围大致是广西柳江以东、郁江以北、湘漓以南和西江以西的广大地区。而这一大片地区中，又以今贺州全域和桂林的平乐、恭城两县，湖南的江永、江华两县，梧州的苍梧、蒙山、岑溪三县，广东的怀集、封开、广宁三县所连成的地区为对抗秦军的前线，这里丛山连绵，进退可据，正是越人设置游击战场的好地方。

综合贺州及周边战国越人墓的出土情况，陪葬有青铜兵器的墓葬主人应是军事人员。而同一墓葬群中如果反复出现陪葬青铜兵器的墓葬，则这个墓葬群所在的地区在当时应具有重要军事意义，驻扎有重要的军事机构，否则不会有许多军事人员聚居在一起。从这个军事意义来看，广东的清远、肇庆，广西的贺州、桂林等市内的战国越人古墓群都分布在沟通五岭南北的交通线上，是越人抵抗秦军南下线路上的重要节点。在广西，今贺州富川县至桂林市恭城县、平乐县的都庞岭南麓，平桂区至八步区的萌渚岭南麓应为南岭越人抵抗秦楚军队的第一道防线，翻越大桂山后的广宁、

321

四会、罗定、怀集、佛冈、德庆、肇庆、岑溪等地应为桂江水系上的纵深防御线。

越人的强烈抵抗迫使秦军只好采取步步为营的策略向南逐渐蚕食。他们在今兴安县的大溶江和小溶江之间修筑秦城,作为进兵西瓯的总营。同时,为了解决"粮食绝乏"和部队后援问题,又派遣史禄到兴安县"以卒凿渠,而通粮道"(《淮南子·人间训》),即开凿连接湘水和漓水的灵渠。水运道路畅通后,秦军深入西瓯,与越人战,杀死了西瓯君译吁宋。被击败的西瓯盟军逃入深山林丛。"(秦军)不可得攻,留军屯守空地,旷日引久,士卒劳倦"①,越出击之,西瓯盟军击杀了秦将屠睢。公元前214年,为形势所迫的秦军暂停了对西瓯同盟的军事行动。为了巩固战果,"秦乃使尉佗将卒以戍越"②。西瓯盟军以贺州为前线的抵抗一共持续了三年,即《淮南子·人间训》所称迫使秦军"三年不解甲弛弩"。③

按《史记·南越列传》载,秦统一岭南后,开始修筑通向越地的"秦所通越道",这就是"新道"。这条新道较之秦平岭南之前所修的"驰道"尺寸要狭窄许多。据富川县文物管理所所长王国政研究,今富川县葛坡镇仍保留有一段秦新道,其宽度为1.01米—1.02米之间,与秦朝"车同轨"政策要求的马车轮距宽一致。另外,今八步区桂岭镇的竹关遗址也可能是秦筑新道留下的遗址。

秦平岭南之后,在岭南共设南海、桂林、象郡三郡,贺州则归属秦苍梧郡。此外,秦统一岭南后还采取了移民实边和开发岭南的

---

① 林剑鸣:《秦史稿》,上海:上海人民出版社,1981。
② 〔西汉〕司马迁《史记》,北京:中华书局,1982,第958页。
③ 刘文典:《淮南鸿烈集解》,北京:中华书局,1989,第617页。

十、秦平岭南与汉平岭南两次战争中的贺州

政策,秦代对岭南移民共有四次:

第一次是把原来南下的五十万大军,全部留在岭南"适戍以备之"。①

第二次是秦始皇三十三年(公元前214年)"发诸尝逋亡人、赘婿、贾人略取陆梁地,为桂林、象郡、南海,以适遣戍"(《史记·秦始皇本纪》)。

第三次是秦始皇三十四年(公元前213年),"谪治狱吏不直者,筑长城及南越地"(《史记·秦始皇本纪》)。所谓筑南越地实际上就是到南方越地来筑宫室以居,筑城郭以守,包括修筑新道或城关。

第四次是秦始皇三十五年(公元前212年),"益发谪戍边"②,让驻守的士兵定居下来。

第五次是赵佗"使人上书,求女无夫家者三万人,以为士卒衣补"(《史记·秦始皇本纪》)。于是秦皇批准在原六国地区征调一万五千名未婚青年妇女前来岭南,即"秦皇可其万五千人"。

(二)汉平岭南与贺州的关联

秦末,秦南海郡龙川县令赵佗趁岭北动乱之势占据南海郡,自立为南越武王。赵佗还分封同姓赵光为苍梧王。赵光把苍梧王国的王城设在岭南广信一带。关于苍梧王城的具体位置,有说在广东封开县,有说在广西苍梧县,但封开和苍梧县至今未有苍梧王城

---

① 刘文典:《淮南鸿烈集解》,北京:中华书局,1989,第617页。
② 郭沫若:《两周金文辞大系图录考释》,北京:科学出版社,1957。

323

方面的考古发现。

西汉初年,五岭之南仍为赵佗的南越国所割据。西汉的北方兵事正繁,无暇南顾。汉高祖十一年(公元前196年),西汉遣陆贾为使立赵佗为南越王。一方面,汉与南越剖符通使。另一方面又告诫赵佗"和集百越,毋为南边患害"。为了掣肘南越,西汉还在五岭北面设长沙国与南越国隔岭对峙。《史记》《汉书》等文献对长沙国南部边界均有记载。《史记·汉兴以来诸侯王年表序》:"自陈以西,南至九疑,东带江、淮、谷、泗,薄会稽,为梁、楚、淮南、长沙国,皆外接于胡、越。"《汉书·诸侯王年表》说:"波汉之阳,亘九疑为长沙。"从这些文献的记载看,均把九嶷山称作是长沙国的南部边界。但从马王堆3号汉墓出土的"地形图"和"驻军图"看,长沙国的实际军事控制区还略向南推进,到达今贺州北部。

而为了防汉自保,赵佗的南越国也筑起了一道在东西方向上连通五岭的关防,它东起粤闽之交的蒲葵关,向西沿横浦关、乐昌赵佗城、阳山关、连州关防、贺州桂岭关防、大岭关防,最终到达桂林严关、秦城。

贺州桂岭即萌渚岭,位于湖南、广西边界地带。南逾桂岭,顺西江的支流贺水而下,抵广东封川,然后东折入西江可抵番禺,西溯入浔可入广西腹地。北逾桂岭,经萌渚峤道入潇水,可连长江水路直抵中原。所以桂岭地控五岭南北,不仅秦新道必须交通桂岭,长沙国和南越国亦都倚桂岭为屏,分别在桂岭北南两侧驻扎重兵,整修关防工事。直至清代,长沙国和南越国所修的关防工事仍"拒防遗迹至今犹传之"。① 其中长沙国的关防工事仅可见八步区开山镇的壕界遗址,而南越国在桂岭地区的关防工事核心遗存是今桂岭镇英明村的芜城城址,即长沙国与南越国在贺江上游隔着桂岭镇斜岭界与江华县勾挂岭之间的盆地互相对峙。大岭是都庞岭的余脉,横亘在今富川县和钟山县的交界处,大岭之南的临江边是南越国所筑牛庙城址。大岭之北有长沙国所筑的小水关城防工事,双方隔着今富川县这个大盆地互相对垒。此外,贺江沿线的芜城下游,还分布有南越国的贺街大鸭城址、铺门高寨城址等遗存。

出于统治需要,赵佗在南越国采取"稍以诗礼化其民"②的政策,推广中原文化和礼乐制度,使得岭南华风日盛,岭南秦汉墓葬习俗亦越加接近中原。从此,岭南之民日常所用的汉式软陶逐渐增多,越式几何印纹硬陶逐渐减少。

随着西汉的统治日趋巩固和西汉国力的逐渐恢复,西汉征伐南越的工作也随之逐步展开。汉高后五年(公元前183年),吕后遣隆虑侯周灶将兵击南越。但时值酷暑,士卒多染疫疾,汉兵不能逾岭,无功而返。公元前112年秋,汉武帝再遣10万军进攻南越。像秦始皇进军岭南一样,汉武帝将南下五岭的将士分为五路。此时,汉军吸取了先前盛暑行军易染疫疾的教训,于秋季集结军队南下,冬季入越作战,终破番禺,平岭南。据《资治通鉴》载:"秋,遣伏波将军路博德出桂阳,下湟水;楼船将军杨仆出豫章,下浈水;归义越侯严为戈船将军,出零陵,下离水;甲为下濑将军,下苍梧;皆将罪人,江、淮以南,楼船十万人。越驰义侯别将巴、蜀罪人,发夜郎

---

① 〔清〕苏凤文等编《广西全省地舆图说·始安县》,石印本,1867。
② 〔越南〕黎崱:《安南志略》,日本东都岸吟香乐善堂出版,铅印本,1884。

兵,下牂柯江,咸会番禺。"这里的苍梧是指司马迁所处年代的汉苍梧郡。汉苍梧郡中有封阳、临贺、富川三县在今贺州境内。离水即漓水,指桂江。桂江下岭南的水路须经今贺州昭平县,说明西汉平南越的五路军中有戈船将军和下濑将军所率的两路军经过贺州。《史记·南越列传》还清楚地指出,进入贺州的戈船、下濑两路西汉军都是从湖南零陵出发:"出零陵,或下漓水,或抵苍梧。"《汉书·西南夷两粤传》也称:"甲为下濑将军,下苍梧。"刘宋裴骃在《史记集解》中引徐广注曰:"(离水)在零陵,通广信。"唐代张守节在《史记正义》注曰:"苍梧,今广西梧州,盖戈船、下濑二军会合于此,再东进也。"从这些史料可知,戈船将军所率之兵前往会合点苍梧王城的行军路线是漓江。下濑前往梧州会合点的进军路线尽管没有明确记载,但从零陵往苍梧的水上路线除漓江外,只有贺江。故而,下濑将军南下苍梧的线路必是潇贺古道。

西汉成功平定南越国后的第二年,也就是元鼎五年(公元前112年),析秦朝在岭南所设的南海、象郡、桂林等三郡为南海、郁林、象郡、苍梧、合浦五郡。[①] 今贺州域内共设封阳、临贺、富川三县,均属苍梧郡。不仅如此,还把九嶷山以南的冯乘、谢沐两个岭北县并入苍梧郡。所以汉代苍梧郡地跨萌渚岭南北。

西汉时期,贺州仍然仿铸先秦楚国已经过时的青铜器,青铜文化继续发展。

[①] 马金霞:《秦平岭南置郡考》,《武汉理工大学学报(社会科学版)》2013年第5期。

(三)对封中的考释

1972年出土的长沙马王堆"地形图"分为主区和附区两个部分。主区在北,属长沙国辖境,包括潇水流域的九嶷山和部分萌渚岭、都庞岭山区,区内共标有八个县和七十个里的名称。附区在南,为赵佗的南越国辖境,虽然所附面积比主区大好几倍,但概不标名,仅在贺江流域标注"封中"二字。

"封中"之封应有封建之意。按《左传·定公四年》:"分鲁公以大路……殷民六族:条氏、徐氏、萧氏、索氏、长勺氏、尾勺氏,使帅其宗氏,辑其分族,将其丑类……因商奄之民,命以《伯禽》而封于少皞之虚。"讲述了周初的分封情况,"分封"一词由此而来。所分之物以民众和稀有物品为主,而用作封的对象则以土地为主,可见分封制的核心内容是"授民授疆土",直接后果是商周地方政权的建立。①

按甲骨文,"封"字的意象是植树于土上以明疆界。《说文解字》:"诸侯之土也……从土,从寸,守其制度也,公侯百里,伯七十里,子男五十里。"《左传·昭公二年》亦云:"宿敢不封殖此树,以无忘《角弓》。"章太炎《文始》在分析"封"字时说:"盖本以土培树故字从土从寸。籀文作从土声,亦兼会意。封诸侯必聚土为之堳埒,

---

① 李雪山:《商代封国方国及其制度研究》,博士学位论文,郑州大学,2001。

以表国界。又以大社之土封其社,故曰封,义从封树引申。"①学者们认为"封、丰"的古文字形体是一样的,最初的意思都是"聚土植树以为地界"。唐代颜师古为《急就篇》作注曰:"封,谓聚土以为田之分界也。"郭沫若曰:"古之畿封实以树为之也,此习于今犹存。然其事之起,乃远在太古。太古之民多利用自然林木以为族与族间之畛域,西方学者所称为境界林者是也。"李孝定曰:"封之本义当以郭说为是,许训乃后起之义。字象植树土上,以明经界。爵诸侯必有封疆,乃其引申义。"从以上对"封"字的讨论可以看出殷商时代封疆之法主要是封树法,即在封疆上植树以明边界。周代也沿用这一办法,《论语·八佾》"哀公问社于宰予"一段:"夏后氏以松,殷人以柏,周人以栗。"这说明夏人以松林为封域,殷人以柏木为封域,周人以栗木为封域。《周礼·大司徒》在说到大司徒的职守时,讲到一项封国划界的程式:"制其畿疆而沟封之,设其社稷之壝而树之田主。"东汉郑玄注:"封,起土界也。"唐代贾公彦疏:"沟封之者,谓于疆界之上设沟,沟为封树以为阻固也。"《周官·封人》郑注:"聚土曰封。"因此"封"也具有以壕沟来划分疆域的意思。按屈原《楚辞》所指,楚国的南部封疆之外有着广泛的地域,而且这些南疆之外对于楚人来说非常具有神秘感,《楚辞·招魂》:"魂兮归来!南方不可以止些。……蝮蛇蓁蓁,封狐千里些。"楚人所描述的南疆之地在茂密的草木中隐藏有蝮蛇,狐狸穿行千里。这种描述与今天的南岭地区有着一定的相似性。

---

① 章太炎:《章氏丛书·文始六》,杭州:浙江图书馆,民国六年至八年刻本,转引自赵峰:《〈汉语大词典〉"封"释义考察》,《四川理工学院学报(社会科学版)》2009年第5期。

十、秦平岭南与汉平岭南两次战争中的贺州

而"封中"的"中"字据《辞源》"泛指其所也,如吴中、蜀中"。谚云"蜀中无大将,廖化作先锋",此"蜀中"之意为"蜀国之中"。《史记·项羽本纪》:"项梁杀人,与项籍避难吴中。"此"吴中"引申为"吴国一带地方"。此外还有"黔中""闽中""云中""广中",等等,古时以中称地名,不乏其例。

今人称贺江大桂山以南河段为封水,西汉在封水河段的上游置有封阳县,这个县的得名是因为古人把山南水北称为阳,而封阳县恰好在封水上游,据河段的北面,即县地在"封水之阳"。封阳县辖境相当于今广西贺县的信都、仁义、铺门、灵峰等四个乡镇和和广东封开县的开建镇。汉代开始,封水下游河段还设有封川县,此后封川县曾先后改名为封兴县、封州、封开县等。因此,封水上下游河段的县、州地名都是从封水衍生出来,马王堆地形图所标注的"封中"也就可以理解为封水流域之中。

封水有二源:临水源出古谢沐县东、冯乘县西的牛屯山(今江永、富川之间),顺萌渚岭西侧和都庞岭东侧所构成的溪渠向南流;贺水源又名桂岭水,源出贺县东北的罗山。临、贺二水在贺县汇合,贺县古称临贺[①]。

而且贺水之源和临水之源分别与临水之源分别与潇水的主要支流沱水及永明河的源头靠近,从贺州富川县向西经过小水峡,去湘江另一大支流灌江之源也不远。临水之源和潇水各源之间,没有崇山叠岭,他们之间的分水岭不高也不广,主峰的海拔最高不过四百余米,隘口更易通行。潇水沿岸与贺江沿岸尽管都是崇山峻

---

① 陈乃良:《"封中"及其在西汉的重要地位》,《广东社会科学》1988年第4期。

329

岭,但山岭之间有平缓的峡谷。如此,潇水与贺江之间正好存在一条由峡谷、山间坝子、盆地构成的走廊地带。这条走廊以一段较短而且不陡的陆路,把潇贺两江联结起来,形成一条沟通萌渚岭和都庞岭南北的交通线,即潇贺古道。这条古道使得五岭南北远在新石器时代即已有了交往和联系。文献史料中,对于岭南与岭北中原地区的联系记载较多,《墨子·节用》:"古者尧治天下,南抚交趾。"《尚书·尧典》:"申命羲叔宅南交。"这些联系都是通过潇贺古道取得的。古道还使商周青铜文化得以向岭南传播。这种传播是以人员和物品交流为载体来实现的。殷墟出土的海贝、龟板,经鉴定不少产自南海、交趾;五岭南北两侧还蕴藏着丰富的锡。锡,南方较早知道的产地是云南,但在商周时期要大量从云南取锡究非易事,只好转而求之于锡蕴藏量丰富而又易于到达中原的广西东北部和湖南西南部,包括今广西贺县、钟山、富川和湖南的江永、江华等地。[①]

那么,封水之封又是什么意思呢?如前文所述,"封"有封疆之意。考察西汉早期的历史背景,贺江、沱江、永明河的源头所在地,即萌渚岭和都庞岭,正是西汉早期南越国和汉长沙国的疆界,沿着疆界,双方在萌渚岭、都庞岭分水岭附近,犬牙交错互设关防。其中长沙国的疆界在分水岭北侧,主要属潇水流域,潇水古称深水。按汉"驻军图"所标,长沙国在分水岭北侧共设三道防线,其中"甲鉤""甲英(缨)""甲攸"等供应甲兵的后勤部队和指挥中心都是设在最后一道防线的后侧,而将居向封、蛇封、留封、武封、满封、昭山

[①] 何介钧:《试论湖南出土商代青铜器及商文化向南方传播的几个问题》,载何介钧《湖南先秦考古学研究》,长沙:岳麓书社,1996,第228页。

封等六个军事机构设在前沿防线。张荣芳、黄淼章认为这些"封"为烽燧点。① 尽管南越国在分水岭南侧的相关驻军机构不详,仅在"驻军图"上标有"封中"二字,但与长沙国相对应,南越国沿贺州一线也一定会根据防务需要设立多个"封"。从地形上看,从桂岭至封阳县,贺江沿线分布有桂岭盆地、贺街盆地、信都盆地,其中,桂岭盆地与贺街盆地隔着黄洞山,贺街盆地和信都盆地隔着大桂山。从考古资料看,桂岭盆地贺江岸边遗存有南越时期的芜城遗址,贺街盆地贺江岸边遗存有南越时期的大鸭城址,信都盆地贺江岸边设有南越国时期的高寨城址。这些城址周边均出土有战国至西汉早期的古墓葬,陪葬器物多青铜兵器,故而这些城址应是南越国在贺江沿线的驻防之所。特别是高寨城址附近古墓中出土有"左夫人印"玉印、"王行印"封泥等大量王侯一级的文物,这座城址应是南越国统领贺江流域的最高军行政和军事机构所在地,而且这里也出土了供应后勤的军输官之印"须甲"印。如果南越国的关防设置也如长沙国,则南越国的烽燧点之"封"就应该设于桂岭盆地和贺街盆地等前沿锋线上。

从统率机构常常设于前线之后的纵深处这个习惯做法看,南越国在贺江流域的封界前线主要在大桂山以北区域,因而贺江下游是从大桂山之北这些封防之地流来的水,自然也就称为"封水"。

---

① 张荣芳、黄淼章:《南越国史》,广州:广东人民出版社,1995。

十一、青铜时代贺州社会形态的演变

随着青铜冶炼技术的不断提高和青铜工具在社会生产中的逐渐推广,贺州的社会生产模式和政治形态也在不断地发生改变,而且这些改变还呈现出阶段性特征。

(一)生产模式

生产工具是人类从事经济活动,与大自然作斗争的有力武器,社会生产力的变化和发展,首先是从生产工具的变化与发展开始的,因此,生产工具是衡量社会生产力发展水平的重要尺度。而不同的生产形式其所使用的工具各有不同,林木砍伐用斧、钺、锛、刀,狩猎用箭镞,捕捞用渔网,耕田用犁、锸,采集用镰刀、削和刮刀。而采用不同生产工具的不同历史阶段,其考古出土的器物也往往不同。

虽然贺州最早的青铜器见于商代,但青铜生产工具集中出现的时间晚至战国,此前仅见石制生产工具。目前贺州发现的青铜生产工具有削刀、刮刀、刀、剑、斧、角码器等。这些工具岭南特色浓郁,一般认为是岭南自铸的。①

　　青铜工具在战国时的少量使用,使得贺州人口有了明显的增加,贺州所发现的战国古墓葬也较春秋及其以前的古墓葬在数量上有了明显的增加,说明战国时期贺州青铜工具在农业中的应用提高了粮食产量,农业生产在全部生产方式中所占的比重较此前也有了一定的提高,农业所出产的粮食所供养的人口数量有了一定的增长。但通观整个先秦之前的贺州,与先进地区相比,仍然是人口数量有限,社会生产力低下,只有部分军事行政重地和灌溉方便、土地肥沃的平原地带人们才可以开展烧造陶器、建造屋宇、铸造青铜器、种植农作物、养殖禽兽等各种主动式的产业活动。而大多数山地中的居民仍然主要依靠丰富的自然资源来维持生存所需,渔捞、狩猎、采集等被动式生产活动仍然是本阶段贺州先民们获得食物的重要方式。在住宅上,人们大多居住于远离湖滨的洞穴之中。居住于江河之滨的居民其食物来源更多依靠渔捞,在他们的聚居地甚至会形成以贝壳、螺壳、鱼骨等水产动物的壳骨为主要包含物的贝丘遗址。《史记·货殖列传》就记载,秦以前,岭南的农业尚处在"火耕而水耨"的粗耕阶段。《汉书·地理志》也说是以"以渔猎山伐为业"。秦统一后,岭南才从粗耕农业逐渐进入到牛耕时代。在龙中山出土的铜鼓上铸有龙舟纹和牛纹,说明战国时代贺州的家畜养殖和舟船制造业已经有了一定的发展。

　　西汉早期,贺州为南越国辖地,偏居岭南的南越国建立有一整

---

① 张荣芳、黄淼章:《南越国史》,广州:广东人民出版社,1995。

套官僚机构和制度,形成了一个庞大的青铜器制造和消费群体,南越国时期贺州出土的青铜器仍然较多。但由于秦以来具有中央集权性质的郡县制度在贺州建立,传统的礼仪制度已经在贺州彻底瓦解,青铜器在社会政治生活中的地位逐渐下降,基本失去了礼器意义。这时期的青铜器造型再无商周青铜器神秘、厚重的风格,显得灵便精巧,适应了现实生活的需要,器物大多日用化,器体普遍较薄。

西汉早期开始,贺州的古墓中开始有少量铁器出土,如金钟一号汉墓出土的铁剑。但由于这时期西汉对南越国实施铁器和耕牛封锁制度,贺州农业发展相对较慢。西汉早期古墓中还出土有纺轮,说明最迟到西汉早期,贺州已经发展起了纺织业。

公元前110年,汉武帝平定南越国,贺州正式纳入汉王朝行政版图。西汉在岭南地区推行"初郡政策",确立了"以其故俗治,毋赋税"(《史记·平准书》)的经济管理办法,彰显其稳定和统一的政策导向。政策变化导致岭南地区的社会生产模式出现新的特点。[1] 西汉在岭南地区推行五铢钱和盐铁官营制度。冶铁业进入政府专营时期,铁器中各种加工工具继续向专业化方向发展,铁锯、铁剑、铁锸、铁斧等工具数量不断增加,流行地域不断扩大,形制更加多样化。另一方面又"置农都尉,主屯田殖谷"(《后汉书·百官五》)。这些从内地来的农都尉及其所属吏员们将内地发达的农作技术传入岭南郡县。

有了汉代兴农政策的加持,又有农耕技术和铁器工具在农业

---

[1] 曲用心:《岭南地区出土的西汉中晚期青铜器初探》,《广西社会科学》2009年第11期。

十一、青铜时代贺州社会形态的演变

生产中的推广应用,贺州优越的资源禀赋得到了更好的开发,农业、渔业、矿业、手工业等产业都得到了较大的发展。西汉晚期开始,农业在贺州已经成为占据统治地位的产业方式,成为衣食住行等各种生活资源的主要获得途径,渔捞、狩猎、采集等生产形式逐渐边缘化,成为辅助性经济形式。作为这种新经济模式在葬俗中的反映,西汉晚期的古墓葬中出土较多灶、屋、仓等粮食储藏设施模型和猪圈、鸡埘等禽畜蓄养设施模型。而且,贝丘遗址到西汉晚期已经消失。

到西汉晚期,贺州的手工业也有了新的发展。原有的越式硬陶生产基本消失,代之而起的是产出率更高的汉式软陶,有的甚至在陶器表面上开始出现陶釉,陶器生产向瓷器生产进一步迈进。青铜冶铸业在贺州逐步进入尾声,青铜器数量锐减。而铁器的冶铸生产则方兴未艾。同时,还出现了滑石加工、彩陶绘制等新兴手工业。在西汉晚期墓的考古发掘过程中,常见包裹铜镜的土壤中留存有大量红色的漆皮,这是盛装铜镜的漆盒在木质胎骨腐烂后留下的漆表层,所以到西汉晚期,漆器的生产加工和商贸交易在贺州也有了一定的发展。

另据唐代莫休的《桂林风土记·灵渠》载:"后汉郑弘奏交趾七郡贡钱从东泛海,多没溺,请开桂岭、灵渠。"《后汉书·郑弘传》又载:"旧交趾七郡贡献运转皆从东冶泛海以至,风浪艰阻,沉溺相系,弘奏开零陵桂阳峤道。"因此,为了疏通南岭古道,方便货物转运,在平定岭南后,汉中央王朝在秦五岭新道的基础上,再一次对岭南通道做了修整。

同样,作为岭南通道的一部分,贺州的潇贺古道也得到了修

335

理。从潇贺古道上许多地势险要之处至今仍保留有关隘、防御工事、古墓群等汉代遗存来看,汉代还曾在古道要害之处屯兵设卡,驻扎军队。至今,在潇贺古道沿线仍然保留有40多个屯兵管治点,有桂岭英明码头、贺街大鸭码头、贺街河西码头、铺门河东村高寨码头等众多水陆连接设施,有牛庙汉富川县城址、铺门汉封阳县城址、贺街汉临贺县城址等古道枢纽节点。这些码头和管治点附近都保留有汉代墓群,墓群中的汉墓也出土有大量兵器。

潇贺古道交通系统的进一步完善,使得古道的交通能力有了更大的提升,潇贺古道所连接的海陆丝路也更加畅通。贺州西汉时期的古墓葬中既出土了许多通过海上丝路舶来的产品如西亚和南亚工艺的琥珀、琉璃饰品,来自中亚的铃铛形玛瑙珠,又出土了和田玉、草原风格鎏金铜牌饰、金幎目等通过新疆→湖南→贺州这一陆上"丝路"传来的器物。到东汉时期,古墓中还时常出土深目长鼻的外国人形象灯。这说明在潇贺古道的加持下,早在西汉时期贺州已经成为一个有着较强辐射力的区域性商品交流中心,是我国汉代海陆丝路在五岭地区的重要对接点。

(二)政治流变

自古以来,贺州属于百越地区。商周之际中原地区已经进入青铜时代,对应这个时代,中原地区已经建立起了奴隶制的王国,王国对地方实行诸侯分封制,王国的最高领袖称为"天子"或"王"。贺州直到西周晚期才开始出现青铜器,也即西周中期之前贺州还处在新石器时代,与这个石器时代相对应,西周中期之前,贺州还处于方国阶段。方国是以聚落为中心的小国寡民式的地方性国家,它以一个大型的聚落为中心联合周围相邻地区构成联盟,在这个联盟中,各个聚落之间是相互平等的关系,平时各自为政,遇有困难互相帮助。方国的最国领袖为酋长或盟主,有的也称为王。《淮南子·修务训》、《汉书》、《帝王世纪》、《礼记·檀弓》(郑注贾疏)等均说舜帝之死是为了"征三苗""南征有苗"。《礼记·祭法》之贾疏统一以上说法,认为"舜征有苗乃巡狩陟方而死",就是说舜帝的死因是巡狩方国。《左传·哀公七年》载:"禹会诸侯于涂山,执玉帛者万国。"说明商周时期我国在商周王国之外的边疆地域其社会组织结构均以方国为单位。这些方国有一定的疆域和人口,等级制度已经确立,强制权力已经产生,有些还有一定规模的城市,并且城市中有着复杂的祭祀建筑。贺州保存至今的方国遗物只有商至春秋时期的一些聚落点,如平桂区沙田镇牛岩村遗址、八步区桂岭镇三圳岭至英明村的桂岭河两岸遗存、富川县鲤鱼岩遗址等,这些聚落点可采集到夹砂红陶陶片、绳纹陶陶片、几何印纹陶片等文物。未发现有方国时代的古城址。从史料记载看,约在西周立国初,统领整个贺州的方国有可能是路人国。按《逸周书·王会解》所载,在西周早期的成周之会上,曾有路人国向周王朝贡大竹。朱右曾《逸周书·集训校释》云:"路音近骆,疑即骆越。"但晋人戴凯《竹经》、明代徐光启《农政全书》都说,临贺竹子有十抱之大,较之龙公竹更奇,出临贺。晋代盛弘之《荆州记》也说:"临贺山中有二竹,大数十围。有石四百丈,极方正,青如弹棋局。两竹屈垂拂扫,石上绝无尘秽。未至,数十里闻风吹竹,如箫之声。"进贡大竹是为了修刻竹简,越大的竹子,做出的竹简越宽,越能刻下更多的文字。用于朝贡制简的大竹必须是稀世珍品,而不是一般的大竹,既然贺州的临贺竹为天下最大之竹,路人国所贡的大竹应该出产于贺州。

按照周王朝与方国的关系,西周路人国与周王朝只是维持着荒服关系。荒服是五服之一。所谓五服,是指以周天子为核心,根据距离和亲疏画出的五个同心圆,天子直接统治的地区成为甸服,环绕天子建立起来的方国为侯服,侯服之外为绥服或宾服,其外是要服和荒服。与五服相匹配的制度为朝贡,其频率根据亲密程度而有所区别:甸服每日朝贡,侯服每月朝贡,绥服每季度朝贡,要服每年朝贡,荒服中的方国与周王朝建立朝贡关系后,只需朝贡一次。

在西周早期,为路人国所统领的贺州还处于石器时代。西周早期之后,关于路人国的信息再无记载。这与方国之间的兼并有关系,按《吕氏春秋·用民》载:"当禹之时天下万国,至汤而三千余国,今无存者矣。"说明到战国时,东周王国周边疆域的大型方国无一不为周所分封的诸侯国所兼并,即使有一些方国保存有较少的部众,但大都寂寂无名。在诸侯国与方国之间、方国与方国之间的互相兼并过程中,路人国在什么时候被什么力量兼并,目前还是历史之谜。到西周晚期,贺州已经进入青铜时代。但这时的西周,礼崩乐坏,周天子对方国的控制力逐渐变弱,贺州与周的荒服关系也趋于结束。然而,西周中晚期之时,贺州并没有成为周王朝的诸侯国,还依然继续实行方国体制。但路人国之后贺州由哪个方国继续统治,学界目前也还无法作出明确回答。西周晚期开始,随着楚人不断南侵,楚国之南的扬越人被迫南迁。扬越是对楚国以南地区越人的统称,其下还有古苍梧越人、湖南地区越人等多个越人亚系。所以,西周晚期开始贺州属于扬越文化系统。到春秋时期,贺州与桂林及整个广东地区均统一进入几何印纹陶文化圈,印夔纹和印云雷纹陶器成为这个文化圈中独有的特征性器物,这个文化圈同属于扬越集团。

扬越集团中的苍梧部族早在舜帝时分布于以丹江口为中心的长江至淮河之间。西周开始,苍梧部族南移到了以湖南岳州为中心的长江流域。至迟在春秋时期,苍梧部族已经进入贺州,成为贺州越部族的重要组成部分。到战国时期,楚国建立了苍梧郡,其四至范围是北到湖南衡山、南到五岭地区的贺州、东到江西东部、西到湖南湘西地区。在行政上贺州这时期属楚苍梧郡。楚苍梧郡中的越人统称为苍梧越人,因此,这时期贺州在文化属性上属扬越文化中的苍梧文化。

楚苍梧郡建立后,贺州原属的越部族方国管理制度逐渐被郡县制度所取代。但这时候行政制度的变化过程相当缓慢,信都、贺街、桂岭、董家峒、富阳、北陀、公会、昭平等贺州众多盆地中,仍存在着一些相对独立且按部族方国方式管理的越人势力。由此,楚苍梧郡时期的贺州政治形态较为复杂。一方面贺州属于王国时代的楚国,按理贺州已经进入王国时代,但是贺州境内又依然执行部族管理体制,在许多具体事物的管理过程中还保留有方国的余韵。同时,楚国还设立了苍梧郡管理贺州,郡县制度是帝国时代的典型特征,所以战国时期贺州也开始了帝国制度的萌芽。

楚苍梧郡时期,越部族中的一些小方国与中原的一些诸侯国交往密切,直到战国时,越地仍有个某部族方国的越王派南海人公师隟向魏襄王"献舟三百,箭五百万及犀角、象齿"①,岭南的著名食品"越骆之菌(竹笋)"和"南海之秬(黑黍)"(《吕氏春秋·本味》)亦都行销中原。李斯《谏逐客书》还记载,岭南特产"犀象之器""傅玑之珥"亦充盈着秦国的后宫。

随着秦灭楚战争不断向南推进,楚国境内的越人只得继续南迁。秦始皇二十五年(公元前222年),秦将王剪灭楚,"遂定荆江南地"(《史记·秦始皇本纪》)且"略定扬越,谪戍五方,南守五岭"(《通典·州郡十四》)。至此,战国时期楚苍梧郡归属秦国,秦继续保留苍梧郡。秦实行的是郡县制度,秦中央王朝之下不设诸侯国,只设郡县,秦的最高领袖是皇帝。中央通过郡县管理全国的体制称为帝国体制,秦新获楚苍梧郡后彻底取消了诸侯分封制和方国管理体制,但在一些越人聚居区继续保留小规模的部族自治制度,由此贺州就从楚苍梧郡时期的方国、王国、帝国三制并存政治管理模式变迁到了帝国与小部族自治两种政体并存的政体格局。

秦军征岭南时,贺州已为秦苍梧郡辖地。但贺州域内的苍梧越人部族发动了系列反秦活动,他们与南部的西瓯人组成联军,以西瓯军的统一名义与秦军在南岭群山之中沿贺江、漓江及其下游桂江两岸山区逐一争夺。今贺州富川县的连山镇、白沙镇和湖南江华县的河路口镇仍有一系自称是"苍梧人"的人群。因为现在的苍梧县在梧州,而梧州的名头比苍梧要响亮,这支"苍梧人"也称"梧州人"。这一人群对苍梧两字尤其向往,河路口镇上至今还保持有苍梧街这个街名。其妇女服饰与众不同,年轻妇女至今仍喜

---

① 方诗铭、王修龄等:《古本竹书纪年辑证》,上海:上海古籍出版社,1981,第239页。

穿蓝色上装,出嫁后改穿淡绿色上装。这应是"苍梧人是喜欢穿青色衣服的人"这种古老习俗的保留。他们使用特有的方言,唱与众不同的民谣《蝴蝶歌》。富川县文物管理所的王国政老所长在一次采风中,甚至在古老的《蝴蝶歌》里发现有歌词唱道,秦军平岭南的将领尉屠睢与这支现称为"梧州人"或"苍梧人"的先祖作战,后来,屠睢战死于昭平的北陀城,头颅在今富川县城北街的大鼓庙示众之后被扔进了昭平县的黑龙潭。由于这一人群的文化特色过于浓厚,有人曾经认为他们是瑶族。但国家民委组织的专家组在鉴定之后认为他们是南方一支古老的汉族。虽然他们都自称为"苍梧人"或"梧州人",但他们的族谱又都说自家先祖是约在唐宋时期从江西、山东、江苏、浙江等很远的地方迁来,没有一个姓氏说自己是从现在梧州市或苍梧县迁来,说明这支"苍梧人"像岭南许多古老的先民一样,都将自己族谱中的祖源地附会到唐宋时期五岭北部某些地区。今贺州所保留的这一苍梧人群,不仅与今苍梧县或梧州市毫无历史关联,而且还曾击毙了秦军的统帅,只能说明一个问题,就是这一人群为秦苍梧郡中参与了抗秦行动的越部族的遗民。

秦始皇三十三年(公元前214年),秦平岭南的战事结束。秦把新获的岭南地区从苍梧郡中分离出来,另设桂林、象郡和南海等岭南三郡。而保留下来的秦苍梧郡南境仅到今梧州市附近,贺州继续属于秦苍梧郡。

秦在苍梧郡和新设的岭南三郡中同时实施两套管理制度。一是择内地移民较多的地方设县,实行郡县管理制度,秦苍梧郡的郡县制度较之楚苍梧郡有了更进一步的发展,地方与中央的隶属关系也更加严格。二是在土著民聚居的地区设道,继续推行"且以其故俗治"(《史记·平准书》)的制度,利用其首领即"臣邦君长"对民族地区进行统治(《语书》《法律答问》《云梦秦简》),实行部族方国治理制度。

为了促进统一,秦朝十分注重郡县当中的交通网络建设。其中在五岭地区建设的"新道"有两条路途经贺州。第一条是从桂江经昭平到达今封开县县城。第二条翻越萌渚岭和都庞岭,沿贺江南下,到达今封开县与第一条水道汇合。桂江与贺江水道汇合后,沿西江东去可达南海郡首府番禺,溯浔江而西可达桂林郡首府布山(今广西贵县)。这一次修筑新道使得潇贺古道正式纳入官道之列。

据《水经·浪水注》载,秦在占据岭南之后,曾"置东南一尉,西北一候",以继续加强军事管理。所谓"东南一尉",是指在岭南之地"置南海尉以典之"(《晋书·地理志》),即由南海尉统率岭南军事。秦的首任南海尉是继屠睢之后率兵击越的指挥官任嚣,为避免分散南海尉权力,秦在后来所设的岭南三郡中一律不设郡守,只设监御史主管一郡政事,却把兵权全部交由南海尉管束。正如顾炎武所言:"南海郡惟设尉以掌兵,监以察事而无守。"(《天下郡国利病书》卷九十七)所谓"西北一候"指在岭南西北方的交通孔道上建筑城堡,驻扎重兵,以防西瓯人北窜。候是古代探望敌情的哨所,此处取驻兵监视之义。这个"候"所在的方位如今难于确定,但有可能在贺州的沙田或者桂林的平乐银山岭。

先秦时期复杂的政治流变和人口迁移等因素,使得先秦贺州的青铜器文化内涵复杂,除有越文化因素外,还有中原、楚、吴、滇等文化因素。其中属于楚文化的青铜器有盉、瓿,属于滇文化的有石寨山型铜鼓,属于越文化的有双箍剑、印纹陶等,属于吴文化的有神兽尊、铜戈,属中原文化的有铜罍、席镇等。

秦末陈胜、吴广等人领导的农民起义动摇了秦的统治,西汉高后五年(公元前183年),南海郡尉赵佗趁机在岭南地区建立南越国,自称"南越武帝",南越国与岭北的西汉之间时有冲突。公元前180年七月,吕后死,西汉暂罢攻南越兵。① 汉孝文帝元年(公元前179年),赵佗去帝号,改称为王,并奉贡于汉。② 为了整合包括闽越、西瓯、骆越、苍梧、裸国等各方力量阻止汉军南下,南越王在其统治的93年期间,采取"和辑百越,毋为南边患害"的政策(《史记·南越列传》),为此他成功笼络了秦苍梧郡中的一个自称为秦王的越部族王赵光,并把赵光册封为苍梧王。同时,他还笼络了今贺州地区的苍梧越部族,并在贺州也设立了一个王国,其王城在今八步区铺门镇河东村高寨。盗墓者曾在铺门高寨鹧鸪岭的一座汉墓中盗得一枚"共王之印"的印章,由此可知,南越国赐封在铺门的王中至少有一位为共王。但是铺门王与苍梧王是同样级别,还是较苍梧王级别低,又或者本身就是苍梧王,就目前已有的资料还一时难于判别。如果铺门王就是苍梧王,则当时的苍梧王城就应该设在铺门。

借助苍梧王和铺门王,赵佗把南越国的范围由今梧州以南地区扩展到今贺州全境和桂林市南面的部分地区。由此,今贺州地区成为南越对抗西汉朝的藩篱。贺州地当萌渚岭谷地要塞,是阻挡汉军沿潇贺古道南下的必争之地。南越王之所以要大力笼络苍

---

① 翦伯赞主编《中外历史年表》,北京:中华书局,1961,第103—104页。
② 翦伯赞主编《中外历史年表》,北京:中华书局,1961,第103—104页。

梧王和铺门王,核心目标是要实施"断新道"战略,这个战略是南海尉任嚣与赵佗共同制定的。当秦末大乱之际,任嚣就已经策划断新道,然后倚五岭为屏,割据岭南的大计。《史记·南越列传》载,南海尉任嚣曾召龙川令赵佗曰:"南海僻远,吾恐盗兵侵地至此,吾欲兴兵绝新道自备,待诸侯变。"此处的"新道"即指秦在南岭新开通的道路。苍梧王和铺门王加入南越后,按宋人王象之《舆地纪胜》所载,赵佗就在今八步区桂岭镇英明村设置芜城,阻断桂岭(萌渚岭)新道。同时赵佗还在今平桂区望高和今钟山县牛庙设立军事据点,与长沙国隔着西岭山和环绕今龟石水库南岸和东岸的大岭山互相对峙,长沙国为此在今富川县朝东镇北面的小水峡(谢沐关)修筑长城,断绝都庞岭在富川境内的新道。

赵佗之后,南越王赵建德与南越国丞相吕嘉反对南越国归属汉朝。汉武帝派兵南下,于公元前112年攻破南越首都,南越灭亡。苍梧王赵光投降汉朝,被汉朝封为隋桃侯,食邑三千户。铺门王因史书无载,去向不明。

据《汉书·地理志》记载,汉武帝平定南越国后,在今贺州境内共设置了五个县,其中封阳、临贺、富川三县全境在今贺州境内,冯乘、谢沐两县仅南部的部分区域在今贺州境内。汉代在贺州所设立的五个县为今天贺州三县两区的设定提供了最早轮廓。

附录一：贺州市博物馆 111 件青铜器藏品成分检测表

样品编号	博物馆编号	名称	时代	出土地点	锰 Mn (%)	铁 Fe (%)	镍 Ni (%)	铜 Cu (%)	锌 Zn (%)	锡 Sn (%)	锑 Sb (%)	铅 Pb (%)	铋 Bi (%)	谱名称
HZ001	B252	越式鼎	战国	沙田镇龙中山	0.040	0.161	0.195	69.94	0.06	18.19	0.53	10.88	0	hz001tf1
HZ002	B294	铜罍	西周	沙田马东小学	0.095	1.116	0.159	66.70	0.06	15.73	0.45	15.69	0	hz002t1
HZ003	B038	三足铜铤	西汉	铺门镇	0.183	1.186	0.187	17.60	0.14	58.65	2.00	20.05	0	hz003b1
HZ004	B001	钮钟	西周	桂岭	0.120	1.005	0.164	9.84	0.17	63.80	2.45	22.41	0	hz004b1
HZ005	B363	甬钟	战国	里松镇	0.173	3.355	0.163	16.65	0.20	73.89	2.31	2.86	0	hz005b1
HZ006	B256	虺纹铜瓿	战国	沙田镇龙中山	0.050	0.272	0.104	70.51	0.03	17.38	0.41	10.99	0.048	hz006t1
HZ007	B263	铜斧	战国	沙田镇龙中山	0.104	0.557	0.081	11.40	0.26	11.91	0.44	75.24	0.851	hz007t1
HZ008	B318	甬钟	春秋（战国）	沙田镇马东小学	0.050	0.539	0.117	86.03	0.04	12.73	0.36	0.13	0	hz008b1
HZ010	B255	石寨山型铜鼓	战国	沙田镇龙中山	0.077	2.360	0.228	57.64	1.34	5.88	0.38	32.10	0	hz010t1
HZ011	B286	青铜剑	东周	里松镇	0.051	1.401	0.119	91.20	0.11	6.73	0.24	0.15	0	hz011t1
HZ013	B087	龙虎镜	三国	贺街镇	0.193	1.764	0.242	31.39	0.14	63.04	2.31	0.78	0	hz013t1
HZ014	B066	鸟纹铜镜	东汉	铺门镇	0.177	0.449	0.172	8.19	0.16	73.57	2.53	13.79	1.190	hz014t1

345

续表

样品编号	博物馆编号	名称	时代	出土地点	锰 Mn (%)	铁 Fe (%)	镍 Ni (%)	铜 Cu (%)	锌 Zn (%)	锡 Sn (%)	锑 Sb (%)	铅 Pb (%)	铋 Bi (%)	谱名称
HZ019	B265	环型铜器	战国	沙田镇	0.295	1.166	0.252	13.05	0.16	81.09	2.73	1.08	0	hz019b1
HZ020	B461	铜戈	战国	望高镇	0.175	1.491	0.102	9.11	0.21	8.58	0.39	79.94	0	hz020t1
HZ021	B459	刮刀	春秋	望高镇	0.079	0.365	0.119	69.08	0.13	22.77	0.61	6.05	0.090	hz021t1
HZ022	B458	短剑	春秋	望高镇	0.181	0.699	0.135	49.69	0.15	36.80	0.94	11.41	0	hz022t1
HZ023	B457	铜矛	春秋	望高镇	0.063	0.447	0.116	77.56	0.00	3.24	0.26	18.08	0.800	hz023t1
HZ024	B460	铜镞	春秋	望高镇	0.150	0.640	0.452	60.29	0.44	24.05	0.67	12.63	0	hz024b1
HZ025	B462	铜镢	春秋	望高镇	0.109	0.784	0.107	72.13	0.03	13.86	0.43	12.54	0.075	hz025t1
HZ026	B360	铜矛	战国	步头镇	0.153	0.966	0.120	52.22	0.27	31.00	0.78	12.83	0.963	hz026b1
HZ027	B361	铜削	战国	步头镇	0.076	2.163	0.123	69.97	0.00	21.29	0.56	5.82	0.683	hz027b1
HZ028	B359	铜凿	战国	铺门	0.096	6.937	0.120	44.05	0.09	9.16	0.33	39.22	0	hz028t1
HZ030	B356	铜剑	战国	铺门	0.168	0.462	0.191	13.78	0.12	67.66	2.23	15.39	0	hz030b2
HZ031	B005	铜斧	战国	铺门	0.073	0.445	0.172	64.11	0.01	30.24	0.76	4.19	0	hzpb
HZ032	B017	铜矛	战国		0.082	0.923	0.063	0.39	0.20	0.84	0.15	97.35	0	hz031t1
HZ033	B267	钺	战国	征集（锻造）	0.203	0.237	0.157	14.55	0.14	73.95	2.45	7.19	0	hz032t1
HZ037	B288	编钟	西周	征集	0.037	0.703	0.289	67.81	0.21	23.97	0.67	6.31	0.045	hz036t1

346

续表

样品编号	博物馆编号	名称	时代	出土地点	锰 Mn (%)	铁 Fe (%)	镍 Ni (%)	铜 Cu (%)	锌 Zn (%)	锡 Sn (%)	锑 Sb (%)	铅 Pb (%)	铋 Bi (%)	谱名称
HZ038	B067	铜镜	西汉	征集	0.092	0.547	0.124	41.93	0.15	18.72	0.56	37.87	1.584	hz037b1
HZ039	B007	铜斧	战国	铺门	0.166	4.231	0.216	13.12	0.22	34.69	0.72	40.75	0	hz038t1
HZ040	B014	铜矛	战国	铺门	0.196	0.600	0.355	17.43	0.14	63.45	2.13	15.70	0	hz039b1
HZ042	B300	刀型器	战国	沙田	0.067	0.871	0.128	56.89	0.08	20.39	0.55	21.03	0.134	hz041t1
HZ043	B376	青铜腰块	汉	铺门	0.017	0.155	0.133	99.05	0.00	0.32	0.08	0.23	0	hz042b1
HZ044	B009	铜斧	战国	铺门	0.140	0.283	0.145	29.77	0.11	45.26	1.08	23.21	0.234	hz043b1
HZ045	B383A	云头靴型器	汉	铺门	0.126	0.424	0.141	23.78	0.14	65.18	1.97	8.25	0	hz044t1
HZ046	B383B	云头靴型器	汉	铺门	0.133	0.430	0.161	27.15	0.09	56.22	1.74	13.62	0.015	hz045t1
HZ047	B013	铜矛	战国	铺门	0.106	0.547	0.188	39.70	0.18	52.76	1.24	5.27	0	hz046t1
HZ048	B018	铜矛	战国	铺门	0.302	1.210	0.211	15.57	0.15	63.92	2.11	16.53	0.477	hz047t1
HZ049	B289	铜矛	战国	铺门	0.255	0.933	0.233	15.70	0.16	62.04	1.98	18.70	0	hz048b1
HZ050	B292	铜钺	战国	铺门	0.165	0.274	0.160	21.49	0.08	56.80	1.77	19.26	0	hz049t1
HZ051	B010	铜斧	战国	铺门	0.038	0.570	0.138	87.51	0.00	9.29	0.27	2.18	0	hz050b1
HZ052	B004	铜钺	战国	铺门	0.158	0.299	0.143	48.73	0.06	38.68	0.92	10.08	0	hz051b1
HZ053	B019	铜矛	战国	征集	0.119	0.416	0.151	60.66	0.03	37.59	0.84	0.19	0	hz052t1

续表

样品编号	博物馆编号	名称	时代	出土地点	锰 Mn (%)	铁 Fe (%)	镍 Ni (%)	铜 Cu (%)	锌 Zn (%)	锡 Sn (%)	锑 Sb (%)	铅 Pb (%)	铋 Bi (%)	谱名称
HZ054	B015	短剑	战国	贺街	0.197	1.073	0.186	12.27	0.13	73.33	2.19	10.58	0	hz053b1
HZ055	B016	铜矛	战国	贺街	0.166	0.529	0.158	15.43	0.15	58.54	1.80	22.76	0.936	hz054t1
HZ056	B060	铜带钩	西汉	贺街	0.097	1.151	0.134	42.43	0.08	16.19	0.42	39.50	0	hz055t1
HZ057	B044	铜斧	战国	铺门	0.193	1.167	0.192	5.51	0.16	50.33	1.13	41.31	0.458	hz056b1
HZ058	B040	铜斧	战国	铺门	0.150	2.197	0.131	17.29	0.19	39.45	1.30	39.29	3.060	hz057b1
HZ059	B036	铜斧	战国	征集	0.148	0.846	0.155	20.51	0.14	59.99	1.83	15.02	0	hz058b1
HZ060	B011	铜镞	战国	征集	0.241	2.683	0.161	15.25	0.12	61.67	1.88	15.97	0	hz059t1
HZ061	B419	铜镜	待定	征集	0.245	0.543	0.195	12.80	0.15	78.20	2.38	5.49	0	hz060b1
HZ063	B093	百文带钩	三国	征集	0.042	0.215	0.108	36.96	0.10	3.02	0.17	59.39	2.029	hz062b1
HZ065	B443	铜镜	新莽（东西汉）	征集	0.061	0.386	0.143	75.41	0.00	8.15	0.36	15.48	0	hz064t1
HZ066	B107	铜钮	战国	征集	0.116	0.347	0.119	35.72	0.29	29.32	1.29	32.80	0	hz065t1
HZ068	B379	铜矛	汉	铺门	0.093	0.451	0.177	19.76	0.15	57.86	2.48	19.03	0	hz067t1
HZ069	B374	铜矛	汉	铺门	0.063	0.295	0.136	49.18	0.17	23.73	0.65	25.78	0	hz068b1
HZ070	B436	铜斧	汉	步兴镇	0.048	0.315	0.147	53.95	0.12	18.45	0.53	26.45	0	hz069b1
HZ071	B371	短剑	汉	铺门	0.236	5.884	0.137	8.86	0.18	41.36	1.07	42.28	0	hz070t1

续表

样品编号	博物馆编号	名称	时代	出土地点	锰 Mn (%)	铁 Fe (%)	镍 Ni (%)	铜 Cu (%)	锌 Zn (%)	锡 Sn (%)	锑 Sb (%)	铅 Pb (%)	铋 Bi (%)	谱名称
HZ072	B375	短剑	汉	铺门	0.083	2.621	0.145	46.91	0.09	34.29	0.99	14.86	0	hz071t1
HZ073	B380	铜斧	汉	征集	0.234	1.552	0.276	14.01	0.13	71.13	2.39	9.47	0	hz072t1
HZ074	B373	短剑	汉	征集	0.186	0.985	0.247	8.71	0.11	76.03	2.58	11.15	0	hz073b1
HZ076	B068	铜镜	西汉	沙田	0.246	1.707	0.242	14.84	0.16	70.19	2.31	10.30	0	hz075t1
HZ080	B062	剑手	西汉	铺门	0.059	0.365	0.146	55.21	0.11	21.94	0.68	21.49	0.303	hz079b1
HZ081	B377	铜铎	汉	沙田	0.075	0.244	0.158	50.54	0.11	25.80	0.79	22.28	0.106	hz080b1
HZ082	B275	铜剑	汉	沙田	0.046	2.035	0.130	56.93	28.36	0.87	0.12	11.51	0	hz081t1
HZ083	B008	铜铎	战国	步头	0.100	0.688	0.167	69.55	0.57	24.80	0.70	3.18	0	hz082b1
HZ084	BY01	铜蒺藜	东周	铺门	0.217	1.142	0.136	9.49	0.13	72.30	2.43	10.39	0	hz083t1
HZ085	B003	靴型钺	战国	铺门	0.129	1.262	0.130	20.62	0.20	42.22	0.97	34.47	0	hz084b1
HZ086	B276	叉型器	战国	铺门	0.236	0.398	0.284	11.18	0.15	60.85	2.45	24.46	0	hz085t1
HZ087	B266	叉型器	战国	铺门	0.185	1.018	0.339	8.94	0.15	74.30	2.73	12.28	3.768	hz086t1
HZ088	B291	箭簇	战国	铺门	0.118	0.994	0.225	18.98	0.14	63.78	2.30	13.46	0	hz087b1
HZ089	B251	立耳越式鼎	战国	铺门	0.074	0.656	0.191	53.16	0.03	34.92	0.93	10.04	0	hz088b1
HZ090	B287	立耳鼎	战国(西周)	铺门	0.076	0.631	0.092	19.13	0.20	6.52	0.30	73.05	0.209	hz089t1

349

续表

样品编号	博物馆编号	名称	时代	出土地点	锰 Mn (%)	铁 Fe (%)	镍 Ni (%)	铜 Cu (%)	锌 Zn (%)	锡 Sn (%)	锑 Sb (%)	铅 Pb (%)	铋 Bi (%)	谱名称
HZ091	B358	长剑	战国	铺门	0.394	6.467	0.106	3.90	0.29	4.65	0.41	83.79	0	hz090t1
HZ092	B029	铜锅	西汉	铺门	0.140	1.520	0.182	16.03	0.14	62.28	2.16	17.48	0	hz091t1
HZ093	B034A	耳杯	西汉	铺门	0.139	7.460	0.285	38.54	0.10	38.86	1.03	13.60	0	hz092b1
HZ094	B034B	耳杯	西汉	铺门	0.089	1.686	0.182	54.90	0.09	32.25	0.84	9.96	0	hz093b1
HZ095	B029	铜壶	西汉	贺街	0.048	0.327	0.196	46.12	0.09	17.39	0.70	35.13	0	hz094b1
HZ096	未编号	双耳铜壶	西汉	0.091	0.137	0.105	8.99	0.24	10.74	0.49	79.21	0	hz0951	
HZ097	B033	铜钵	西汉	铺门	0.044	0.187	0.185	29.67	0.23	22.58	0.74	46.37	0	hz0952
HZ098	B410	铜镜	西汉	铺门	0.014	22.783	0.193	30.65	0.52	6.60	2.37	36.87	0	hz096t1
HZ099	长剑	西汉	征集	0.049	0.797	0.278	74.84	0.02	8.79	0.30	14.93	0	hz097t1	
HZ100	B449	短剑	西汉	铺门	0.066	0.365	0.176	72.85	0.02	20.68	0.55	5.30	0	hz098t1
HZ101	B441	矛	西汉	铺门	0.147	0.856	0.257	36.46	0.11	50.57	1.49	10.11	0	hz099t1
HZ102	短剑	铺门	0.089	0.221	0.097	39.85	0.09	25.39	0.70	33.57	0	hz100t1		
HZ103	B215	铜镜	东汉	铺门	0.048	0.623	0.162	60.62	0.10	15.45	0.57	22.43	0.375	hz101t1
HZ105	B401	鎏金刷	西汉	铺门	0.020	0.000	0.000	5.78	0.08	65.00	2.01	26.68	0	hz103t1
HZ106	B455	铜印	西汉	铺门	0.178	0.497	0.237	28.51	0.10	60.96	2.29	7.22	0	hz104t1

续表

样品编号	博物馆编号	名称	时代	出土地点	锰 Mn (%)	铁 Fe (%)	镍 Ni (%)	铜 Cu (%)	锌 Zn (%)	锡 Sn (%)	锑 Sb (%)	铅 Pb (%)	铋 Bi (%)	谱名称
HZ107	B387	铜凿	西汉	铺门	0.185	1.672	0.167	1.11	11.41	55.32	4.13	26.00	0	hz105t1
HZ108	B038	铜斧	西汉	铺门	0.246	1.549	0.166	0.91	7.93	56.10	3.43	29.67	0	hz106b1
HZ109	B012	箭簇	战国	铺门	0.057	1.185	0.344	26.12	0.82	23.56	2.00	45.91	0.009	hz107t1
HZ110	B049	短剑	战国	铺门	0.102	1.389	0.345	6.66	0.16	48.15	1.26	41.93	0	hz108b1
HZ111	B053	短剑	西汉	铺门	0.265	2.693	0.230	11.14	0.17	74.58	2.69	8.24	0	hz109b1
HZ112	B042	铜斧	战国	征集	0.052	0.573	0.131	84.37	0.00	12.49	0.42	1.97	0	hz110b1
HZ113	B035	铜斧	战国	铺门	0.055	1.217	0.167	64.93	0.03	21.39	0.59	11.62	0	hz111b1
HZ114	B037	铜斧	战国	铺门	0.053	0.531	0.129	72.18	0.00	17.58	0.54	8.99	0	hz112t1
HZ115	B039	铜斧	战国	铺门	0.252	1.110	0.242	17.93	0.19	64.01	2.29	13.97	0	hz113b1
HZ116	B041	铜斧	战国	铺门	0.209	2.026	0.254	12.04	0.21	66.82	2.43	16.02	0	hz114t1
HZ117	B046	短剑	西汉	铺门	0.142	0.532	0.173	30.89	0.11	53.00	1.85	11.29	0	hz115b1
HZ118	B020	铜矛	战国	铺门	0.138	0.334	0.195	20.44	0.09	61.68	2.12	12.91	0	hz116b1
HZ119	B058	铜凿	西汉	征集	0.146	0.433	0.210	18.06	0.13	68.30	2.36	9.67	0	hz117b1
HZ120	B059	铜茎	西汉	征集	0.150	0.445	0.197	30.08	0.10	57.54	2.05	8.85	0	hz117b2
HZ121	B047	短剑	西汉	征集	0.133	1.457	0.159	39.44	0.08	40.91	1.08	16.74	0	hz118b1

续表

样品编号	博物馆编号	名称	时代	出土地点	锰 Mn (%)	铁 Fe (%)	镍 Ni (%)	铜 Cu (%)	锌 Zn (%)	锡 Sn (%)	锑 Sb (%)	铅 Pb (%)	铋 Bi (%)	谱名称
HZ122	B045	短剑	西汉	征集	0.182	0.574	0.117	25.02	0.20	24.00	0.47	49.44	2.011	hz119b1
HZ123	B048	剑	西汉	征集	0.085	0.288	0.133	58.98	0.05	19.33	0.59	20.54	2.087	hz120b1
HZ124	B056	矛	西汉	征集	0.110	0.304	0.151	51.85	0.07	45.76	1.15	0.59	0.590	hz121b1
HZ125	B021	剑	战国	征集	0.056	0.741	0.139	81.07	0.06	2.74	0.27	14.93	0	hz122b1
HZ126	B050	剑(3件)	西汉	征集	0.053	0.744	0.134	79.24	0.03	10.32	0.42	9.06	0	hz123b1
HZ139	B438	铜牌	西汉	贺街(征集)	0.000	0.000	0.000	6.39	0.00	0.00	0.00	93.61	0	hz136t1
HZ141	B445	发钗	清	贺街(征集)	0.170	0.471	0.078	24.13	0.15	2.90	0.27	71.83	0	hz138t1
HZ154	B219	半两钱(13枚)	汉	征集	0.083	2.208	0.113	63.60	0.10	6.25	0.20	27.46	0	hz151b1
HZ156	B220	略剪轮五铢	汉	征集	0.054	1.022	0.170	75.52	0.03	15.03	0.38	7.79	0	hz153b1

附录二：贺州市博物馆琉璃和玛瑙饰珠半定量化学成分分析结果表

样品编号	器名	特征峰位(cm^{-1})	物相
G001	烧料瑗,白色	1372 vs、3266 w	玻璃
G002	烧料圆珠	955 s	骨质
G016	蓝色玻璃耳档,	1378 vs、3275 w	玻璃
A175-1	玛瑙串珠	463 s、684 vw、1141 vm	石英
A175-2	玛瑙串珠,红色多面体珠	208 w、463 vs、674 vw、799 vw	石英
A175-3	玛瑙串珠,红色,扁平菱形多面体珠	208 w、351 vw、392 vw、463 vs、697 vw、796 vw、1156 vw	石英
A175-4	棕白条纹玻璃珠,白色	1392 vs、1595、3275 w	玻璃
A175-4	棕白条纹玻璃珠,棕色	446 vw、1375 s	玻璃
A175-5	棕白条纹玻璃珠,棕色	1386 vs、3277 w	玻璃
A175-5	棕白条纹玻璃珠,浅棕色	1375 vs、3268 w	玻璃
A175-6	玛瑙串珠,菱形多面体红玛瑙珠	204 s、463 vs	石英
A175-7	六面双锥形钾玻璃珠,浅蓝色	446 vw、1375 s	玻璃
A175-8	玛瑙串珠,红玉髓六面双锥珠,红色	204 s、354 vw、463 vs、793 vw、1073 vw、1156 vw	石英

353

续表

样品编号	器名	特征峰位(cm^{-1})	物相
A175-9	玛瑙串珠,红玉髓球形珠	204 vw、463 vs	石英
A175-10	玛瑙串珠,红玉髓球形珠	204 vw、463 vs	石英
A175-11	玛瑙串珠,红玉髓圆形珠	201 w、463 vs	石英
A272	玛瑙珠,白色	204vw、463 s、678 vw、802 vw	石英
	玛瑙珠,黑色	463vw	石英
A273	镂雕缠枝花卉纹骨牌饰	958 s	骨质

注:

1.s 表示拉曼特征峰强度强;

2.w 表示拉曼特征峰强度弱;

3.m 表示拉曼特征峰强度中;

4.vs 表示拉曼特征峰强度非常强;

5.vw 表示拉曼特征峰强度非常弱。

附录三：贺州市博物馆琉璃和玉器类藏品物相分析结果表

样品编号	器物名称	材质属性	MgO	Al$_2$O$_3$	SiO$_2$	P$_2$O$_5$	K$_2$O	CaO	TiO$_2$	MnO	Fe$_2$O$_3$	CoO	CuO	PbO	BaO	Rb$_2$O	SrO	Sb$_2$O$_3$
G001	瑗	玻璃	nd	4.35	70.53	0.31	4.99	17.87	0.35	nd	0.50	nd	0.05	0.01	1.00	nd	0.05	nd
G001	瑗	玻璃	nd	4.24	71.90	0.35	3.53	18.02	0.33	nd	0.50	nd	0.04	0.01	1.02	nd	0.05	nd
G002	镂空珠	象牙/骨质	nd	1.59	3.67	27.75	0.63	65.85	nd	nd	0.39	nd	0.03	0.01	0.00	nd	0.07	nd
G003	耳珰1	铅钡玻璃	nd	2.60	33.01	0.65	0.37	2.75	nd	0.75	0.70	nd	0.10	44.42	14.59	nd	0.01	nd
G003	耳珰2	铅钡玻璃	nd	1.59	29.76	0.65	nd	2.25	nd	0.78	0.31	nd	0.03	41.93	22.50	nd	0.20	nd
G003	耳珰3	铅钡玻璃	nd	2.21	43.02	0.71	0.28	3.22	nd	0.73	1.07	nd	0.09	33.31	15.19	nd	0.16	nd
G003	耳珰4	铅钡玻璃	3.63	4.17	28.15	0.54	nd	2.68	nd	0.66	0.40	nd	0.12	38.42	21.09	nd	0.14	nd
G003	耳珰5	铅钡玻璃	nd	1.99	30.57	0.55	nd	2.14	nd	0.75	0.43	nd	0.04	39.05	24.28	nd	0.21	nd
G003	耳珰6	铅钡玻璃	3.36	2.61	30.81	0.50	0.17	2.70	nd	0.76	0.93	nd	0.09	36.78	21.11	nd	0.18	nd
G003	耳珰7	铅钡玻璃	nd	3.83	45.32	0.33	0.30	1.22	nd	0.34	0.50	nd	0.44	37.59	10.14	nd	0.00	nd
G003	耳珰8	铅钡玻璃	nd	4.45	30.63	0.59	0.22	2.82	nd	0.66	0.45	nd	0.05	41.04	18.95	nd	0.14	nd
G016	耳珰	铅钡玻璃	nd	1.64	42.09	0.66	2.16	2.08	nd	0.88	0.73	nd	0.21	33.81	15.92	nd	0.04	nd
G009-1	蓝色玻璃珠	铅钡玻璃	nd	2.94	21.15	0.81	nd	0.49	nd	0.64	0.23	0.14	0.21	51.44	21.88	nd	0.06	nd
G009-1	蓝色玻璃珠	铅钡玻璃	nd	2.13	21.26	0.54	nd	0.31	nd	0.72	0.23	0.17	0.19	51.72	22.68	nd	0.06	nd
G009-2	蓝色玻璃珠	钾玻璃	nd	5.01	71.35	nd	13.52	2.53	0.07	5.75	0.93	nd	0.57	0.01	0.22	0.04	0.01	nd
G009-3	绿色玻璃珠	钾玻璃	nd	4.90	79.82	0.20	5.59	2.31	0.16	0.49	1.26	nd	5.07	0.06	0.07	0.04	0.01	nd

续表

样品编号	器物名称	材质属性	MgO	Al₂O₃	SiO₂	P₂O₅	K₂O	CaO	TiO₂	MnO	Fe₂O₃	CoO	CuO	PbO	BaO	Rb₂O	SrO	Sb₂O₃
G009-4	蓝色玻璃珠	钾玻璃	nd	2.37	80.72	nd	7.03	1.76	0.10	0.60	1.29	nd	5.94	0.07	0.07	0.05	0.01	nd
G009-5	白色玻璃珠	钾玻璃	nd	5.73	80.35	0.27	8.16	3.49	0.24	nd	1.51	nd	0.14	0.02	0.05	0.04	0.01	nd
A175-1	水滴形红玉髓珠	玛瑙	1.54	1.41	96.38	0.33	nd	0.17	0.01	nd	0.15	nd	nd	nd	nd	nd	nd	nd
A175-3	扁平红玉髓珠	玛瑙	nd	0.98	98.22	0.33	nd	0.21	0.02	nd	0.24	nd	nd	nd	nd	nd	nd	nd
A175-4	柱形条纹玻璃珠	钠钙玻璃	nd	3.23	80.21	nd	1.50	10.47	0.09	2.10	0.64	nd	0.01	0.80	0.07	nd	0.10	0.77
A175-4	柱形条纹玻璃珠	钠钙玻璃	nd	3.15	75.15	0.25	1.52	11.06	0.11	1.67	0.63	nd	0.01	4.18	0.07	nd	0.09	2.11
A175-5	柱形条纹玻璃珠	钠钙玻璃	nd	3.66	76.01	0.35	1.81	13.44	0.11	3.23	0.67	nd	0.02	0.10	0.05	nd	0.12	0.44
A175-7	六面双锥玻璃珠	钾玻璃	nd	1.61	85.02	0.63	3.99	4.09	0.20	nd	4.36	nd	0.03	0.01	0.05	0.01	0.01	nd
A175-7	六面双锥玻璃珠	钾玻璃	nd	1.85	82.50	0.57	5.98	5.30	0.20	0.05	3.44	nd	0.04	nd	0.07	0.01	0.01	nd
A175-8	六面双锥红玉髓珠	玛瑙	nd	nd	99.69	0.21	nd	0.09	nd	nd	nd	nd	nd	nd	nd	nd	nd	nd
A272	玛瑙珠	玛瑙	nd	0.68	98.80	0.41	nd	0.06	nd	nd	nd	nd	nd	nd	0.04	nd	nd	nd
A273	骨牌	象牙/骨质	nd	3.01	10.90	22.49	0.59	62.12	0.22	nd	0.63	nd	0.02	nd	nd	nd	0.02	nd

356